Martin

Der Junge[illegible]
Mädchen sein musste

Was Trans-Identität wirklich bedeutet

Eine Autobiographie

Martin Schmidt

Der Junge, der ein Mädchen sein musste

Was Trans-Identität wirklich bedeutet

Eine Autobiographie

Verlag: BoD · Books on Demand GmbH,
In de Tarpen 42, 22848 Norderstedt
Druck: Libri Plureos GmbH, Friedensallee 273,
22763 Hamburg
ISBN: 978-3-7597-7594-8

Inhaltsverzeichnis:

Vorwort

Trans-Identität / Transsexualität:[1]

Man muss sich das einfach so vorstellen: man fällt auf diese Welt z.B. als ganz normaler Junge und muss dann aber kurz darauf völlig verblüfft feststellen, dass man offenbar als einziger Junge auf dieser Welt tatsächlich einen anderen Namen und auch einen ganz anderen Körper hat als alle anderen Jungs!

Einem wird zudem ständig gesagt, man sei ja auch gar kein „richtiger" Junge und man kann deshalb zu keiner Zeit die Erwartungen der Umwelt erfüllen, die an einen gestellt werden, da man ja ein „Mädchen" sei und sich gefälligst auch so verhalten soll – und letztendlich für die Tatsache, dass man genau dieses natürlich nicht schafft, dann ständig geächtet, überall ausgeschlossen, nur gedemütigt und verprügelt wird: alles von Kindheit an und über Jahrzehnte hinaus – das ist wirklich alles sehr, sehr schwer, besonders als noch junger Mensch, zu verkraften!

Vor allem, wenn man nicht einmal einen Grund dafür kennt, warum das so ist und man ständig und überall so diskriminierend behandelt wird!

---

(1) „Trans-Identität" ist die heutige Bezeichnung, die frühere lautete „Transsexualität", führt(e) aber stets zu Missverständnissen, weil dieses Phänomen natürlich absolut NICHTS mit einer sexuellen Orientierung zu tun hat!

Doch es gibt durchaus Möglichkeiten, aus dieser vertrackten Situation herauszukommen – heute sogar eher als damals zu meiner Teenager-Zeit! Nur Mut, nur nicht aufgeben: Es gibt Lösungen, auch, wenn sie nicht gerade einfach sind!

Prolog

Die vier jungen Männer saßen an dem Ecktisch in der kleinen Kneipe und unterhielten sich. Ein ganz normales Bild in einer ganz normalen Gastwirtschaft. Und doch stimmte etwas an diesem Bild nicht: Einer von den jungen Männern war - Beate Schmidt. Mit ihren immer etwas schmuddelig aussehenden Jeans und dem weiten Khaki-Hemd sah sie tatsächlich aus wie ein junger Mann.

Beate zog sich absichtlich so an und es gab nichts, was sie mehr hasste, als „weibliche" Accessoires. Um nichts in der Welt hätte sie feminine Kleidung wie Röcke oder Blusen angefasst, geschweige denn angezogen. Auch mit typisch weiblichen Utensilien wie Lippenstift und Puderdose hatte sie nichts am Hut. Beate fühlte sich so, wie sie sich kleidete, wohl in ihrer Haut. In ihrem tiefsten Innern war sie sich schon bewusst, dass sie eigentlich ein Junge war, aber sie konnte an der Tatsache, dass sie in einem weiblichen Körper geboren wurde, nichts ändern. Und obwohl Beate wusste, dass dies Konsequenzen hatte, kleidete sie sich auf die einzige Art und Weise, bei der sie sich selbst noch im Spiegel ins Gesicht sehen konnte.

Eine dieser Konsequenzen würde sich in Kürze einstellen, denn sie musste jetzt einmal auf die Toilette. Beate seufzte leise auf und sah sich vorsichtig um. Die Plätze in der Kneipe waren nur knapp zur Hälfte belegt. Vielleicht hatte sie Glück, vielleicht kam sie diesmal ungeschoren davon. Suchend blickte sie sich in dem Raum um - das Glück schien ihr doch nicht hold zu sein: Die beiden Toilettentüren mit der Aufschrift „**H**" und

„**D**“ gingen von diesem Schankraum ab und jeder konnte von seinem Platz aus genau verfolgen, wer hier welche Toilette durch welche Tür betrat.

„*Vielleicht kann ich es noch eine Weile aushalten*“, überlegte sich Beate, doch sie wusste genau, dass das nicht mehr möglich war. Sie hatte schon bis zum letzten Augenblick gewartet und ihre Blase war so voll, dass sie ihr bereits weh tat. Also stand sie auf und schlenderte wie gleichgültig durch den Raum auf die Türen zu. Eine Zehntelsekunde lang zögerte sie, als sie die Hand auf die Türklinke legte, dann nahm sie ihren ganzen Mut zusammen, öffnete die Tür und trat in die Damentoilette ein.

In der gleichen Sekunde überstürzten sich die Ereignisse. Deutlich waren die schrillen Schreie zweier angesichts eines jungen Mannes „zu Tode erschrockener“ Frauen, die sich in der Toilette befanden, zu hören, gleichzeitig hörte Beate hinter sich das Poltern umgefallener Stühle, als der Wirt, dem man aufgrund seines Leibesumfangs diese Behändigkeit gar nicht zugetraut hätte, durch den Raum stürzte und auf die Toilette zuhielt. Beate versuchte noch, eine der Kabinen zu erreichen, um sich darin einzuschließen, als sie sich vom Wirt auch schon von hinten an den Kragen gepackt und mit den Worten: „*Auf solche Typen wie dich haben wir gerade noch gewartet!*“ mit dem Kopf gegen die Wand gestoßen fühlte. Und alle Gäste verfolgten von ihren Plätzen aus gebannt das Geschehen.

Verzweifelt versuchte Beate, sich dem Griff des Wirtes zu entziehen, doch als 16jährige hatte sie schon vom Körperlichen her gegen ihn keine Chance. „*Lassen*

Sie mich los!“, schrie sie und trat wild um sich. Aber erst, nachdem sie ihn am Schienbein getroffen hatte, ließ der Wirt sie mit einem kleinen Schmerzenslaut los.

„*Du Drecksstück, du widerlicher Spanner!*“ schnappte der Wirt, hochrot im Gesicht vor lauter Aufregung.

„*Polizei, Polizei!*“, kreischte eine der beiden Frauen, die inzwischen ihre Sprache wiedergefunden hatte. Beate nutzte das allgemeine Durcheinander und da der Wirt mit seiner Leibesfülle die Tür blockierte, entwischte sie in eine der beiden offenstehenden Kabinen und schloss sich blitzschnell ein.

In der Zwischenzeit war auch Bewegung in die anderen Gäste, die bislang noch auf ihren Plätzen saßen, gekommen. Ein paar gaben unverhohlen ihrer Neugier nach, waren aufgestanden und auch zur Damentoilette gegangen, um sich das Spektakel aus der Nähe anzusehen. Auch zwei von der Gruppe, bei denen Beate saß, waren nähergekommen. Während der Wirt nun brüllend mit den Fäusten auf die Tür, hinter der Beate sich verschanzte, einhämmerte, sprach ihn einer der Begleiter an: „*He - was soll denn das Theater? Lassen Sie doch das Mädchen in Ruhe!*“

Verwirrt hielt der Gastwirt kurz inne und glotzte ihn an. Dann keuchte er zurück: „*In meinem Lokal dulde ich so etwas nicht!*“

„*Recht so*“, kreischte die Frau aus der Toilette zurück, „*Männer auf der Damentoilette - wo kämen wir denn da hin?!*“

„*Nun machen Sie aber ‘mal halblang*“, *grinste der Begleiter jetzt,* „*das* ***ist*** *doch ein Mädchen!*“

„Das ist - ***was?****"*, fragte die andere Frau nun, mit ungläubigem Gesichtsausdruck.

„Ja", brüllte nun Beate aus ihrer Kabine zurück, *„ich bin ein Mädchen. Kann ich jetzt endlich in Ruhe pinkeln gehen?"*

Schweigen machte sich breit. Selbst der Gastwirt hatte aufgehört, wie wild gegen die Tür zu hämmern. *„Unglaublich"*, brummte er vor sich hin, *„sollen die sich doch richtig anziehen!"*

Einer der umstehenden Gäste mischte sich nun auch ein: *„Ja, heutzutage weiß man gar nicht mehr, ob es ein Junge oder ein Mädchen ist. Früher hat es das nicht gegeben!"*

Auch die ältere Dame ergriff nun wieder das Wort: *„Also, zu meiner Zeit..."* Die von Beate betätigte Klospülung unterbrach sie jedoch. Sekunden später drehte sich das Schloss in der Kabinentür und Beate trat auf den Gang. Unverhohlen starrten die Anderen sie an. Mit gespieltem Stolz warf Beate ihren Kopf in den Nacken und ging zum Waschbecken, um sich die Hände zu waschen. Mit den Worten *„Darf ich 'mal?"* scheuchte sie dabei die beiden Frauen, die vor dem Spiegel standen, zur Seite. Nur widerwillig machten ihr diese Platz.

„Also, ich weiß ja nicht", ergriff nun wieder der Wirt das Wort, *„das soll wirklich ein Mädchen sein?"*.

Beate drehte den Kopf zu ihm hin, während sie sich die Hände abtrocknete. *„Entschuldigung - aber so ist es!"* Kaum ausgesprochen, hätte sie sich am liebsten auf die Zunge gebissen. Es war noch gar nicht so lange her, da hatte sie sich geschworen, sich nie, nie wieder dafür zu entschuldigen, dass sie ein Mädchen war, und nun hatte sie es doch wieder getan!

Wenige Minuten später saßen alle wieder auf ihren Plätzen und nichts erinnerte mehr an den Vorfall, außer natürlich, dass Beate von den anderen Tischen aus mehr oder weniger heimlich angestarrt wurde. Wieder einmal hatte sie für ein abendfüllendes Gesprächsthema der Anderen gesorgt. Am liebsten wäre Beate aufgestanden und gegangen, aber damit hätte sie ihre erneute Niederlage unumwunden zugegeben, und das wollte sie unter keinen Umständen.

Im Grunde genommen, überlegte Beate sich, war es diesmal noch relativ glimpflich abgelaufen. Sie hatte da schon ganz andere Sachen erlebt.

Geburt und Familie

Geboren wurde ich im Hochsommer des Jahres 1959, an einem der heißesten Tage dieses Sommers, in Düsseldorf, einer Großstadt, ganz dicht beim sog. Ruhrgebiet. Zehn Minuten nach der Geburt meiner Zwillingsschwester Tatjana erblickte ich kurz vor Mitternacht das Licht der Welt.

Meine Eltern wollten nach ihrem nun neunjährigen Sohn unbedingt eine Tochter haben - aber dass da Zwillinge unterwegs waren, hatten sie nicht geahnt. Ultraschall-Untersuchungen vor der Geburt gab es damals nicht, und als der Arzt nach der Geburt meiner Schwester nur lapidar meinte: *„Hoppla, da kommt ja noch eines!“*, hatte sich meine Mutter derart erschrocken im Bett aufgesetzt, dass ich mich im

Mutterleib von alleine gedreht hatte. Dabei hatte sich mir die Nabelschnur um den Hals gelegt, und als ich endlich auf diese Welt fiel, war ich wegen Sauerstoffmangels bereits blau angelaufen.

Vielleicht hatte ich damals schon keine große Lust, auf diese Welt zu kommen, aber das ist natürlich reine Spekulation. Tatsache ist, dass ich unmittelbar danach in ein Sauerstoffzelt verfrachtet wurde und nach ein, zwei Tagen war klar, dass ich doch die Geburt ohne Schäden überstanden hatte.

Für den Sachverhalt, dass es nun Zwillinge in der Familie gab, bekam mein Vater die Schuld in die Schuhe geschoben. Er bekam von meiner Mutter überhaupt für alles Mögliche die Schuld, egal, was er sagte oder tat. Sie brachte ihn soweit, dass er schließlich gar nichts mehr sagte und nur froh war, wenn sie ihn in Ruhe ließ.

Meine Eltern waren erzkonservativ. Erziehung war ausschließlich Sache der Mutter. Und Mutter ist bis heute der Auffassung, die „beste Erziehung aller Zeiten" geleistet zu haben. Diese bestand darin, schreiend und tobend Kommandos zu erteilen, mitunter gerne auch nur per einfachem Fingerschnippen. Wir Kinder waren ausschließlich Befehlsempfänger, jeder Feldwebel auf dem Kasernenhof hätte sich von ihr eine Scheibe abschneiden können.

Mutters Meinung war die einzig Richtige. Es gab neben ihr auch keine falsche Meinung, sondern es gab daneben überhaupt keine andere Meinung. Sie allein wusste und entschied, was falsch und was richtig war, nur sie allein machte immer alles richtig, alle Anderen -

allen voran natürlich die Kinder - machten *immer* alles falsch. Alles! In meiner gesamten Kindheit gab es, soweit ich mich erinnere, nichts, aber auch gar nichts, was ich in ihren Augen einmal richtig gemacht hätte.

Einer ihrer Lieblingssätze war: *„Das hast du doch wieder falsch gemacht - ich zeig' dir 'mal, wie man das* ***richtig*** *macht!"* Mit diesen Worten nahm sie mir sogar noch als 19jähriger den Putzlappen aus der Hand und legte ihn so zusammen, dass exakt die anderen beiden Ecken aufeinander zu liegen kamen, als das bei mir der Fall gewesen war. Dem Putzlappen war es mit Sicherheit völlig egal, wie er nun zusammengefaltet war.

In der Familie hatten alle nach kurzer Zeit resigniert. Mutter brüllte und tobte herum, dass sie immer alles alleine machen müsste - was irgendwann auch stimmte, denn da wir sowieso stets zu hören bekamen, dass wir alles nur falsch machten, taten wir bald gar nichts mehr. Wozu auch? Niemand, ob Kind oder Erwachsener, legt nun gesteigerten Wert darauf, sich ständig anhören zu müssen, dass er ja zu allem zu blöde sei.

So wurden wir Kinder zu völliger Unselbständigkeit erzogen. Wir trauten uns bald überhaupt nichts mehr zu, waren total verunsichert und hatten Angst, dass Mutter wieder wütend wurde und herumschrie, wenn wieder jemand etwas falsch gemacht hatte. Und was wir auch sagten oder taten: es *war* falsch, immer! Wir hatten einfach keine Chance.

Kinder-„Erholung“

Meine Mutter war zu der Überzeugung gelangt, dass meine Schwester und ich im Gegensatz zu unserem Bruder besser nicht in den Kindergarten gehen sollten. Schließlich hatte mein Bruder jede Menge Kinderkrankheiten von dort mit nach Hause gebracht. Das wollte sie unter keinen Umständen noch einmal mitmachen.

Stattdessen kam sie auf die Idee, uns mit gut vier Jahren (1963) sechs Wochen lang zur „*Kinder-Erholung*“ in ein Kinderheim in Bad Salzuflen zu schicken. Dieses Kinderheim erschien mir dann wie die Hölle auf Erden. Wir waren den Erzieherinnen dort völlig hilflos ausgeliefert. Und diese erprobten an uns wehrlosen Kindern ihre Auffassung von Pädagogik.

Nach einem Spaziergang mit einer Erzieherin stand z.B. bei der Rückkehr die Heimleiterin in der Tür. Sie fragte jedes einzelne Kind, ob es seine Mütze dabei habe. Natürlich hatte keines der Kinder seine dabei; wenn man sie Vier-/Fünfjährigen nicht aufsetzt, bleibt die Mütze eben zu Hause. Die Strafe dafür war pervers: Erst gab es mit dem Rohrstock Prügel, dann mussten wir uns zwei Stunden lang im Spielzimmer an die Wand stellen, die Hände auf dem Rücken, und den beiden Kindern der Heimleiterin beim Spielen stundenlang zuschauen.

Wer zum Beispiel sein Essen nicht aufessen wollte, weil er es einfach nicht mochte, bekam es solange täglich vorgesetzt, bis er es gegessen hatte - auch, wenn es in der Zwischenzeit schon Schimmel angesetzt hatte. Ich erinnere mich noch daran, dass ich auf diese Art und Weise tagelang mit giftgrünem Wackelpudding, den ich nun wirklich überhaupt nicht leiden konnte, konfrontiert wurde. Schließlich, irgendwann, habe ich ihn gegessen, damit ich endlich von diesem Stuhl aufstehen durfte. Den Schimmel habe ich untergerührt, damit man ihn nicht so ‘rausschmeckte.

Es war jetzt Vorweihnachtszeit, und der 6. Dezember nahte. Und mit dem Nikolaustag auch der heilige Sankt Nikolaus und sein Gehilfe, Knecht Ruprecht. Dieser sah rabenschwarz und furchteinflößend aus. Wir saßen alle ganz still auf unseren Plätzen und wagten nicht, einen Mucks zu sagen.

Der kleine Ulf wurde zuerst aufgerufen. Verschüchtert stand er auf und trat nach vorne.

„*Na, warst du denn auch artig?*“, fragte der Nikolaus. Ulf schaute ängstlich zu ihm auf und nickte vorsichtig.

„*Das glaube ich nicht!*“, erwiderte der Nikolaus mit seiner tiefen Stimme, „*Hier in meinem Buch stehen alle deine Schandtaten!*“ Der Nikolaus las ihm laut alles vor, was er an ihm auszusetzten hatte, angefangen von der vergessenen Mütze bis hin zu einer Rangelei mit einem anderen Jungen. Wir hielten alle gebannt und voller Angst den Atem an.

Anschließend gab es statt der erhofften Süßigkeiten Prügel. Der schwarze Knecht Ruprecht holte seine Rute hervor und prügelte auf den kleinen Ulf ein, bis die Rute entzwei ging. Dann war das nächste Kind an der Reihe.

Vier Wochen waren meine Schwester und ich schon in diesem Kinderheim, als ich krank wurde: Scharlach. Sie verfrachteten mich in ein Krankenhaus, in die Isolierstation. Nun war ich plötzlich auch noch von meiner Schwester getrennt, um mich herum ab und zu weißgekleidete, fremde Leute. Den Tagesablauf konnte ich nur durch eine winzige Glasscheibe wahrnehmen, in die Isolierstation kam keiner sonst rein.

Niemand hielt es für nötig, meine Eltern darüber zu informieren, dass ich in einem Krankenhaus war. Niemand kümmerte sich um mich oder besuchte mich. Ich war vier Jahre alt, hatte keine Ahnung, wo ich war, kannte niemanden und kam mir unendlich einsam und verlassen vor.

Vierzehn Tage lang weinte ich fast ununterbrochen vor mich hin; ich hatte Heimweh nach meiner Schwester und war in der Zwischenzeit zu der festen Überzeugung gelangt, dass ich hier nie wieder herauskommen würde wohl und für immer hier bleiben müsste.

Als ich alle Hoffnungen schon fast aufgegeben hatte, öffnete sich plötzlich meine Tür und eine Krankenschwester nahm mich bei der Hand.

„Deine Eltern holen dich jetzt gleich ab", erklärte sie mir freundlich.

Ich konnte es gar nicht glauben: ein Wunder war geschehen! Willig ließ ich mich von ihr in das Foyer führen. Sie bedeutete mir, auf einem freien Stuhl Platz zu nehmen. *„Es dauert nicht mehr lange!"*, meinte sie.

Während ich vor Aufregung ganz zappelig auf meinem Stuhl saß, sprach mich ein Mann in einem blau-weiß-gestreiften Bademantel neben mir an: *„Na, worauf wartest du denn?"*

Ich strahlte ihn geradezu an. *„Mami und Papi holen mich jetzt ab!"*, erklärte ich ihm.

„Das glaubst du aber auch nur!", antwortete mir der Mann. *„Siehst du dort den großen Lastwagen?"*.

Ich blickte aus dem Fenster und nickte. Ein riesiger Lieferwagen war rückwärts vorgefahren, um irgendetwas auszuliefern. Die Heckklappe war heruntergeklappt und man konnte durch die geöffnete Klappe in das dunkle Innere des Lastwagens sehen. Es sah aus wie eine große, schwarze Höhle.

„Da kommst du jetzt 'rein!", erklärte mir der Mann. *„Dann machen sie die Klappe zu und du bleibst für immer in diesem schwarzen Loch. Deine Mami und deinen Papi siehst du nie wieder!"*

Ich erschrak fast zu Tode. Zuzutrauen war es ihnen, sie hatten mich ja auch eine Ewigkeit mutterseelenallein in dieses vergitterte Zimmer gesteckt!

Die Krankenschwester, die kurz darauf kam, um mich zu meinen Eltern zu bringen, konnte gar nicht verstehen, warum ich mich plötzlich mit Händen und Füßen dagegen wehrte, mitgenommen zu werden. Ich weinte, schrie und trat um mich, krallte mich an meinem Stuhl fest und brüllte aus Leibeskräften: *„Nein, nein, ich will nicht!"* Aus den Augenwinkeln konnte ich noch sehen, wie der Mann in dem blau-weiß-gestreiften Bademantel grinste.

Einschulung

Mit knapp sechs Jahren wurden meine Schwester und ich zu Ostern dann eingeschult. Ich kann mich noch an meinen ersten Schultag erinnern, wie wir mit den riesigen Schultüten unter dem Arm auf dem Pausenhof standen und in Klassen eingeteilt wurden. Als mein Name aufgerufen wurde, habe ich mich eifrig gemeldet.

Dann saßen wir in der Klasse und eine nette Klassenlehrerin verteilte Papier und Buntstifte. Wir sollten etwas malen. Ich war mit Begeisterung dabei. Ich malte eine helle Sonne und eine grüne Wiese, auf der ein Pferd stand. Schule machte echt Spaß, obwohl meine Mutter mir schon Wochen vorher immer erklärt hatte: *„Jetzt beginnt der Ernst des Lebens!“*

Am ersten Tag war die Schule leider schon nach einer Stunde aus. Als wir auf den Pausenhof strömten, standen unsere Eltern noch da und ich rannte zu meiner Mutter hin und hielt ihr auch freudestrahlend mein soeben erstelltes Bild unter die Nase.

„Was is'n das?“, fragte meine Mutter und zeigte auf den schwarzbraunen, doch etwas unförmigen Klecks auf meinem Bild.

Verwundert schaute ich sie an. Dass das ein Pferd war, sah doch jeder! Mit bereits stark gedämpfter Freude erklärte ich ihr: *„Ein Pferd!“*

Mutter lachte mich aus und meinte dann: *„Das ist doch kein Pferd! Zu Hause zeige ich dir ‘mal, wie man ein Pferd* ***richtig*** *malt!“*

Ab diesem Moment machte mir die Schule überhaupt keinen richtigen Spaß mehr. Ich ahnte wohl, dass da noch einiges auf mich zukommen würde.

Es stellte sich auch bald in der Schule heraus, dass ich alles mit der „falschen“ Hand machte: das Schreibenlernen etc. versuchte ich alles mit links. Das war aber gar nicht gern gesehen: mit Gewalt wurde mir sowohl in der Schule als auch zu Hause antrainiert, die „richtige“ Hand, also die rechte, zu nutzen. Ich machte schon wieder alles falsch …

Ich war Linkshänder und wurde zum Rechtshänder „umerzogen“, aber sie achteten dabei nicht auf alles: Manche Dinge (z.B. einen Besen zu führen oder Spielkarten in der Hand zu halten) mache ich heute noch „verkehrt“ herum.

Erster Eklat: der sechste Geburtstag

An unserem sechsten Geburtstag kam es zu dem ersten Eklat. Meine Mutter hatte schneeweiße Spitzenkleidchen genäht und diese sollten wir an diesem Tag anziehen. Während meine Schwester dies auch widerspruchslos tat, fing ich plötzlich an, aufzubegehren:

„Nein, ich will das nicht anziehen!“, jaulte ich, fast schon den Tränen nahe.

„Warum denn nicht?“, fragte meine Mutter verständnislos.

Ich wusste keine Antwort. Ich wusste nur, dass ich kein Kleidchen anziehen wollte und so ein bescheuertes mit Spitzen schon gar nicht. *„Ich will das nicht anziehen!“*, wiederholte ich, *„Ich will nicht!“* Dabei stampfte ich mit dem Fuß auf, um meiner Forderung Nachdruck zu verleihen.

Meine Mutter wurde langsam wütend. *„Du ziehst das jetzt an, und zwar auf der Stelle!“*, herrschte sie mich an.

Doch so schnell gab ich mich nicht geschlagen. Die Tränen flossen und ich wiederholte nur stereotyp: *„Nein, ich will nicht, ich will nicht!“* Das Stampfen mit dem Fuß wurde heftiger.

Meine Mutter verlor die Nerven. Sie scheuerte mir dermaßen eine, dass ich halb durch den Raum flog. Danach war Ruhe. Sie hatte mir demonstriert, dass sie mir kräftemäßig haushoch überlegen war. Ohne weitere Widerworte zog ich das Kleid an.

Der Kindergeburtstag war für mich dann gelaufen. Es kamen Kinder aus der Nachbarschaft zum Gratulieren, aber ich schämte mich in Grund und Boden, weil ich dieses Kleid anziehen musste. Am liebsten hätte ich mich irgendwo versteckt.

Fortan wiederholte sich dieses Schauspiel jeden Sonntag. Unter der Woche durfte ich Hosen anziehen, was zum Spielen in den Bäumen und Sträuchern ja auch sehr viel praktischer war, aber sonntags nachmittags wurde ein „Familienausflug" gemacht. Das bedeutete, dass die Eltern uns ein Stück Kultur näherbringen wollten, denn wir fuhren dann mit dem Auto zu irgendwelchen Schlössern, Burgen oder Museen, die es dort zu besichtigen galt. Für uns Kinder waren diese Ausflüge totlangweilig, wir wären viel lieber draußen spielen gegangen, aber Mutter hatte es nun einmal beschlossen.

Das Schlimmste aber war, dass ich Sonntagnachmittags immer ein Kleid anziehen sollte. Und ich hasste Kleider! Ich fühlte mich darin nicht nur unwohl, sondern schämte mich dermaßen, dass ich glaubte, alle Leute auf der Straße würden mich deshalb anstarren. Aber Mutter ließ nicht locker, zumal sie uns als Zwillinge immer gleich gekleidet haben wollte. Und jeden Sonntag schrie, heulte und tobte ich, dass ich kein Kleid anziehen wollte.

Einmal mischte sich mein Vater ein und meinte: *„Nun lass das Kind doch, wenn es das nicht anziehen will!“*

„Nein!“, erwiderte meine Mutter, *„Was sollen denn die Leute denken!?“*

Damit war für sie der Fall erledigt. Für mich aber noch lange nicht. Das Geheule und Getobe ging weiter und meistens wurde es dadurch beendet, dass Mutter ihrer Forderung mit einem paar gut platzierter Ohrfeigen (oder gerne auch mit dem Teppichklopfer) mehr Nachdruck verlieh.

Irgendwann, ich glaube, ca. zwei Jahre später, hatte sie dann aufgegeben. Fortan durfte ich auch Sonntagnachmittags Hosen anziehen. Aber ich traute dem Frieden noch lange Zeit nicht und wartete jedesmal darauf, dass das Theater von vorne losging.

In der Schule war ich eine recht gute Schülerin, das Lernen fiel mir relativ leicht. Bald jedoch stellte sich heraus, dass ich fast jeden Tag mit einer Strafarbeit nach Hause kam. Ich hatte jede Menge Blödsinn im Kopf und das wurde auch dadurch nicht besser, dass ich mich der sogenannten „Jungenbande“ in der Klasse anschloss. Mal ging eine Fensterscheibe kaputt, mal gab es eine Rangelei, und meistens musste ich zu Hause dafür dann einhundertmal schreiben: *„Ich darf keine Fensterscheiben einwerfen!“* oder ähnlichen Schwachsinn.

Einmal jedoch trieben wir es auf die Spitze. Die Schultoiletten waren in einem Anbau mit einem separaten Eingang untergebracht und eines Tages fanden wir heraus, dass der Schlüssel zur Eingangstür der Mädchentoilette von innen steckte. In der Pause fassten die Jungen und ich uns dann an den Händen und bildeten so eine lange Kette. Wir trieben sämtliche Mädchen unserer Klasse in eben diese Mädchentoilette, schlossen schnell die Tür ab und warfen dann den Schlüssel in den Gully davor.

Nach der Pause war es merkwürdig leer in der Klasse. Natürlich konnte sich keiner von uns erklären, wo denn alle Mädchen nur so plötzlich abhanden gekommen waren. Es hat eine ganze Weile gedauert, bis die Lehrer das herausgefunden hatten und noch ein Weilchen länger, bis sie endlich einen Ersatzschlüssel aufgetrieben und die weinenden Mädchen vom Klo geholt hatten. Als Folge dieses Schulstreiches kam ich an diesem Nachmittag mit der Strafarbeit nach Hause, zweihundertmal zu schreiben: *„Ich darf die Mädchen nicht in der Toilette einsperren!“*

Was ich in der Schule wirklich ungerecht fand, war die Tatsache, dass die Jungen und Mädchen in einem Fach getrennt unterrichtet wurden. Auf dem Stundenplan stand mittwochs früh: „Handarbeit/Werken“, aber wir Mädchen mussten uns alle hinsetzen und es wurde versucht, uns Nähen und Sticken beizubringen, während die Jungen im selben Raum saßen und mit Ton matschen durften. Sehnsuchtsvoll starrte ich jeden Mittwoch auf den Ton der Jungen. Wie gerne hätte ich da mitgemacht! Aber mir wurde gesagt, dass ich das nicht dürfe, weil ich ein Mädchen sei.

Das sah ich nun wiederum überhaupt nicht ein. Erstens hätte ich trotzdem viel, viel lieber aus dem Ton etwas geformt und zweitens fand ich gar nicht, dass ich ein Mädchen sei, sondern eher ein Junge. Also erklärte ich eines schönen Mittwochs, als wieder einmal „Handarbeit/Werken“ angesagt war, der verdutzten Lehrerin, dass ich heute auch etwas aus Ton machen wollte.

„Aber Kind, wie stellst du Dir das vor? Das ist doch nur etwas für die Jungen!“, hielt sie mir vor.

„Ist mir egal - ich will auch ‘was aus Ton machen!“

„Aber das geht doch nicht! Du musst sticken lernen. Schließlich bist du ein Mädchen!“

Ich wollte aber nicht sticken lernen, ich wollte wie die anderen Jungen auch mit dem Ton matschen! Ich wollte auch gar kein Mädchen sein, dafür konnte ich ja schließlich nichts! Ich verstand die Welt nicht mehr:

Warum durften die anderen Jungen Sachen tun, die ihnen Spaß machten, aber ich nicht? Und warum taten alle Anderen so, als sei dies die normalste Sache der Welt?

Ich weigerte mich nun standhaft, eine Nadel und einen Faden in die Hand zu nehmen. Die nun aufgebrachte Lehrerin wusste sich nicht mehr anders zu helfen, als den Rektor persönlich zu holen. Dieser hörte sich die Sachlage an, schüttelte dann nur verständnislos den Kopf und ließ mich den Rest der Schulstunde zur Strafe mit dem Gesicht zur Wand gedreht in der Ecke stehen. Hier habe ich die folgenden Schuljahre so manche Zeit stehend verbracht, vorzugsweise mittwochs, während „Handarbeit/Werken“ anstand. Ich habe übrigens bis heute nicht gelernt, mit Nadel und Faden umzugehen.

Sonntagsschule / Weihnachten

Sonntagsvormittags wurden wir zur „Sonntagsschule“, dem Kindergottesdienst, geschickt. Ich erinnere mich noch sehr gut an die Weihnachtszeit 1966. Wir hatten wochenlang vorher geprobt, um dann eines Sonntags den Erwachsenen die Weihnachtsgeschichte vorzuspielen.

Jedes Kind hatte mindestens einen Satz zu sprechen und ich hatte meinen Text sehr gut einstudiert, damit ich ihn ja am entscheidenden Tag gut (und richtig!) auswendig konnte.

Dann war es soweit, der große Tag nahte. Zu meiner grenzenlosen Enttäuschung wollten meine Eltern aber nicht mit in die Kirche gehen, das sei allenfalls etwas für Kinder, meinten sie. Und so machten sich meine Schwester und ich alleine auf den Weg. Die Vorstellung lief problemlos über die Bühne und ich freute mich darüber, dass ich trotz der Aufregung meinen Text fehlerfrei gesprochen hatte. Schade nur, dass meine Mutter das nicht mitbekommen hatte.

Nach dem Gottesdienst wurden alle Kinder zusammengetrommelt und jedes bekam ein bunt verpacktes Geschenk überreicht. Ich war ganz aufgeregt, weil ich sah, dass andere Kinder bereits ihre Geschenke auspackten, während ich noch nicht an der Reihe war. Was kamen da für tolle Sachen zum Vorschein: Einer hatte eine Kinder-Trompete bekommen, mit der man herrlich Krach machen konnte, ein anderer eine riesige Packung bunter Filzstifte zum Malen. Ungeduldig riss ich endlich mein Päckchen auf. Doch wie groß war die Enttäuschung, als ich darin nur ein Taschentuch und bunte Fäden zum Besticken desselben fand. Das sollte ein Geschenk sein? Ich empfand das eher als eine Strafe.

Auf das Weihnachtsfest selbst warteten wir Kinder auch ungeduldig, schließlich gab es dann auch Geschenke. Ich hatte bald herausgefunden, dass ich mit dem Auspacken von Geschenken immer schnell sein müsste. Da ich stets haargenau das Gleiche geschenkt bekam, wie meine Schwester, wusste ich, wenn ich etwas langsamer als sie war, immer im Voraus, was in den einzelnen Päckchen war. Das nahm mir jede Überraschung.

Aber auch so war meinen Eltern an diesem Weihnachtsfest eine Überraschung der ganz besonderen Art gelungen: Ich hatte mir sehnlichst ein paar Matchbox-Autos und eine Spielzeug-Eisenbahn gewünscht. Als es dann endlich soweit war und die Bescherung nahte, riss ich hastig die Verpackungen meiner Päckchen auf. Nichts: keine Matchbox-Autos, keine Eisenbahn! Stattdessen hielt ich plötzlich eine Puppe in der Hand. In den anderen Päckchen waren Kleidchen für diese Puppe, Kämme und andere Utensilien. Ich konnte es gar nicht glauben: Das Christkind hatte mir die falschen Sachen gebracht! Ich wollte nie eine Puppe, ich wusste gar nicht, was man damit hätte anfangen sollen. Puppen waren doch Spielzeug für Mädchen!

„Na“, fragte meine Mutter mich, *„wie soll denn deine Puppe heißen?“*

„Peter“, antwortete ich und biss der Puppe die Zehen ab.

„Martin“ erscheint

Hinter unserem Haus, in dem wir wohnten, gab es einen Sandkasten, in dem wir Nachbarskinder uns immer zum Spielen verabredeten. Ich war inzwischen acht Jahre alt und saß an diesem Nachmittag alleine dort herum, weil das Wetter ziemlich schlecht war, spielte mit meinen Indianer-Figuren und langweilte mich ein wenig.

Plötzlich gesellte sich ein fremder Junge zu mir und sprach mich an: *„Hallo, ich bin neu hier. Wir sind erst gestern hierher gezogen.“*

Ich blickte kurz auf. *„Hallo!“*

Der Junge setzte sich zu mir hin. *„Ich heiße Uwe. Und du?“*

Mein Zögern, bevor ich antwortete, war so kurz, dass er es nicht bemerkte. *„Martin“*, sagte ich nur.

Ich habe bis heute keine Ahnung, warum ich einen falschen Namen angegeben habe, ich weiß auch nicht, warum an jenem Tag ausgerechnet diesen. Ich sagte einfach nur „Martin“ - und wartete einfach ab, was nun passieren würde.

„Hallo Martin, wollen wir ein wenig zusammen spielen?“

Ich wollte. Mit den Indianer-Figuren organisierten wir eine Sandkasten-Schlacht, die es bis dahin noch nicht gegeben hatte. Und Uwe redete mich die ganze Zeit über mit *„Martin“* an. Das gefiel mir nicht nur, das machte mir sogar Spaß. Ich verschwendete keinen Gedanken daran, was eigentlich passieren würde, wenn jetzt ein anderes Kind aus der Nachbarschaft, das meinen richtigen Namen kannte, auftauchen würde.

Aber an diesem Nachmittag erschien kein anderes Kind.

Als ich nach Hause musste, fragte Uwe mich beiläufig, wo ich denn wohnen würde. Ich zeigte auf das Haus, vor dem wir standen und meinte: „*Hier*“.

„*Gut*“, erwiderte Uwe, „*vielleicht können wir 'mal wieder zusammen spielen.*“

Die „Bombe“ platzte bereits am nächsten Tag: Um die Mittagszeit klingelte es an unserer Haustür, meine Mutter ging hin und öffnete. Vor der Tür stand Uwe und fragte sie, ob ihr Sohn zum Spielen 'raus käme.

Meine Mutter starrte ihn verblüfft an und meinte dann: „*Wir haben aber keinen Sohn in deinem Alter, der mit dir spielen könnte!*“

In diesem Augenblick erschien gerade ich hinter meiner Mutter. Jetzt war es Uwe, der völlig verdutzt guckte. Ich hatte ganz vergessen, dass meine Mutter ja am Morgen darauf bestanden hatte, dass ich wieder Strumpfhosen anziehen müsse. So stand ich da, schämte mich in Grund und Boden und sagte kein einziges Wort. Wie hätte ich das jetzt auch erklären sollen?

Uwe spielte nie wieder mit mir. Aber er erzählte den Vorfall, dass ich einen falschen Namen angegeben hatte, sämtlichen Nachbarskindern. Von diesem Tag an gingen die Hänseleien los. Anfangs zogen mich die anderen Kinder nur damit auf, doch als sie merkten, dass ich mich darüber ärgerte, kamen ihr Spott und ihr Hohn immer öfter und härter.

Sie liefen mir auf der Straße nach, drehten eine lange Nase und riefen: „*Beate weiß nicht, ob sie ein Junge oder ein Mädchen ist!*“

Das machte mich wütend, aber genau das spornte sie nur noch mehr an. Spielen wollte keiner mehr mit mir und auch meine Schwester hatte darunter zu leiden, weil sie nun ebenfalls häufig geschnitten wurde.

Eines Tages nach dem Mittagessen ging ich mit dem Ball auf die Straße. Auf dem Weg zum Bolzplatz kam mir eine Gruppe anderer Kinder entgegen. Als sie mich sahen, fingen sie sofort an zu grölen: *„Schaut 'mal, wer da kommt! Ist das nun eigentlich ein Junge oder ein Mädchen?"*.

Sie waren zu sechst. Ich erkannte, dass ich wenig Chancen hatte, wenn ich mich mit ihnen anlegte. Instinktiv wich ich auf die andere Straßenseite aus.

Aber sie kamen hinterher. Volker, ihr Anführer, grinste hämisch: *„Was ist, sollen wir 'mal nachschauen, ob das ein Junge oder ein Mädchen ist?"*.

Die anderen johlten und umzingelten mich. Ich war starr vor Schreck. Was hatten sie mit mir vor?

Sie nahmen mir zuerst den Ball weg. Ich konnte nichts ausrichten, sie waren in der Überzahl. *„Los, zieht ihr die Hosen 'runter!"*, rief Volker. *„Wir wollen sehen, wie du pinkelst. Dann wissen wir, ob du ein Junge bist!"*.

Alle grölten, als ob er einen guten Witz gemacht hätte. Panik brach bei mir aus. Ich versuchte, irgendwie den Kreis zu durchbrechen und wegzulaufen, aber es waren zu viele. Eine Sekunde später stürzten sie sich schon auf mich, vier hielten mich an den Armen und Beinen fest, die beiden Anderen zogen mir die Hose und die Unterhose aus.

„Seht 'mal an", rief Volker aus, *„es ist ja doch ein Mädchen!"*

Sie ließen mich los. Es war beschämend und zutiefst demütigend, wie ich da halb nackt vor ihnen hockte.

In dem gegenüberliegenden Haus öffnete sich ein Fenster und ein Mann rief heraus: *„He, was macht ihr da mit dem Kleinen?“*

Die Gruppe rannte plötzlich johlend weg. Meinen Ball nahmen sie mit. Ich beeilte mich, so schnell ich konnte, meine Hosen wieder anzuziehen.

Nach Hause traute ich mich zuerst nicht. Mutter würde schimpfen, weil ich den Ball nicht mehr hatte. Aber dann ging ich doch irgendwann nach Hause. Ich hoffte, sie würde es vielleicht nicht merken, dass ich ohne Ball wiederkam.

Sie bemerkte es natürlich sofort. Auf die Frage, wo denn der Ball sei, antwortete ich jedoch nur mit *„weg“*. Mehr war aus mir nicht herauszukriegen. Mir war klar, dass ich wieder einmal alles falsch gemacht haben musste. Mutter wurde wieder wütend. Weil der Ball weg war, bekam ich eine ordentliche Tracht Prügel und eine Woche Taschengeld-Entzug.

Erste Probleme

Die Faschingstage fand ich als Kind immer am tollsten. Alle Kinder durften sich zwei Tage lang verkleiden, und niemand nahm Anstoß daran. Ich verstand gar nicht, wie man sich freiwillig als „Prinzessin“ oder „Funkenmariechen“ verkleiden konnte. Ich verkleidete mich jedesmal als Cowboy. Das Wichtigste für mich jedoch war, dass ich mir dann einen dicken, schwarzen Schnurrbart anmalen konnte.

Mit diesem angemalten Bart im Gesicht stand ich oft stundenlang vor dem Spiegel. Mir gefiel das Spiegelbild, das mir da entgegensah, außerordentlich gut! Ich stellte mir vor, ich würde so aussehen, wenn ich erst erwachsen war. Natürlich wusste ich bereits, dass mir kein Bart wachsen konnte, aber irgendwie hoffte ich es dennoch. Ich verliebte mich dann regelrecht in mein Spiegelbild, das mir jemanden vorgaukelte, der ich nicht sein durfte.

Außerhalb der Faschingstage war es gefährlich, sich einen Bart anzumalen. Manchmal tat ich es trotzdem heimlich. Ich hoffte nur, dass mich niemand dabei erwischte: mir war bewusst, dass ich etwas Verbotenes oder gar Schreckliches tat!

Irgendwann zwischen dem neunten und zehnten Lebensjahr durften wir dann selbst bestimmen, was wir anziehen wollten. Ein Kleid oder einen Rock hätte ich nur mit einer Kneifzange angefasst, deshalb gab Mutter irgendwann seufzend diese Sachen alle zur Altkleidersammlung, da ich sie sowieso keines Blickes würdigte. Ich zog mich von nun an stets so an wie die Jungen in meiner Umgebung. Auch zu Feier- und Geburtstagen ließ ich mich nicht erweichen. Die Folge davon war, dass ich mit meinem kurzen Haarschnitt auf der Straße von jedem, der mich nicht kannte, auch für einen Jungen gehalten wurde.

Einerseits gefiel mir dies, andererseits brachte das auch neue Probleme mit sich. Wurde ich beispielsweise gefragt, wie ich denn hieße, konnte und wollte ich meinen richtigen Namen nicht nennen, denn dieser hätte ja sofort verraten, dass ich gar kein „richtiger“ Junge war. Aber ich erinnerte mich auch mit Grausen an die Sandkasten-Szene und deren Folgen, und so presste ich dann die Zähne aufeinander und sagte lieber gar nichts.

Im Schwimmbad bekam ich einen Schlüssel für die Jungen-Umkleidekabine in die Hand gedrückt und musste umkehren und der Kassiererin erklären, dass ich einen anderen Schlüssel brauchte. Sie brüllte mich deswegen dermaßen vor allen Leuten an, ich solle gefälligst „etwas Gescheites" anziehen, damit man auch sähe, dass ich ein Mädchen sei, dass ich beschloss, in Zukunft Schwimmbäder halt gar nicht mehr aufzusuchen.

Und dann waren da noch die öffentlichen Toiletten. Hier gab es am meisten Probleme, und zwar immer dann, wenn ich mit meinen Eltern oder anderen Personen wie Klassenkameraden unterwegs war, die mein genetisches Geschlecht kannten. Ich konnte ja schlecht in ihrer Anwesenheit aufs Männerklo gehen, wie hätte ich das erklären sollen? Auf die Damentoilette konnte ich aber auch nicht gehen, weil das fast jedesmal zu unschönen Situationen führte. Das machte mir auch Angst. Ich spürte wohl, dass irgendetwas mit mir nicht in Ordnung war, aber ich wusste nicht, was es war: Ich hatte keinen Namen dafür.

Ich wusste nur, ich war irgendwie „anders". Irgendetwas an mir stimmte nicht. Dabei wollte ich gar nicht anders sein. Aber jeder, der mich sah und/oder meinen Namen erfuhr, zog irritiert die Augenbrauen hoch und fragte: *„Ist das nun ein Junge oder ein Mädchen?"*. Ich merkte, dass die Leute böse auf mich wurden, aber ich wusste nicht, warum. Eigentlich wollte ich nur, dass sie mich in Ruhe ließen.

Wechsel ins Gymnasium

Mit knapp zehn Jahren wurden meine Schwester und ich auf dem Gymnasium eingeschult. Es war ein reines Mädchen-Gymnasium, auf der anderen Straßenseite stand das für Jungen. Hier wäre ich viel lieber eingeschult worden, aber ich hatte keinerlei Chance.

Meine Mutter hatte uns eingebläut, ja alles stets brav und artig zu tun, was die Lehrer auf dem Gymnasium sagten. Sie verfügte über eine ungeheure Autoritäts-Hörigkeit.

Unsere Klassenlehrerin hieß Frau Dr. Weißenfels. Auf ihr „Doktor“ legte sie gesteigerten Wert. Die Bezeichnung „Pädagogin“ aber streite ich ihr bis heute vehement ab! Ich erinnere mich deshalb so gut an sie, weil sie in meiner Kinderseele etwas zerbrochen hat, das nie wieder gekittet werden konnte.

Gleich am ersten Tag, als alle Namen der anwesenden Schülerinnen verlesen wurden, kreischte sie auf: *„Oh, mein Gott, ich wollte* ***nie*** *Zwillinge in meiner Klasse haben - und jetzt habe ich doch welche!“*

Die Bedeutung dieses Satzes wurde uns sehr schnell bewusst: für das Vergehen, Zwilling zu sein (wir sind übrigens zweieiig, d.h. keinerlei Verwechslungsgefahr!), wurden meine Schwester und ich hart bestraft:

Frau Dr. Weißenfels rückte unseren Tisch ganz nach hinten an die Wand, getrennt von den anderen Tischen. Und sie verbot der ganzen Klasse, mit uns auch nur ein

Wort zu reden. Wir waren keine zehn Jahre alt und wagten nicht, aufzumucken. Wenn wir aufgerufen wurden, dann nicht mit unseren Namen, sondern immer nur mit *„die Zwillinge"*.

Die gesamte Klasse war bei der Ächtung der Zwillinge mit Feuereifer dabei. Sie übernahmen nur, was ihnen die Erwachsenen vormachten. Sie traktierten uns, bewarfen uns mit Müll, schlugen uns die Fensterflügel gegen den Kopf. Und sie redeten - außer den Hänseleien - kein einziges Wort mit uns.

Die Schule machte mir überhaupt keinen Spaß mehr. Aber ich traute mich nicht, sie zu schwänzen. Mutter hätte mich grün und blau dafür geprügelt. Zu Hause erzählten wir natürlich kein Wort von den Schikanen. Wir hätten nur wieder zu hören bekommen, dass wir wieder einmal alles falsch gemacht hätten. Also schlichen wir jeden Morgen durch die Hintertür 'rein, setzten uns still auf unseren isolierten Platz und hofften, dass der Tag irgendwie herumgehen würde.

Frau Dr. Weißenfels war nicht nur unsere Klassenlehrerin, sie unterrichtete uns zudem noch in Deutsch und Geschichte. Meine Noten rutschten in diesem Jahr nicht nur in diesen beiden Fächern in den Keller. Ich hätte auch machen können, was ich wollte, ich wäre bei ihr nie auf einen grünen Zweig gekommen.

Als ich mehr und mehr Fünfen nach Hause brachte, wurde Mutter wütend. Ich hatte nicht nur wieder alles falsch gemacht, nun musste ich mir auch noch täglich anhören, dass ich zu blöde für die Schule sei.

Während meine Schwester sich noch mit einer „vier" in Geschichte über Wasser halten konnte, blieb ich in diesem Jahr zum ersten Mal sitzen. Es war ein Skandal für die ganze Familie. In der ganzen Verwandtschaft erzählte Mutter herum, wie dumm und wie faul ich sei. Ich hätte mir gewünscht, sie hätte den Mund gehalten. Ich schämte mich dafür, so ein Versager zu sein.

Aber das Sitzenbleiben hatte jetzt auch eine positive Seite: Ich war nun während der Schulzeit von meiner Schwester, die stets wie ein Schatten um mich herum war, getrennt. Diesem Umstand hatte ich es zu verdanken, dass ich zum ersten Mal in meinem jungen Leben als eigenständige Person betrachtet wurde. Ich wurde in der Schule nun mit meinem Namen angeredet, statt immer nur mit „*die Zwillinge*". Auch meine Klassenlehrerin war eine andere, aber meine Schwester tat mir dafür leid: sie musste sich weiterhin mit dieser Frau Dr. Weißenfels herumplagen. Im Jahr darauf blieb - wie nicht anders zu erwarten war - auch sie sitzen, wegen je einer „Fünf" in Deutsch und Geschichte. Frau Dr. Weißenfels hatte es geschafft: sie war die Zwillinge losgeworden!

Meine Eltern waren über die Tatsache, dass meine Schwester nun auch sitzengeblieben war, zu meinem großen Erstaunen gar nicht entsetzt. Auch Einstein habe einmal eine Ehrenrunde gedreht, meinten sie nur, und damit war das Thema für sie erledigt.

Gottseidank kam meine Schwester für ihre „Ehrenrunde" in die Parallelklasse. Irgendjemand im Lehrerkollegium musste ein Einsehen gehabt haben.

Trotzdem übernahm ich in meiner Klasse weiterhin die Außenseiterrolle. Ich unterschied mich von den anderen Mädchen in meiner Klasse, ich teilte auch nicht dieselben Interessen wie sie. Ich verstand ebenso gar nicht, wie man sich für so etwas wie Mode-Schnick-schnack interessieren oder sich die Zeitschrift *„Bravo“* kaufen konnte. Meine Interessen waren Fußball und andere Sportarten sowie Autos.

Auch die Schulfächer empfand ich zum Teil nur als „ätzend“. Obwohl es ein sogenanntes naturwissenschaftliches Gymnasium war, hatte ich dauernd solche schrecklichen Fächer wie Handarbeiten: Hier mussten wir diesmal das Stricken und den Umgang mit der Nähmaschine lernen. Für mich waren das die entsetzlichsten Stunden der Woche. Abgesehen davon, dass ich dort nie etwas Gescheites zustande gebracht habe, hatte ich auch den totalen Horror davor, irgendwelche Strick- oder Nähnadeln in die Hand zu nehmen.

Mich hätte Chemie zum Beispiel viel mehr interessiert, aber ausgerechnet dieses Fach fiel wegen Lehrermangels jahrelang aus. So fügte ich mich zähneknirschend meinem Schicksal und nahm den Kampf mit den verhassten Nadeln auf. Ich konnte mir überhaupt nicht vorstellen, wozu ich so etwas lernen sollte. Über eine „Fünf“ in diesem Fach bin ich nie hinausgekommen. Es war mir egal. Meine Handarbeitslehrerin teilte mir eines Tages ihre Meinung mit: *„Aus dir wird nie eine gute Hausfrau werden!“.* Auch das war mir egal, ich hatte das auch gar nicht vor.

Beginn der Pubertät

In der siebten Klasse blieb ich erneut sitzen. Ich hatte diesmal eine ansteckende Infektions-Krankheit bekommen, musste erneut längere Zeit ins Krankenhaus, wieder in die Isolierstation und verpasste dadurch in der Schule so viel, dass ich das Jahr wiederholen musste.

Ich kam wieder in eine neue Klasse und war nun im Schnitt fast zwei Jahre älter als meine Klassenkameradinnen. Meine Außenseiterrolle behielt ich weiterhin. Ich konnte mit den anderen Mädchen einfach nichts anfangen. Sie benahmen sich auch plötzlich so merkwürdig, kicherten albern über alles und jedes - und sie begannen allmählich, sich für Jungen zu interessieren. Was mich total verwirrte, war die Tatsache, dass sie sich nicht für mich interessierten - obwohl ich doch eigentlich auch ein Junge war! Schön, ich hatte einen weiblichen Vornamen, aber sonst? Sonst unterschied mich doch nichts von anderen Jungen, dachte ich.

Meinen Vornamen begann ich in dieser Zeit regelrecht zu hassen. Er verriet ständig, dass ich weiblichen Geschlechts war, und das war etwas, das ich Anderen gegenüber auf keinen Fall preisgeben wollte. Ich zuckte jedesmal zusammen, wenn ich auf der Straße so gerufen wurde und tat dann so, als hätte ich es nicht gehört. Man konnte ihn aber auch so gar nicht irgendwie abkürzen. Wenn meine Eltern mich „*Christiane*" genannt hätten, hätte man daraus einfach „*Chris*" machen können und das wäre geschlechtsneutral gewesen - aber „*Beate*"? Was konnte man denn damit anfangen?

Als ich 13 Jahre alt war, passierte etwas Furchtbares, das mich total aus der Bahn warf: Mir begannen plötzlich, Brüste zu wachsen! Etwas Schlimmeres gab es für mich nicht. Ich wusste natürlich, dass Frauen Brüste bekamen, aber ich hatte nie damit gerechnet, dass mir das auch passieren könnte! Ich war der festen Überzeugung gewesen, dass mein Körper immer so bleiben würde, wie er vor der Pubertät war. Und nun so etwas! Ein Junge mit Brüsten - für meine Brüste schämte ich mich in Grund und Boden! Aber es sollte noch schlimmer kommen:

Meiner Mutter blieb diese Tatsache nämlich auch nicht verborgen. Und eines Tages kam sie tatsächlich mit einem Büstenhalter in der Hand in mein Zimmer.

„Schau mal, ob er dir passt, es müsste die richtige Größe sein", meinte sie.

Ich starrte sie entsetzt an. Das sollte ich anziehen? Das war doch nicht ihr Ernst!

Aber Mutter bestand darauf, dass ich ihn anprobierte. Es war entsetzlich. Er kniff und drückte überall, man konnte sich damit gar nicht mehr frei bewegen, aber das Schlimmste daran war: er betonte auch noch, dass ich über zwei so hässliche Dinger verfügte!

„Gut", sagte meine Mutter, *„er passt! Du wirst dich daran gewöhnen müssen, dass du BHs jetzt bis an dein Lebensende wirst tragen müssen!"*

Das war zu viel für mich! Schon die Vorstellung daran ließ mich völlig verzweifeln. Sowie Mutter das Zimmer verlassen hatte, zog ich blitzschnell das kneifende Ding aus und versteckte es unter der Matratze. Ich habe seither nie wieder einen BH auch nur angerührt.

Der Kampf mit meiner Mutter darüber war schnell ausgefochten. Ich erklärte ihr, dass ich so etwas nicht anziehen würde und blieb ganz einfach dabei. Sie schleppte noch ein paar Mal solche Dinger an und gab dann aber irgendwann auf.

Um meine Brüste zu kaschieren, zog ich ab diesem Zeitpunkt ausschließlich weit geschnittene Hemden an. Blusen mit Abnähern, wie sie mir Mutter immer wieder anschleppte, waren mir ein Graus. Da mein Taschengeld nicht ausreichte, mir eigene Kleidung zu kaufen, bettelte ich meinem Vater seine alten, ausrangierten Hemden ab. Überhaupt wollte ich meinem Vater so ähnlich wie möglich werden. So guckte ich ihm seinen Gang ab, beobachtete, wie er die Füße setzte und tat es ihm nach. Ich bestand darauf, wie mein Vater Männerschuhe tragen zu dürfen und bettelte und nervte so lange herum, bis ich endlich welche bekam.

„Mit dem Kind stimmt etwas nicht“, hörte ich eines Tages meine Mutter zu meinem Vater sagen, *„das ist doch nicht normal!“*

Da war es wieder: Ich war nicht normal! Aber ich hatte keine Erklärung dafür, was denn an mir nicht stimmen könnte. Ich hatte Angst, dass es etwas wirklich Schlimmes war.

Ich begann, meinen eigenen Körper zu hassen. Im Badezimmer konnte ich mich nicht mehr nackt im Spiegel sehen. Die Brüste waren mir so zuwider, dass sie mich regelrecht anekelten. Aber sie waren Bestandteil meines Körpers und daran konnte ich nichts ändern. Ich konnte nur versuchen, sie irgendwie unter möglichst weiter Kleidung zu verstecken.

Meine Eltern versuchten weiterhin, aus mir allmählich eine „Dame“ zu machen. Zum Geburtstag und zu Weihnachten bekam ich Geschenke wie Ohrringe, Ketten und so weiter. Ich konnte mit diesen Dingen absolut nichts anfangen und warf sie achtlos in irgendeine Ecke. Die liebe Verwandtschaft benahm sich ähnlich und schenkte mir haufenweise sogenannte Mädchenbücher, Puppen und Tischdecken zum Besticken. Nichts von alldem hätte ich auch nur angefasst. Und dafür musste ich auch noch artig „*Danke*“ sagen!

Die Konfirmation

Dann kam die Konfirmation. Diesmal wollte sich meine Mutter unbedingt durchsetzen und bestand wieder einmal darauf, dass ich an diesem Tag ein Kleid anziehen musste. Plus Nylonstrümpfe und hochhackige Schuhe! Sie fuhr mit mir in die Stadt und suchte entsprechende Kleidung aus. Damit schickte sie mich in die Umkleidekabine. Die Szenen, die sich dort am Eingang abspielten, waren an Peinlichkeit nicht mehr zu überbieten: Ein offensichtlich hochgeschossener Junge wollte mit einem Kleid über dem Arm in die Umkleidekabine für Frauen. Das konnten und wollten die Verkäuferinnen nicht zulassen! Ich sorgte für einen regelrechten Aufstand vor der Umkleidekabine, bis Mutter sich einmischte und offiziell laut erklärte, dass ich ein Mädchen sei. Ich stand nur da und sagte kein Wort. Am liebsten wäre ich in den Erdboden versunken.

„Da siehst du, was dabei herauskommt, wenn du immer in diesem Räuberzivil ‘rumläufst. Wenn du dich richtig anziehen würdest, würden solche Verwechselungen auch nicht passieren!“

Mutter hatte absolut nichts verstanden! Sie verstand nicht, dass das keine „*Verwechselung*" war. Sie verstand nicht, dass ich doch eigentlich ein Junge war. Sie verstand nicht, wie demütigend ihre Forderung nach dem Kleid und die Szene eben vor der Umkleidekabine für mich waren. Sie verstand nicht, dass ihre öffentliche Erklärung, ich sei aber doch ein Mädchen, noch demütigender für mich war. Und sie verstand nicht, dass ich mit allem todunglücklich war.

An diesem Nachmittag brach zum ersten Mal mein Widerstand. Ich hatte bis dahin ernsthaft geglaubt, ich könne mich schon irgendwie überall „durchmogeln", ohne erklären zu müssen, welchem Geschlecht ich wirklich angehörte. Ich hatte geglaubt, wenn ich nur ausreichend standhaft bliebe bei der Wahl der Kleidung, würde niemand erkennen, dass ich ein Mädchen war. Ich hatte mich getäuscht.

Vielleicht beschlich mich an diesem Tag bereits eine leise Vorahnung dessen, was mich erwarten würde. Vielleicht erhaschte ich einen winzigen Blick in meine Zukunft und mir wurde plötzlich klar, dass mir ein langer und harter Weg bevorstand. Auf jeden Fall aber spürte ich, dass ich die Erwartungen, die die Umwelt in mich setzte, niemals würde erfüllen können! Mit „Wollen" hatte das eigentlich überhaupt nichts zu tun - ich ***konnte*** es einfach nicht: Ich konnte nicht aus meiner eigenen Haut heraus und über meinen eigenen Schatten springen!

Es geht einfach nicht

„Los, 'raus, du faules Aas, sonst mach' ich dir Beine!" Meine Zimmertür flog auf. Der übliche morgendliche Weckruf meiner Mutter scheuchte mich aus dem Bett.

Wieder lag ein langer Schultag vor mir. Ich wusste eigentlich gar nicht, weshalb ich zur Schule gehen sollte. Lust, irgendetwas zu lernen oder mich gar anzustrengen, hatte ich schon lange nicht mehr. Seit ich das zweite Mal sitzengeblieben war, mäkelten sowieso alle nur noch an mir herum. Andererseits, wenn ich in der Schule war, kam ich in dieser Zeit meiner Mutter nicht in Quere und das allein war es schon wert, morgens loszugehen.

Lustlos zog ich mich an und packte meine Tasche.

„Vergiss deine Turnsachen nicht wieder!", rief Mutter mir zu. Auch das noch! Heute war Donnerstag und in den ersten beiden Stunden stand „Sport" auf dem Stundenplan. Während ich kurze Zeit später zur Straßenbahn lief, dachte ich angestrengt darüber nach, wie ich es diesmal anstellen könnte, die Sportstunden zu umschiffen.

Ich mochte den Sportunterricht nicht mehr leiden. Bis vor kurzem hatte ich noch in der Schulmannschaft der Volleyball-Gruppe mitgespielt, letztes Jahr hatten wir sogar die Stadtmeisterschaften gewonnen! Aber aus der Schulmannschaft war ich inzwischen ausgetreten: Wir hatten eine Einheits-Sportkleidung zu tragen und in dem engen T-Shirt konnte jeder sehen, dass ich nun Brüste hatte. Das war mir mehr als nur unangenehm. Ich wollte nicht so 'rumlaufen, dass jeder sehen konnte, dass ich ein Mädchen war. Außerdem taten die Brüste mir beim Laufen oder Springen weh.

Auch wollte ich mich nicht im Umkleideraum der Mädchen umziehen, geschweige denn mit ihnen unter die Dusche. Dass mich und meinen Körper jemand anderer nackt sehen könnte, war etwas, das mich zutiefst beschämte. Schlimm genug, dass ***ich*** wusste, wie er aussah, aber das Anderen auch noch zu zeigen – nein, das konnte man nicht von mir erwarten!

Die Kleidung, die ich im Alltag trug, verbarg meinen weiblichen Körper. Ich trug Männerjacken und -hosen, Männerschuhe und -hemden. Ich konnte mir gar nicht vorstellen, etwas anderes anzuziehen, ich fühlte mich wohl in diesen Sachen. Letztens erst hatte ich einen Versandhauskatalog in den Fingern gehabt. Lange, lange Zeit schaute ich mir die Seiten für die Frauen an und überlegte, ob ich mir vorstellen könnte, die Sachen, die da abgebildet waren, als Erwachsene zu tragen. Die Antwort war ein klares „NEIN!". Am wenigsten konnte ich mir diese Schuhe vorstellen, mit hohen Absätzen und ohne Schnürsenkel! Als ich im Katalog weiterblätterte, kamen die Seiten für die Männer. Ich merkte, dass mein Herz schneller schlug. So, ja so wollte ich als Erwachsener aussehen! Sehnsuchtsvoll starrte ich diese Bilder an. Ob es mir je gelingen würde? Ich zweifelte daran.

Kurz darauf sah ich im Fernsehen die Übertragung eines Tanz-Turnieres. Wieder stellte ich mir vor, wenn ich erst erwachsen wäre und bei so etwas mitmachen würde - könnte ich mir vorstellen, so ein Kleid anzuziehen? Nein, für nichts auf der Welt hätte ich das getan! Instinktiv wurde mir in diesem Moment wohl bewusst, dass die Welt der Erwachsenen in „Männer und Frauen“ unterteilt war und dass man sie an ihrer Kleidung zu unterscheiden hatte! Ich war kein Kind mehr, ich war auf dem Weg zum Erwachsenen und ich durchbrach diese Vorschriften, stellte sie einfach auf den Kopf. Ich wusste nicht einmal, warum ich das tat, ich wusste nur, dass ich einfach gar nicht anders konnte. Mit einem Mal hatte ich Angst davor, erwachsen zu werden.

Im Jugendhaus

Nach der Konfirmation erhielt ich von der Gemeinde eine Einladung für eine neu gegründete Jugendgruppe für alle ehemaligen Konfirmanden. Ich ging hin, anschauen konnte man sich den Laden ja ‘mal. Hier, in den Räumen des Jugendhauses, fand ich eine Gitarre vor, die der Allgemeinheit zur Verfügung stand. Diese Gitarre zog mich irgendwie magisch an. Wann immer sich dort die Gelegenheit dazu bot, zog ich mich mit dem Instrument in eine Ecke zurück und versuchte, ihm verschiedene Töne und Melodien zu entlocken.

Meine Mutter hatte mir einige Zeit zuvor erklärt, dass es nun an der Zeit sei, ein Instrument zu erlernen und mich gefragt, welches ich denn gerne spielen wollte.

Ich hatte kurz überlegt und dann nur trocken gemeint: *„Trompete!“*

„Du spinnst wohl!“, hatte sie geantwortet, *„so ein lautes Instrument! Schließlich haben wir auch Nachbarn!“*.

„Schön, dann möchte ich halt Schlagzeug lernen!“

Meine Mutter hatte mir nur einen Vogel gezeigt. Jeder weitere Kommentar erübrigte sich.

„Gut“, hatte ich eingelenkt, *„wie wär's dann mit Gitarre?“*

Gitarre war offenbar in Ordnung. Jedenfalls bekam ich kurz darauf eine geschenkt. Nur leider war es gar keine Gitarre, sondern nur ein Kinderspielzeug, auf dem man auch beim besten Willen nicht das Gitarrespielen erlernen konnte.

Es wäre schön gewesen, wenn ich zu Hause auch auf einer Gitarre hätte üben können, aber mit meinem Spielzeug war das wirklich ein Ding der Unmöglichkeit. So nahm ich kurzerhand ein Brett, das in etwa die Breite eines Gitarren-Halses hatte, spannte dort sechs Gummibänder darüber, die die einzelnen Saiten darstellten und übte auf diese Weise die Griffe und Akkorde, die man zum Gitarrespielen benötigte. Zwar konnte man so keinen einzigen Ton hören, aber in diesem Jugendhaus hatte ich ja nun die Gelegenheit, auf einer richtigen Gitarre zu üben.

Kurz darauf bekam ich von meinen Eltern auf mein wiederholtes Drängen hin doch noch eine sehr einfache, aber richtige Gitarre geschenkt. Ich war selig! Nun konnte ich auch zu Hause das Gitarrespielen richtig lernen! Und das tat ich auch mit Feuereifer. Meine Mutter saß im Nebenzimmer und hörte natürlich, wenn ich die einzelnen Lieder übte.

Bei jedem falschen Ton, den ich anfangs mal erwischte, brüllte sie mir ein sofort ein lautes *„Falsch, FAAALSCH!“* hinüber. Das machte mich richtig wütend.

Erstens hörte ich selber, wenn es mal falsch war, zweitens hätte ich es nicht zu üben brauchen, wenn ich es schon gekonnt hätte und drittens: sollte sie es doch erst einmal besser machen!

Doch ich sagte nichts. Es hätte auch gar keinen Sinn gehabt, meiner Mutter Widerworte zu geben: sie war immer noch als Feldwebel einsame Spitze.

Ich erlernte das Gitarre spielen recht schnell. Bald war ich in der Lage, jedes Lied, das angestimmt wurde, zu begleiten und auch eigene, kleine Melodien spontan zu spielen. Mit meiner Gitarre zog ich mich immer öfter an Orte zurück, an denen ich allein sein konnte, und spielte darauf dann nur für mich. Es waren meist sehr traurige Lieder, aber sie gefielen mir. Sie spiegelten meine Einsamkeit wider.

Auch in der Jugendgruppe hatte ich schnell die Rolle des Einzelgängers erworben. Bewusst wurde mir das an dem Tag, an dem Hans-Dieter alle aus der Gruppe zu seiner Geburtstagsfeier eingeladen hatte. Alle - nur mich nicht. Jeder Einzelne wurde gefragt, ob er auch komme, ich wurde einfach übergangen, als ob ich gar nicht im Raum wäre. Irgendwie tat mir das auch weh, aber ich tröstete mich damit, dass ich sowieso keine große Lust gehabt hätte, hinzugehen. Es war gelogen.

Ferien in Österreich (Jugendgruppe)

Dann kamen die großen Ferien und ich fuhr mit einer Jugendgruppe nach Österreich. Das erste Mal Ferien ohne die Eltern! Traumhaft, stellte ich mir vor: Drei lange Wochen lang keine Mutter, die einen ständig ‘rumkommandierte!

Wir wohnten in einem Bauernhof ganz oben auf dem Berg. Um uns herum nur Felder, Wälder und Wiesen. Und mittendrin eine Horde von dreißig 13-15jährigen Jugendlichen.

Unmittelbar nach der Ankunft gab es ein Kennenlern-Spiel, bei dem jeder seinen Namen laut und deutlich sagen sollte. Als ich an die Reihe kam, nuschelte ich meinen nur vor mich hin.

„Bitte? Wir haben deinen Namen nicht verstanden!“, erklärte einer der Freizeitleiter.

Widerwillig wiederholte ich ihn, diesmal etwas lauter.

„Was ist das denn?“, fragte ein Junge. *„Ein Monster?“* Alle kicherten.

Ab diesem Augenblick trug ich für den Rest des Aufenthalts den Namen „Monsterbacke“.

„Am Samstag machen wir ein Fußballspiel gegen die Dorfjugend“, erklärte Frank eines Tages, *„denen zeigen wir ‘mal, was ‘ne Harke ist!“*

„Au ja“, begeisterte ich mich, *„das wird bestimmt prima!“* Fußball war die einzige Sportart, die ich immer noch gerne spielte.

„Du spielst ja wohl ganz bestimmt nicht mit!“, erwiderte Frank.

Irritiert schaute ich ihn an: *„Wieso denn nicht?“*

„Na, du bist schließlich ein Mädchen! Mädchen können doch nicht einfach Fußball spielen!“

Ich verstand kein Wort. Wieso sollte ich nicht Fußball spielen können? Ich hatte doch bis jetzt auch ganz gut gespielt. *„Wie meinst’n das?“*, fragte ich daher zurück.

Jetzt lachte Frank auf. „*Mit dir werden wir uns doch bis auf die Knochen blamieren: Ein Mädchen in einer Fußball-Mannschaft!*“ Er tippte sich an den Kopf und ging.

Nach dem Abendessen ging es an das Aufstellen der Fußballmannschaft. Ich bestand darauf, mitspielen zu dürfen, aber alle, einschließlich der Freizeitleiter, erklärten mir, dass das nicht ginge, weil ich ja ein Mädchen sei. Ich dürfe wohl mitgehen und die Spieler anfeuern, aber selber mitspielen - nein, das war nicht möglich!

Ich war beleidigt. Schuld an der Tatsache, dass ich nicht mitspielen durfte, war meiner Meinung nach ausschließlich der Sachverhalt, dass ich einen weiblichen Körper hatte. Warum musste auch ausgerechnet mir das passieren? „*60% aller Neugeborenen werden Jungen*“, überlegte ich, „*aber ich, ausgerechnet ich, musste ein Mädchen werden!*“ - Die Welt war so ungerecht!

Während des Aufenthaltes in Österreich bemühte ich mich, irgendwie Anschluss an eine der Untergruppen, die sich gebildet hatten, zu finden, aber es wollte mir nicht so recht gelingen. Eines Tages beobachtete ich eine Gruppe, die sich heimlich hinter der Dorfkirche versammelte. Ich schlich hinterher.

„*Was macht ihr denn da?*“, fragte ich plötzlich.

„*Verschwinde!*“, zischte Ute mich an.

„*Hey, Monsterbacke*“, mischte sich Uli ein, „*wenn du uns nicht verpetzt, zeigen wir dir, was wir hier machen!*“

Ich überlegte kurz. „*Okay*“, meinte ich dann, „*ich sag' kein Wort!*“

Sie holten eine Packung Zigaretten aus der Tasche und reichten sie reihum. Jeder nahm sich eine. Als ich an der Reihe war, zögerte ich kurz. Ich hatte noch nie geraucht.

„Na los, nimm schon!“, drängte Uli.

Ich nahm sie und zündete sie an. Es schmeckte widerlich, aber ich versuchte, mir nichts anmerken zu lassen. Auch hatte ich keine Ahnung, wie man eine Zigarette „auf Lunge“ rauchte, versuchte, den Rauch ‘runterzuschlucken und bekam einen Hustenanfall.

Sie grinsten nur, sagten aber nichts. Nach einer Weile ergriff wieder Uli das Wort: *„Tja, das waren unsere Letzten. Irgendjemand müsste jetzt eine neue Packung besorgen!“*

Alle blickten mich an. Mir wurde klar, was von mir erwartet wurde. Wenn ich jetzt nein sagte, würden sie sich nie wieder mit mir einlassen. Also ging ich los und zog am Automaten eine neue Packung.

Meine Rechnung ging auf. Wir trafen uns öfter heimlich zum Rauchen. Die Zigaretten finanzierte ich. Sicher merkte ich, dass ich nur das Mittel zum Zweck war, aber das war mir egal. Ich wollte endlich auch einmal irgendwo „dazugehören“ oder auch nur akzeptiert werden. Damit begann meine „Karriere“ als Raucher – mit 13 Jahren.

Am letzten Samstagabend veranstalteten wir eine „Jugend-Disco“. Alle Fenster wurden zugehängt, damit es schön schummrig war und die Musik sehr zum Leidwesen der Freizeitleiter voll aufgedreht. Dann begann der gemütliche Teil des Abends.

Ich stand wie so oft eigentlich nur dumm herum. Ich hätte gerne mitgetanzt, wurde aber nie dazu aufgefordert. Also fasste ich mir ein Herz und ging auf ein Mädchen zu. Wie beiläufig fragte ich sie: *„Tanzt du mit mir?“*

„Igitt, nein!“, antwortete sie mir. *„Ich tanze nur mit Jungen!“*

Ihre Antwort war mir unbegreiflich. Aber ich war doch auch ein Junge, ich sah genauso aus - warum also wollte sie dann mit mir nicht tanzen?

Es wird immer schlimmer

Nach den Sommerferien gab es in der Schule eine Neuerung: Ab diesem Schuljahr wurden auch Jungen auf dem Gymnasium aufgenommen. Das hatte zur Folge, dass während der Ferien jede Menge Umbauarbeiten vorgenommen worden waren: Es gab jetzt getrennte Toiletten und Umkleideräume, jeweils für Jungen und für Mädchen. Ich hatte ein neues Problem:

Zu viele meiner Mitschülerinnen kannten mich, als dass ich einfach auf das Jungen-Klo hätte gehen können, zu wenige kannten mich, als dass ich damit hätte rechnen können, ausschließlich bereits bekannte Gesichter auf der Toilette anzutreffen. Jeder Toilettengang wurde allmählich zum Spießrutenlauf.

„Hey, das ist die Mädchentoilette!“, kreischte ein Mädchen, als ich durch die Tür schlüpfte.

„Ich weiß!“, erklärte ich betont gelangweilt, und verschwand in eine der Kabinen.

Anschließend traute ich mich nicht mehr heraus. Vor der Kabinentür ging die Diskussion weiter:

„Das ist doch das Letzte!“, hörte ich eine Stimme sagen. *„Habt ihr das gesehen?“*

„Eine Frechheit ist das! Wir sollten einem Lehrer Bescheid sagen!“

„Ach, lasst doch, das ist schon in Ordnung. Die ist bei uns in der Klasse“, mischte sich jemand anderes ein.

„Die? Das war doch kein Mädchen!“

„Doch, ich sag' ja, die ist bei uns in der Klasse!“

„Das glaub' ich nicht! Die hat ja ‘nen Sprung in der Schüssel!“

„Ey, du da drinnen“, brüllte jetzt jemand und trat gegen die Tür, *„bist du ‘n Kerl oder ein Weib? Oder beides?“*

Schallendes Lachen. Ich rührte mich nicht.

„Guck doch ‘mal einer oben drüber und sieh nach, wie er pinkelt. Dann wissen wir es!“

Es war zum Verzweifeln: ich sorgte jedesmal für einen mittleren Aufstand auf der Toilette. Erst traute ich mich nicht ins Klo hinein und anschließend nicht mehr heraus. Aber ich hatte seit jeher eine schwache Blase und hätte unmöglich sechs bis sieben Schulstunden durchgehalten, ohne auf die Toilette zu gehen, selbst, wenn ich gar nichts getrunken hätte. Ich bemühte mich daher, immer während der Schulstunden zu gehen, da ich hoffte, dort dann niemanden anzutreffen. Manchmal gelang mir das auch. Aber die Toiletten waren auch der Treffpunkt für die heimlich rauchenden Schüler und dienten ebenfalls dazu, bei Klassenarbeiten auf die dort unerlaubt deponierten Bücher und Spickzettel zuzugreifen. Mitunter waren sie also auch während der Schulstunden rege frequentiert.

Ich merkte sehr wohl, dass das Toiletten-Problem mit meinem äußeren Erscheinungsbild zusammenhing, aber um nichts in der Welt hätte ich mich dazu durchringen können, etwas anderes, etwas „typisch Weibliches“ anzuziehen. Es wäre mir wie ein Verrat an mir selber vorgekommen. Ich hätte mir im Spiegel nicht mehr ins Gesicht sehen können.

Im Gegenteil: jetzt im Sommer, als es entschieden zu heiß war, eine Jacke überzuziehen, um die Brüste zu kaschieren, suchte ich nach neuen Möglichkeiten, diese zu verstecken. Ich versuchte, sie mit breiten Mullbinden, um den Oberkörper gewickelt, flachzudrücken, damit man sie nicht sah. Aber das war nur eine Notlösung, weil ich so fest wickeln musste, dass es mir schier die Luft zum Atmen nahm und außerdem auch ständig verrutschte. Dass sie auch so groß werden mussten! Aber es musste doch einfach irgendeine Möglichkeit geben, diese ekeligen Dinger, die mich dauernd verrieten, auch wieder loszuwerden!

Dann hatte ich, wie ich meinte, eine hervorragende Idee: Ich nahm ein Stück Draht und formte daraus eine Schlinge. Diese legte ich jeweils um eine Brust und zog kräftig zu. Ich hatte die Hoffnung, dass, wenn ich nur fest und lange genug zog, meine verhassten Brüste vielleicht absterben würden. Nichts dergleichen geschah. Es tat mir nur tierisch weh und hinterließ rotblaue Striemen rund um die Brust. Wenn ich nur ein bisschen mutiger gewesen wäre, hätte ich ein Messer genommen und sie einfach abgeschnitten. Aber das wiederum traute ich mich nicht: ich wusste bereits, dass ich dadurch wahrscheinlich dann verblutet wäre. So kehrte ich wieder zu der alten Methode zurück und band sie weiterhin mit Mullbinden fest.

In ein Schwimmbad ging ich schon lange nicht mehr, auch nicht ins Freibad, obwohl man dort ja nicht *zuerst* in eine Umkleidekabine musste. Ich brachte es einfach nicht über mich, einen Badeanzug oder einen Bikini anzuziehen. Wenn sich meine Klassenkameradinnen bei der Hitze nachmittags im Schwimmbad verabredeten, fuhr ich alleine 'raus zu einem See und ließ dort lediglich meine Beine ins Wasser baumeln.

Meine kleine Welt begann allmählich, sich immer mehr einzuengen. Es gab viele Dinge, die ich gerne unternommen, gerne mitgemacht hätte, aber ich stellte fest, dass alles irgendwie nur immer für „die Anderen" da war. Die Welt war unterteilt in die Bereiche „männlich" und „weiblich", und wer sich nicht an die Spielregeln hielt, der hatte dort auch nichts verloren. Ich durchbrach ihre Spielregeln bereits in dem Augenblick, in dem ich auf der Bildfläche erschien, ohne, dass ich irgendetwas zu sagen oder zu tun brauchte. Das verunsicherte die Leute zutiefst, machte sie misstrauisch und jagte ihnen Angst ein. Und Angst erzeugt Aggressionen.

Erste Angriffe

Das erste Mal dachte ich noch, dass es einfach Pech gewesen sei. Dass ich am falschen Ort auf die falschen Leute getroffen sei. Ich war eines Sonntags abends in der Stadt auf dem Weg ins Kino, eines der wenigen Vergnügen, die ich mir noch gönnte. Jedenfalls, wenn ich sicherstellen konnte, dass ich während dieser Zeit auch keine Toilette aufsuchen musste. Ich hatte keine Eile, der Film fing erst in einer halben Stunde an, also bummelte ich noch etwas die Schaufenster der Geschäfte entlang.

Die Horde Jugendlicher, die mir entgegenkam, hörte ich wohl krakeelen, aber ich kümmerte mich nicht weiter darum. Als die Jugendlichen und ich auf gleicher Höhe waren, traf mich eine Faust völlig unerwartet und unvorbereitet im Gesicht. Ich taumelte rückwärts und krachte gegen die Hauswand. Meine Überraschung über den Angriff war zunächst größer als der Schmerz, den ich empfand.

Die Gruppe lachte, als ob das ein guter Witz gewesen sei. *„Guck dir den 'mal an, was ist denn das für eine Type?"*, grölte ihr Anführer, *„Wo haben sie dich denn 'raus gelassen?"* Ich war immer noch zu perplex, um etwas zu sagen.

„Schaut Euch den nur an", rief ein anderer, *„das ist bestimmt ein Alien von einem anderen Stern!"*. Sie lachten immer noch. Ich bemerkte, dass sie angetrunken waren, das machte mir auch Angst.

Verstohlen blickte ich mich um, ob jemand anderes in der Nähe wäre, der mir vielleicht hätte helfen können, aber um diese Zeit war die Innenstadt wie ausgestorben.

Doch die Jugendlichen zogen plötzlich weiter. Ich hörte ihr Grölen noch, als sie längst um die nächste Straßenecke gebogen, längst außer Sichtweite waren.

Erst jetzt nahm ich langsam einen dumpfen Schmerz wahr, auf der linken Wange, am Kieferknochen. Mit dem Handrücken wischte ich darüber. Gottseidank, zumindest war kein Blut zu sehen! Irgendwie konnte ich mir den Angriff gar nicht erklären. Ich hatte doch keinem etwas getan, warum also schlugen sie mich? Weil sie betrunken waren, dachte ich bei mir selbst, weil sie jemanden suchten, an dem sie ihren Frust loswerden konnten und ich ihnen zufällig über den Weg gelaufen war.

Während des Kinofilms ließ der Schmerz allmählich nach und auf dem Nachhauseweg dachte ich fast schon gar nicht mehr an den Vorfall. So sah ich auch keinen Anlass, irgendjemandem von dieser Begebenheit zu erzählen. Meine Mutter hätte mir sowieso nur erklärt, dass ich wieder nur alles falsch gemacht und sie bestimmt erst dazu provoziert hätte.

Erster Alkohol

Mein 15. Geburtstag brachte eine Wende in mein Leben: es war wieder ein sehr heißer Sommertag; wie bei uns oft üblich, rückte nachmittags auch die gesamte Verwandtschaft zum Gratulieren an. Es gab Kaffee und Kuchen, für den Abend hatten meine Eltern dann eine Erdbeer-Bowle aufgesetzt. Die Erdbeeren kamen tiefgefroren in die Bowle und kühlten das Getränk vorzüglich bei dieser Hitze. Sie rollten und klimperten wie Glasmurmeln in dem Bowle-Glas. Meine Eltern erlaubten mir ausnahmsweise, von dieser Bowle ein Glas zu probieren, doch sie schmeckte so fruchtig, dass es nicht bei diesem einen Glas blieb.

Ich machte mir weiter keine Gedanken darüber, doch der Alkohol verfehlte seine Wirkung nicht: Ich bekam einen Schwips. Plötzlich fand ich alles, was gesagt wurde, so witzig, dass ich ununterbrochen lachen musste. Als mein Vater dann auch noch eine Schallplatte mit einem sprechenden Hasen auflegte, konnte ich mich nicht mehr beherrschen und lachte pausenlos an einem Stück. Meine liebe Verwandtschaft fand das alles urkomisch und amüsierte sich darüber. Zum ersten Mal in meinem Leben stand ich im Mittelpunkt des Geschehens und das NICHT auf negative Art; sie hackten diesmal nicht alle auf mir herum, sondern amüsierten sich über mich. Ich genoss dieses neue Gefühl, ohne zu ahnen, dass es fürchterliche Folgen haben sollte.

Irgendwann an diesem Abend schickte meine Mutter mich ins Bett und ich lachte noch, bis ich eingeschlafen war. Am nächsten Morgen tat mir regelrecht der Kiefer vom vielen Lachen weh, aber das nahm ich gerne in Kauf. Ich hatte einen Weg gefunden, von dem ich nun annahm, dass ich mich so beliebter bei den Leuten machen konnte. Ich nahm mir vor, bei der nächsten Gelegenheit wieder ein paar Glas Alkohol zu trinken.

Auf diese Gelegenheit brauchte ich nicht lange zu warten. Bereits einige Wochen später, bei der Geburtstagsfeier meiner Mutter, gab es dann wieder Alkohol zu trinken. Ich überredete meine Mutter, dass ich auch Bier trinken durfte und trank insgesamt zwei Liter davon. Doch diesmal hatte der Alkohol eine andere Wirkung als das erste Mal: Ich empfand alles als irgendwie unwirklich, die Realität rückte ein ganzes Stück weit weg von mir. Sonst empfand ich Familienfeiern immer als besonders "ätzend", schon weil dann stets die gesamte Verwandtschaft anrückte. Aber diesmal schien mit jeder Flasche Bier alles unkomplizierter zu werden, die Leute wurden netter, die Unterhaltung einfacher. Und trotzdem schien alles unrealistisch. Diese Erfahrung war ganz neu für mich. Nach der vierten Flasche Bier wurde mir dann schlecht.

In das Jugendhaus ging ich inzwischen regelmäßig. Es wurden dort junge Menschen gesucht, die sich zum Jugendgruppenleiter ausbilden lassen wollten, um dann selbstständig Kindergruppen zu übernehmen. Ich meldete mich, mir machte der Umgang mit Kindern eigentlich schon immer Spaß. Dies bedeutete, dass wir an drei Abenden in der Woche zur Mitarbeiter-Fortbildung mussten, um dort alles über Aufsichtspflichten, Gruppendynamik und -pädagogik zu lernen. Auch dies machte mir Spaß.

Es gab aber noch einen anderen Grund, weshalb ich mich zu diesem Jugendhaus hingezogen fühlte, und der lag hauptsächlich in der Person von Frau Ebert: Frau Ebert war die dortige Jugendleiterin und führte auch sämtliche Kurse. Ich fand sie sehr sympathisch, vor allem, als ich feststellte, dass sie junge Menschen ernst nahm. Sie ging ganz anders mit den Jugendlichen um, als ich das von meiner Mutter kannte. Sie setzte sich nicht einfach über die Meinungen der Jugendlichen hinweg, ordnete nicht irgendetwas an, was wir alle ohne Widerworte ausführen mussten, sondern begründete alles und diskutierte mit uns, wenn es Meinungsverschiedenheiten gab. Und sie nahm mich oft in Schutz, wenn die Anderen aufgrund meiner Kleidung über mich herfielen. Nach wie vor hatte ich Probleme mit Gleichaltrigen, die sich nur über mich lustig machten, hinter meinem Rücken tuschelten oder ganz unverhohlen ihre Abneigung zeigten - weil ich stets aussah „wie ein Junge".

Mit den Kindern gab es diesbezüglich jedoch weniger Probleme, wie sich herausstellte. Notgedrungen stellte ich mich den Kindern als "Beate" vor, weil sie mich ja irgendwie anreden mussten. Daraufhin fragte schon das ein oder andere Kind nach: "*Warum siehst du denn aus wie ein Junge?"*

"Wie sieht denn deiner Meinung nach ein Junge aus?"

"Na, so wie du!"

"Schon falsch: Du siehst ja, dass es auch Mädchen gibt, die so aussehen!"

Damit war die Sache eigentlich erledigt. Die Kinder akzeptierten mich anschließend einfach so, wie ich war und hingen im wahrsten Sinn des Wortes an mir. Ich gab mir besondere Mühe, auch diese kleinen Wesen als "fertige Menschen" anzusehen, ihnen nicht meinen Willen aufzuzwingen, sie auch so anzunehmen, wie sie waren. Manchmal war dies gar nicht so einfach, da leider etliche Kinder aus einem sogenannten „sozialen Brennpunkt" kamen und offensichtlich schon schwer verhaltensgestört waren. Mitten in einem Spiel kam es z.B. vor, dass sich ein Kind plötzlich grundlos schreiend auf den Boden warf und durch nichts dazu zu bewegen war, wieder aufzustehen und mit dem Geschrei aufzuhören. Trotzdem versuchte ich immer, den Kindern Werte wie Toleranz, Ehrlichkeit und Vertrauen zu vermitteln.

Weitere Unbill

In diesem Jahr am Heiligabend bekam ich rasende Kopfschmerzen. Ich konnte mir das überhaupt nicht erklären, weil ich sonst nie Kopfschmerzen hatte, aber sie ließen einfach nicht nach. Erst als ich auf die Toilette musste, sah ich die Bescherung: die Unterhose war voller Blut! Fassungslos starrte ich darauf, ich konnte nicht glauben, dass ausgerechnet mir das passiert war: Ich hatte meine Regel bekommen! Natürlich war ich aufgeklärt, aber irgendwie hatte ich bis dahin mehr als nur gehofft, dass ich so etwas natürlich nicht bekommen würde, besonders, weil meine Schwester ihre Regel schon seit fast drei Jahren hatte. Und nun war es doch passiert! Für mich war dies wie ein Schlag ins Gesicht, zumal ich anschließend feststellen musste, dass ich durch diese Blutungen noch öfter auf die Toilette musste, als bisher. Und das sollte sich jetzt Monat für Monat wiederholen? Jahr für Jahr? Diese Vorstellung ließ mich fast noch mehr verzweifeln als seinerzeit die Erkenntnis, dass mir Brüste wuchsen.

Aber ich wusste nicht, was ich dagegen unternehmen konnte. Irgendwo hatte ich einmal gehört, dass zumindest vorläufig die Blutungen ausblieben, wenn man in eiskaltes Wasser springen würde. Also sprang ich im Winter in voller Montur absichtlich in den Rhein, der nicht weit von unserer Haustür dahinfloss und erklärte anschließend, ich sei hineingefallen - aber ich bekam zusätzlich zu meiner Regel nur noch eine Bronchitis.

In dieser Zeit begann ich, mich immer mehr zurückzuziehen. Freunde hatte ich sowieso keine, mit denen ich etwas hätte unternehmen können, und meine Eltern verstanden nicht die Spur, dass ich todunglücklich war. Sie hielten alles das, was mit mir passierte, für völlig normal und fanden es nicht der Rede wert. Ich hingegen fand die Situation schier unerträglich: ich konnte einfach nicht verhindern, dass mit mir Dinge passierten, die mich zutiefst anwiderten. Ich war auf dem Wege, eine Frau zu werden - aber gerade das wollte ich unter keinen Umständen zulassen! Und doch konnte ich die Zeit nicht aufhalten, konnte ich nicht verhindern, dass ich jetzt älter wurde.

Als eines späten Abends, als ich gerade vom Jugendhaus den Weg wieder nach Hause lief, mir plötzlich erneut einige Jugendliche den Weg versperrten, mich anpöbelten, anrempelten und mich schlugen, wurde mir schlagartig bewusst, warum das immer wieder geschah: Ich war nicht wieder zufällig am falschen Ort auf die falschen Leute gestoßen, an ***mir*** war etwas falsch: Ich sah rein äußerlich aus wie ein hochgeschossener Junge, aber die sekundären Geschlechtsmerkmale fehlten ja völlig: Ich hatte keinen Stimmbruch gehabt, ich hatte keinen beginnenden Bartwuchs. Allein mein Auftauchen war eine Widersprüchlichkeit in sich und das war für die Meisten wohl Anlass genug, über mich herzufallen.

Ich hatte keinen Anhaltspunkt dafür, was mit mir los war oder mit mir geschah. Nach wie vor war mir zwar bewusst, dass ich irgendwie "anders" war, aber noch immer hatte ich keinen Namen dafür. Ich wusste nur eines: ich wollte nie, niemals eine Frau werden! Meine Vorstellungskraft reichte gar nicht aus, mir auszumalen, dass ich so herumlaufen würde, dass mir jeder ansehen könnte, dass ich ja eigentlich „weiblich“ war. Dafür nahm ich sämtliche Unannehmlichkeiten und den Hohn und Spott der Leute in Kauf, wenn sie es trotzdem dann herausbekamen. Ich konnte einfach nicht anders: Ich war doch schließlich ein ganz normaler Junge, auch, wenn ich ständig anders behandelt wurde!

Rückzug in eine Traumwelt

"Ein Bund Radieschen und eine Salatgurke, bitte." Mutter hatte mich an diesem Nachmittag wieder einmal einkaufen geschickt. Ich hatte so gut wie alles bereits zusammen, nur bei der Salatgurke war ich mir doch noch unschlüssig. Mutter hatte ausdrücklich gesagt, ich solle eine Gurke nur kaufen, wenn sie nicht mehr als 1,98 DM kostete. Oder sagte sie 0,98 DM? Ich wusste es nicht mehr so genau. Aber ich hatte nun schon die ganze Einkaufsstraße abgegrast und nirgends eine Gurke zum Preis von 0,98 DM entdecken können. Die preiswerteste war nun einmal diese hier, für 1,98 DM. Also kaufte ich hier die Gurke. Hoffentlich war diese Entscheidung nicht wieder falsch.

Sie war es. Als ich nach Hause kam, kontrollierte Mutter meine Einkäufe. Sie fand die Gurke und fragte sofort: *"Was hast du dafür bezahlt?"*

"1,98 DM ..." war meine eher schüchterne Antwort. Ich ahnte bereits wieder Unheil auf mich zukommen. Mutter rastete sofort aus: *"Du blödes Stück Scheiße!"*, brüllte sie mich an, *"Ich habe ausdrücklich gesagt, nur, wenn sie nicht mehr als 0,98 DM kostet! Du bist sogar zu bescheuert, einen einzigen Satz zu behalten!"* In ihrer unbändigen Wut nahm sie die Gurke und schlug damit solange auf mich ein, bis sie dann schließlich auf meinem Kopf in etliche Stücke zerbrach.

Ich wehrte mich nicht. Es hätte auch gar keinen Sinn gehabt, sich zu wehren: Mutter war die Stärkere und hatte Macht über mich. Ich hielt somit reflexartig nur schützend die Hände über meinen Kopf und handelte mir dafür noch eine Woche Taschengeldentzug ein.

Keiner bemerkte, dass ich mich im Grunde völlig einsam fühlte. Es gab niemanden, mit dem ich über meine Gefühle sowohl in Bezug auf meine mangelnde Geschlechterrollen-Identität als auch in Bezug auf die ungerechte Behandlung durch meine Mutter hätte reden können.

Die Einzige, die mir wenigstens ein wenig half, meine Gefühle wiederzugeben, war meine Gitarre: Mit ihr konnte ich oft stundenlang auf irgendeiner Wiese unter einem Baum sitzen und schöne, aber meist doch sehr traurige Melodien spielen. Und dann war da noch der Alkohol. Er hatte inzwischen auf mich doch eine beinahe faszinierende Wirkung: Nach dem Genuss von einigen Flaschen Bier entführte er mich in eine Traumwelt. Eine Welt, in der ich ich selbst sein konnte: in dieser „Traumwelt“ erlebte ich abends alles, was am Tage geschehen war, noch einmal, doch diesmal - als

Mann! Ich war plötzlich nicht mehr Beate, sondern jemand namens „Martin“. Es ist schwer zu erklären, doch in dieser Traumwelt blühte ich dann regelrecht auf: Niemand störte sich dort an meinem Aussehen, niemand nahm an meiner Kleidung Anstoß, es gab keinerlei Probleme im Umgang mit anderen Leuten. Alle begegneten mir freundlich und selbst meine Mutter hatte nichts an mir auszusetzen. Vor allem aber wurde ich in meiner Traumwelt von niemandem angegriffen!

Natürlich wusste ich nur zu gut, dass diese Welt irreal war, eben nur ein Traum, aber ich genoss den Rausch, der mich dann in diese Welt entführte; ich erfreute mich daran, einmal nicht nur der Sündenbock für sämtliche Leute zu sein. So trank ich immer öfter und immer mehr Alkohol in dem Bestreben, baldmöglichst in diesen Rauschzustand und damit in diese fiktive Welt zu gelangen, bis ich schließlich jeden Abend trank und anschließend betrunken war. Ich merkte nicht, dass ich mich auf dem besten Wege befand, zum jugendlichen Alkoholiker zu werden.

Auf der Suche nach mir selbst

Die Schule vernachlässigte ich mehr und mehr; ich hätte sowieso nicht gewusst, für wen oder für was ich dort lernen sollte. Die Lehrer kannten mich alle schon und hielten mich für faul oder dumm – oder beides. Ihren Unkenrufen nach zu urteilen konnte aus mir sowieso nichts Rechtes mehr werden. Wozu also sollte ich mich da anstrengen? Kurz vor meinem 16. Geburtstag, in der 9. Klasse, blieb ich dann zum dritten Mal sitzen.

Das war mir völlig egal. Auch all‘ die Prügel und Beschimpfungen, die ich mir dafür von Mutter einhandelte, nahm ich, ohne mit der Wimper zu zucken, hin. Das Verweigern in der Schule war ebenso ein Protest meinerseits gegen die ungerechte Behandlung als auch ein versteckter Hilferuf. Aber leider nahm ihn niemand wahr. Ich hatte es auch gar nicht anders erwartet und außerdem hatte ich ja in der Zwischenzeit einen guten Freund: den Alkohol. Er betäubte wunderbar die Realität, ließ mich in eine Welt flüchten, in der ich dann nicht immer nur der ständige Versager war, in der ich auch etwas leistete, sogar Anerkennung fand. Und in der ich vor allem auch meinen Schmerz über die ständigen Schikanen, Ausgrenzungen und Missachtungen zeigen konnte. Ich trank regelmäßig abends und ich trank stets alleine. Dazu schloss ich mich in meinem Zimmer ein. Niemand sollte sehen, dass mir des Öfteren die Tränen über die Wange liefen. Ich war auf der Suche nach mir selbst. Doch ich fand mich nicht.

Zu meinem 16. Geburtstag wünschte ich mir in meinem Zimmer den Einbau einer Bar. So eine richtige mit einer Theke und Barhockern und so. Und natürlich mit Flaschen. Meinen Eltern erklärte ich, dass ich dann mit meinen Freunden abends dort hin und wieder gemütlich sitzen könnte. Keiner schien zu bemerken, dass ich gar keine Freunde hatte, die ich hätte einladen können.

Aber meine Mutter baute mir diese Bar in mein Zimmer. Zur Einweihung bekam ich von meinen Eltern alle ihre seit Jahren herumstehenden Flaschen mit

Spirituosen geschenkt, die ich zur Dekoration in die Wandregale stellen sollte. Stattdessen trank ich abends diese Flaschen leer und füllte sie dann mit Wasser auf, damit es nicht so auffiel.

Mein Zimmer, das jetzt zur Bar umgebaut war, diente mir fortan als Rückzugsort. Jeden Abend nach meiner Arbeit im Jugendhaus saß ich dort, hörte Musik und trank alleine vor mich hin. Dabei flüchtete ich regelmäßig in meine Traumwelt.

Weitere Demütigungen

Die Arbeit mit den Kindern im Jugendhaus machte mir weiterhin viel Spaß, denn die Kinder, die mich inzwischen alle gut kannten, waren die Einzigen, die mich so akzeptierten, wie ich war. Auch, wenn ich doch jedesmal zusammenzuckte, wenn eines der Kinder meinen realen Namen rief.

Mit den Gleichaltrigen in der Jugendgruppe, zu der ich gehörte, gab es schon bedeutend mehr Schwierigkeiten. Da waren einerseits die Mädchen, die sich in Kleingruppen zusammentaten, aber mit deren üblichen Gesprächsthemen wie Mode, Make-Up oder Jungen ich nun absolut nichts anfangen konnte. Und es gab die Gruppen der Jungen, zu denen ich nicht gehörte und die mich ebenfalls nicht akzeptierten, weil ich ja kein „richtiger" Junge war. Ich saß irgendwie „zwischen den Stühlen", wusste nicht, wo ich mich hin orientieren sollte und versuchte verzweifelt, eine Erklärung für mich selbst zu finden, was denn an mir anders war oder nicht stimmte. Denn dass da etwas nicht stimmte, wurde mir fast täglich vermittelt.

Wo immer ich oder nur mein Name auch auftauchte, war der Ärger bereits vorprogrammiert: Die Leute glotzten mich an, als sei ich ein Außerirdischer von einem anderen Stern; sie machten blöde Bemerkungen zu meinem Aussehen, wie etwa *„Dass so etwas überhaupt frei 'rumlaufen darf!"* und – sie verstanden nichts. Wie sollten sie auch, ich verstand ja selber nicht, was eigentlich los war.

An einem Donnerstag im November stand ich in der Stadtmitte an der Haltestelle der Straßenbahn, um nach Hause zu fahren und wartete geduldig auf die entsprechende Linie. Es war schon kalt, ständiger Nieselregen fiel und tauchte alles in ein einheitliches Grau. Missmutig standen etliche Leute um mich herum oder gingen auf und ab, um sich warm zu halten. Keiner achtete auf den Anderen, und auch ich nahm kaum die Leute wahr, die um mich herum standen. Ich blickte erst auf, als ein Mann direkt vor mir stehen geblieben war und mich anstarrte. Er musterte mich ganz offensichtlich von oben bis unten und als unsere Blicke sich trafen, fragte ich ihn provokativ: *„Ist 'was?"*. Statt einer Antwort holte der Fremde nur tief Luft und spuckte mir mitten ins Gesicht.

Einen Moment lang stand ich nur da, wie vom Donner gerührt. Ich fühlte, wie seine Spucke mir die Wange hinunterlief, aber ich war unfähig, mich auch nur zu rühren. Ich hätte in dieser Sekunde auch gar nicht gewusst, wie ich darauf hätte reagieren können. Ich starrte den Mann nur weiterhin an und sagte kein Wort. Ich weiß nicht, wie lange wir uns so gegenüberstanden, ein paar Sekunden vielleicht nur, dann plötzlich wandte sich der Fremde ab, um in seine Straßenbahn zu steigen. Erst, als er aus meinem Blickfeld verschwunden war, spürte ich, wie mir vor Zorn die Tränen in die Augen stiegen.

Mit einem Taschentuch versuchte ich, mir seinen Speichel aus dem Gesicht zu wischen, aber ich hatte das Gefühl, dass er wie Feuer auf den Wangen brannte. Mich ekelte bei dem Gedanken, jetzt fremde Spucke in meinem Gesicht zu haben, aber ich musste warten, bis ich zu Hause war, um sie endgültig abwaschen zu können.

Dieses erste Ereignis brannte sich doch tief in meine Erinnerung ein. Dass man mich anpöbelte, hatte ich ja schon häufiger erlebt, ebenso, dass man mich offenbar ohne Vorwarnung und ohne Grund jederzeit verprügeln durfte, aber obwohl das Anspucken im Gegensatz zum Schlagen ja nicht körperlich weh tat, verletzte es mich doch sehr viel tiefer. Es war für mich wesentlich demütigender als alle anderen Angriffe, weil es mir auch ohne Gnade widerspiegelte, welche immense Verachtung andere Menschen offenbar für mich empfanden, wenn sie mich bloß ansehen mussten.

Dieses Anspucken passierte ab nun auch öfter, wenn auch nicht jeden Tag. Allmählich aber begann ich, an mir selbst und vor allem an meiner Daseinsberechtigung zu zweifeln. Offenbar war meine Person überhaupt nichts wert und zu nichts zu gebrauchen - außer vielleicht als Schuhabtreter für alle Anderen. Dennoch wehrte ich mich instinktiv dagegen, zu akzeptieren, völlig nutzlos zu sein. Unterstützung bekam ich in diesem Bestreben lediglich von der Jugendgruppenleiterin, Frau Ebert, die eines Tages versuchte, uns Jugendlichen den ihrer Meinung nach wichtigsten Satz näher zu bringen: „Ich bin unendlich wertvoll!". Aber ob das auch für mich galt? Sicher nicht, sondern nur für normale Menschen – und ich war ja nicht „normal"!

Ich fand es trotzdem lohnenswert, darüber einmal nachzudenken. Gut, in der Schule war ich ein Versager, aber vielleicht hatte ich andere Qualitäten. Ich musste irgendwie herausbekommen, warum die Anderen auf mich immer alle so aggressiv reagierten, ich musste versuchen, irgendetwas an der Situation zu verändern. Ich wollte versuchen, ***die Anderen*** zu ändern, sie dahin zu bringen, mich so zu akzeptieren, wie ich nun einmal war. Aber das war eine große Aufgabe, deren Durchführung von vornherein zum Scheitern verurteilt war.

Ich ließ mich ab sofort auf endlose Diskussionen ein, in der Jugendgruppe, in der Klasse, mit anderen Gleichaltrigen. Stets ging es um die Frage, was ich mit meiner Art, mich männlich zu kleiden, bezwecke und warum das provokativ auf Andere wirke. Ich versuchte, mich dahingehend zu rechtfertigen, dass ich mich absichtlich so anziehen würde, um meine Umwelt zu provozieren und darauf aufmerksam zu machen, dass nicht immer alles nach dem gleichen „Schema F" ablaufen muss. Dabei stimmte das alles gar nicht: Ich hätte weiß Gott viel darum gegeben, NICHT ständig überall aufzufallen, nicht dauernd angegriffen zu werden und einfach ganz normal wie alle Anderen auch leben zu können. Daher war es auch nicht verwunderlich, dass ich mich bei all' diesen Diskussionen mit meinen Argumenten stets in eine Sackgasse begab.

Aber trotz aller Schwierigkeiten kam auch ich nicht umhin, die gesamte Pubertät zu durchlaufen. Bereits die letzten zwei Jahre waren nur geprägt von einer Orientierungslosigkeit sondergleichen: Ich wusste einfach nicht, wo ich mich einkategorisieren sollte! Ich war im Begriff, langsam, aber sicher erwachsen und damit auch eine Frau zu werden, aber genau dagegen wehrte ich mich mit Händen und Füßen: Ich wollte einfach keine Frau werden, denn ich fühlte mich stets durch und durch als Junge/Mann, doch das konnte ich niemandem erklären. Wie auch, ich hatte doch selbst keine Erklärung dafür.

Ich werde langsam erwachsen

Aber nun trat etwas ein, was mich noch mehr verunsicherte: Mit Abschluss der Pubertät kam auch bei mir der Sexualtrieb allmählich zum Vorschein. Und mit dem Sexualtrieb auch das noch deutlichere Bewusstsein, dass es enorme Unterschiede zwischen Männern und Frauen gab. Und dass erwartet wurde, dass man eindeutig als Mann oder Frau zu identifizieren war. Hatte ich mich als Kind immer noch hier oder dort irgendwie „durchmogeln“ können, so gab es in der Welt der Erwachsenen kein „Dazwischen“ mehr: Man war entweder eine Frau oder ein Mann und hatte sich auch dementsprechend zu kleiden – basta!

Das Erwachen der Sexualität hatte auch zur Folge, dass ich mich selber der Frage stellen musste, ob alle meine Schwierigkeiten eventuell daher rührten, dass ich vielleicht lesbisch sein könnte. Eine kurze Zeit lang dachte ich ernsthaft darüber nach; dies würde zumindest erklären, warum ich stets die Kleidung des anderen Geschlechts trug. Was es allerdings nicht erklären würde, war die Frage, warum ich mich selbst als Junge und nicht als Mädchen empfand. Doch ich verwarf den Gedanken, möglicherweise lesbisch zu sein, recht schnell wieder, denn ich konnte mir beim besten Willen auch in meiner Phantasie nicht vorstellen, jemals mit einer Frau intim zu werden. Es sein denn – als Mann. Aber das war ja nun einmal auch unmöglich.

Von den in der Pubertät ersten zögerlichen Kontaktaufnahmen zum anderen Geschlecht war ich ausgeschlossen: Kein Junge wollte sich „mit so Einer wie mir" einlassen, kein Mädchen zeigte an mir Interesse, sobald sie meinen Namen erfuhr. Es störte mich nicht sonderlich, war ich mir selbst doch überhaupt nicht sicher bei der Frage: „Welches war denn für mich, die ich biologisch zwar ein Mädchen war, aber mich psychisch voll und ganz immer wie ein Junge fühlte, das '*andere*' Geschlecht?". Ich wusste es nicht. Ich wollte mich auch gar nicht mit der Fragestellung näher befassen. Denn das Einzige, was bei Überlegungen dieser Art immer wieder herauskam, war stets immer nur die Feststellung: „Ich bin halt irgendwie anders". Also gelangte ich zu der Überzeugung, dass Sexualität ebenso wie Freunde oder Cliquenzugehörigkeit auch wieder lediglich nur etwas für „die Anderen" alle immer war.

Trotzdem bekam ich es allmählich mit der Angst zu tun. Was, wenn mit mir etwas wirklich nicht stimmte? Was, wenn sich herausstellen sollte, dass es etwas ganz Schlimmes war? Die Erwachsenen machten immer öfter so undefinierbare Anspielungen, aber keiner sprach aus, was er damit meinte. So wurde ich nach der Nennung meines Namens oft von oben bis unten länger gemustert und dann mit den Worten: *„Aha, verstehe!“* – einfach stehen gelassen. Keiner hielt es für nötig, mich darüber aufzuklären, *was* er denn eigentlich verstehe – ich jedenfalls verstand nur *„Bahnhof“*.

Was mich wirklich traurig stimmte, war die Feststellung, dass niemand von den Gleichaltrigen gewillt war, sich mit mir auch nur im Rahmen eines Bekanntenkreises einmal näher zu befassen. Wenn sie sich mit mir abgaben, dann nur in der Form von Beschimpfungen, Anpöbeleien oder Angriffen. Ich hätte mir so gerne einen guten Freund oder eine Freundin gewünscht, jemanden, mit dem man reden kann, jemanden, mit dem einen kleine Geheimnisse verbinden. Doch der einzige Mensch, der mir stets freundlich begegnete, war lediglich unsere Jugendgruppenleiterin, Frau Ebert.

Selbstzweifel

Die Selbstzweifel nagten immer stärker. Das Gefühl, vollkommen wert- und nutzlos, nur eine Last für alle Anderen zu sein sowie keinerlei Rechte an Dingen zu haben, die Spaß machen konnten – das alles trug bei mir nicht gerade zu einem gesunden Selbstwertgefühl bei. Eigentlich ließ sich das nur auf eine einzige Art und Weise ertragen: im betrunkenen Zustand. Der einzige Zustand, in dem ich auch meinem Schmerz, meinen

Emotionen und vor allem meinen Tränen freien Lauf lassen konnte.

Denn Eines hatte ich im Laufe meines jungen Lebens sehr schnell begriffen: Zeige niemals jemandem, dass du im Grunde schwach bist – umso stärker fühlen sich deine Angreifer, umso härter fällt dafür die Strafe aus! Anfangs, wenn die Horden johlend auf mich zustürmten, versuchte ich oftmals, wegzulaufen oder, wenn dies gerade nicht möglich war, dann stand ich wie versteinert da: meine Angst, wieder einmal Prügel zu beziehen, war mir wohl ins Gesicht geschrieben. Doch eines Tages siegte einmal meine Wut über die Angst: die Hände zu Fäusten geballt blieb ich einfach stehen, brüllte: „*Na los, kommt schon, wenn Ihr euch traut!*“ und ging mehrere Schritte einfach auf sie zu. Das hatte zur Folge, dass die Gruppe erst einmal zurückwich. Dann gab der Anführer ein Zeichen und alle stürzten sich gleichzeitig auf mich. Doch obwohl ich dann zuunterst lag – oder vielleicht auch gerade deshalb – bekam ich doch am Wenigsten von allem ab: Irgendwie waren sie sich mehr oder weniger selbst im Weg. Mir ging eigentlich nur langsam die Puste aus. Doch dann hörte ich schon den Ruf: „*Los, kommt, der hat genug!*“ und ein paar Sekunden später war von denen keiner mehr zu sehen.

Erst spät abends, wenn ich in meinem Zimmer hockte und genügend Alkohol getrunken hatte, brachte ich es fertig, meine Enttäuschung über die täglichen Kränkungen, Erniedrigungen und Missachtungen zuzulassen. Dann konnte ich es auch nicht mehr verhindern, dass die Tränen nur so herunterliefen. Ich wusste nicht, was ich eigentlich falsch machte, ich wusste nur: ich konnte nicht anders sein als ich nun einmal war. Und ich wusste nicht, wie ich das ändern konnte.

In der Tanzschule

Ich war nicht normal, daran gab es keinen Zweifel, auch, wenn mir keiner eine Definition von "normal" geben konnte. Gemessen wurde an der Norm, d.h. an dem, wie alle Anderen waren und was nicht in diese Schubladen passte, war eben nicht "normal". Ich wollte aber gar nicht anders sein! Ich hatte Angst, dass es immer mehr auffallen würde, dass es Folgen haben könnte. Also versuchte ich verzweifelt, das zu tun, was alle Anderen in meinem Alter taten, damit ich nicht wieder überall aus der Rolle fiel: Ich meldete mich in einer Tanzschule an. Nicht in *irgendeiner* Tanzschule, nein: in der renommiertesten am Ort, es sollte ja alles sogar mehr als nur „normal" sein.
Die Anmeldung erfolgte schriftlich, und bereits zwei Wochen später war es soweit: Am kommenden Sonnabend, 18.00 Uhr, begann die erste Tanzstunde. Als der Tag nahte, war ich dann doch ein wenig aufgeregt.

Die Tanzschule wurde von einem Ehepaar namens Lind geführt. Etwa 50 Jugendliche hatten sich außer mir angemeldet; nun standen alle etwas verlegen in dem riesigen Tanzsaal mit den großen Kronleuchtern an der Decke und den gewaltigen Spiegeln an den Wänden herum. Da ertönte durchs Mikrofon auch schon die Stimme von Frau Lind:

"Einen schönen guten Abend, meine Damen und Herren, ich heiße Sie in unserer Tanzschule recht

herzlich willkommen! Meine Name ist ‚Lind' und wir werden die nächsten zwölf Samstagabende miteinander verbringen. Ich möchte Sie nun bitten, sich in zwei Reihen aufzustellen: die Damen rechts und die Herren links!".

Ach, du Scheiße! Ich hätte es mir denken können: auch hier gab es natürlich eine Trennung in männlich und weiblich! Doch jetzt war es zu spät, die Kurve zu kratzen, jetzt musste ich hier durch...

Wie selbstverständlich reihte ich mich in die Reihe der Damen ein, dabei vermied ich es aber, aufzusehen. Ich wollte die Reaktionen der Anderen gar nicht erst sehen.

Durchs Mikrofon erklang die Stimme von Frau Lind erneut: *"Hallo, junger Mann, ich sagte, die Herren bitte auf die linke Seite!"*

Ich tat so, als fühlte ich mich gar nicht angesprochen und schaute weiterhin nur betont lässig zu Boden. Im Saal wurde es mucksmäuschenstill. Ich fühlte, wie sich alle Blicke mir zuwandten.

Das Mikrofon dröhnte erneut: *"Da weiß doch einer tatsächlich nicht, ob er ein Männlein oder ein Weiblein ist!"*. Verhohlenes Lachen. Ich rührte mich nicht.

"Hallo, junger Mann, sind Sie taub?!"

Einige scharrten nun ungeduldig mit den Füßen. Meine Nachbarin stupste mich mit dem Ellenbogen an und rief: *„Hey, du bist gemeint!"* Es half nichts, ich musste mich irgendwie zu erkennen geben.

Endlich sah ich auf: "*Ich glaube schon*", antwortete ich, "*dass ich auf der richtigen Seite stehe!*" - Lauteres

Lachen. Einige zeigten mir einen Vogel oder schüttelten nur den Kopf.

Nun meldete sich Frau Lind über das Mikrofon wieder: "*Das glaube ich* ***nicht!*** *Ich fordere Sie jetzt zum letzten Mal auf, sich auf die andere Seite zu stellen und den Betrieb hier nicht aufzuhalten oder den Tanzsaal zu verlassen!*"

"*Entschuldigung*", stotterte ich und wünschte mich weit, weit weg, "*aber – ich bin doch ein Mädchen!*" Wieso entschuldigte ich mich eigentlich dafür? Ich hatte doch alles richtig gemacht, warum also musste ich mich wieder entschuldigen?

Frau Lind legte endlich das Mikrofon aus der Hand und kam näher. "*Wie heißen Sie denn?*", wollte sie wissen.

"*Beate Schmidt*", lautete meine leise Antwort.

"*Soso*", erwiderte sie, ging zu ihrem Podest zurück und blätterte in der Teilnehmerliste. Dann nahm sie erneut das Mikrofon in die Hand und wandte sich an ganze Gruppe: "*Tja, meine Damen und Herren, ich muss Ihnen mitteilen, dass das anscheinend so seine Richtigkeit hat. Es handelt sich offenbar tatsächlich um ein Mädchen. Nun, das ist heute ja nicht mehr so ohne Weiteres auf den ersten Blick zu erkennen. Ich bitte Sie jetzt, sich paarweise gegenüberzustellen*".

Nur zögernd kamen die Anderen der Aufforderung nach. Sie glotzten mich nur ungläubig an und machten sich wohl ihre eigenen Gedanken darüber. Schließlich standen sich alle paarweise gegenüber, d.h. fast alle – mir hatte sich niemand gegenübergestellt. Aber auch auf der Seite der Jungen stand einer ganz alleine herum, ein kleiner, sehr dicker, im Gesicht mit Pickeln übersäter Junge, der offenbar auch ohne Partner hier war. Seufzend stellte ich mich ihm gegenüber und auch er schien nicht gerade begeistert über die Tatsache zu sein, ausgerechnet mich erwischt zu haben.

Nach 45 Minuten gab es eine Pause und mit Erleichterung stellte ich fest, dass die Tanzschule im Foyer über eine Bar verfügte. Während ich mir ein Bier nach dem anderen 'rein kippte, kam ich mit meinem Tanzpartner ins Gespräch. Wie sich herausstellte, hieß er Thorsten und war zwei Jahre älter als ich.

Nach der Pause fanden wir uns notgedrungen erneut als Tanzpartner zusammen, da offensichtlich auch er einige Schwierigkeiten mit den Mädchen hatte. Wenn man uns zuguckte, musste man wahrscheinlich unwillkürlich an „*Pat&Patachon*“ denken: Mit einer Körperlänge von über 1,80 Meter überragte ich ihn um mehr als eine Kopfhöhe. Dafür machte er die hier fehlende Körpergröße mit seinem Umfang wett.

Obwohl Thorsten mir an diesem Abend unzählige Male auf den Füßen herum trampelte, fanden wir uns am Wochenende darauf in der nächsten Stunde wieder zusammen. Wir hatten einfach keine andere Wahl und taten uns daher hier zu einer Art "Notgemeinschaft" zusammen.

Zur Tanzstunde ging ich fortan immer mindestens eine halbe Stunde früher als erwartet, da ich dann in der Bar schnell noch ein paar Bier trinken konnte. Das lockerte meine Stimmung etwas auf und ließ mich die Unbill hier leichter ertragen.

Doch dann kam der Abend, an dem Frau Lind verkündete, dass die gesamte Tanzgruppe zu einem Abschlussball gebeten werde. Erst dachte ich mir nichts weiter dabei, doch dann erwähnte sie die Kleiderordnung: die Herren im Anzug, die Damen im langen Abendkleid ...

Ich war geschockt! Das konnte doch nun wirklich niemand von mir erwarten, dass ich so etwas anziehen würde! Natürlich würde ich unter diesen Umständen ***nicht*** dahin gehen, das lag komplett außerhalb meiner Vorstellungskraft!

Doch dann musste ich feststellen, dass ich die Einzige gewesen wäre, die nicht dorthin gegangen wäre. Und ich ging doch in diese Tanzschule, um einen möglichst "*normalen*" Eindruck zu hinterlassen!

Außerdem lag mir ständig dieser Thorsten in den Ohren, dass er dann ja keine Tanzpartnerin hätte. Ich musste mich entscheiden: Über meinen eigenen Schatten springen, in den sauren Apfel beißen und in einem Abendkleid (!) dort erscheinen oder wieder einmal kapitulieren, zu Hause bleiben und darüber nachdenken, warum alles wieder nur für die Anderen alle da war. Schweren Herzens entschied ich mich dafür, diesmal hinzugehen.

Der Abschluss-Ball

Es wurde ein Fiasko sondergleichen. Da ich über eine solche Kleidung nicht verfügte, wurde schon das Einkaufen derselben zu einem einzigen Spießrutenlauf. Teilweise wollten mir die Verkäuferinnen die Sachen gar nicht erst aushändigen, weil sie dachten, dass ich sie nur auf den Arm nehmen wollte, teilweise wurde ich mit Gewalt aus den entsprechenden Umkleidekabinen 'rausgeholt, wenn ich versuchte, auf eigene Faust etwas anzuprobieren. Und erst die Schuhe: Ich hatte selten einmal so etwas Hässliches an den Füßen gehabt! Damit irgendwie laufen konnte man sowieso nicht!

Als dann der "große Tag" nahte und ich diese Kleidung anziehen musste, stand ich anschließend vor einem Spiegel. Ich fühlte mich nicht nur vollkommen unwohl in diesen Klamotten, sondern ich kam mir auch völlig fremd vor: Die, die mich dort im Spiegel dann anschaute, war nicht ich! Es war irgendjemand Anderes, der nichts, aber auch so gar nichts mit mir gemeinsam hatte! Ich kam mir wie ein Verräter vor. Ich konnte nur hoffen, dass mich niemand außer den Leuten aus der Tanzgruppe so sah! Sehnlichst wünschte ich mir, dass der Abend schon vorbei wäre. Doch das war er noch lange nicht ...

Der Abschlussball fand im feudalsten Tanzsaal der Stadt statt. Pünktlich um 19.00 Uhr trafen Thorsten und ich uns in der Empfangshalle. Ich wurde das Gefühl nicht los, dass mich hier Alle bloß anstarrten. Kurz darauf nahmen wir an unserem Tisch Platz; die einzelnen Plätze waren mit Platzkarten reserviert, auf denen unsere Namen standen.

Ich schaute mich verstohlen nach den anderen Mädchen um. Sie waren ähnlich wie ich angezogen, aber im Gegensatz zu mir passte das alles irgendwie zu ihnen. Ich hingegen kam mir vor wie das hässliche Entlein, als ob ich am falschen Ort mit den falschen Klamotten säße. Ich wusste auch gar nicht, wie ich mich darin bewegen sollte; meine normale Schrittlänge war durch den engen Rock gar nicht möglich.

Man stelle sich nur einmal vor: man ist eigentlich ein ganz normaler Junge und wird dann aber gezwungen, irgendwo in einem langen Abendkleid und total bescheuerten Schuhen zu erscheinen: Etwas Peinlicheres kann ich mir gar nicht vorstellen!

Die Kapelle spielte zum Tanz auf. Zögernd traten die ersten Paare auf die Tanzfläche, aber ich zog es vor, erst einmal etwas zu trinken zu bestellen.

Dann spielte die Kapelle einen Rock 'n Roll. Das war eigentlich immer der Tanz gewesen, den ich in der Tanzschule noch am liebsten getanzt hatte. Thorsten zerrte mich auf die Tanzfläche und wir legten los.

Irgendwie muss ich dabei völlig vergessen haben, dass ich diesmal keine Turnschuhe trug. Das Parkett war spiegelblank poliert und so kam, was kommen musste: Mit einem lauten „Rums“ knallte ich auf den Boden, schlitterte noch ein paar Meter weiter und krachte dann in einen unbesetzten Stuhl, der sofort umfiel. Ein paar erschreckte Rufe erklangen und die Kapelle hörte auf zu spielen. Allmählich wurde es so still im Saal, dass man eine Stecknadel hätte fallen hören können.

Jetzt starrten mich tatsächlich alle an. Ich lag immer noch am Boden und guckte nur entsetzt zurück. Die ganze Situation war mir mehr als peinlich; dass ausgerechnet **mir** das wieder passieren musste! Langsam rappelte ich mich wieder hoch, stellte den Stuhl wieder aufrecht hin und ging betont gemächlich zu meinem

Platz zurück. Die Gruppe der Schaulustigen löste sich nach und nach auf; nur noch wenige glotzten, nachdem ich wieder Platz genommen hatte, zu mir herüber und grinsten.

Für mich war der Abend nun endgültig gelaufen. Diese Peinlichkeit wollte ich mir denn doch nicht ein zweites Mal antun. Da entdeckte ich zufällig eine Etage tiefer im Keller des Hauses eine Bar, an der man nicht nur anstandslos ein Bier erhielt, sondern das auch noch für die Hälfte des Preises. Den Rest des Abends verbrachte ich an dieser Bar und trank ein Bier nach dem anderen.

Auch andere Gäste aus der Tanzschule, selbst die Tanzlehrerin, tauchten hier ab und zu auf, um etwas zu trinken. Aber im Gegensatz zu mir blieben sie nur kurze Zeit, während ich im Traum nicht daran dachte, wieder nach oben zu gehen. Doch irgendwann, nach Mitternacht, wurde es Zeit, zu gehen. Obwohl ich schon einen beträchtlichen Schwips hatte, fiel mir noch ein, dass ja die blöde Handtasche noch oben auf dem Tisch lag. Ich und eine Handtasche: - das musste man sich einmal vorstellen! Ich kam mir vor wie auf einem Kostümball und kicherte leise in mich hinein. Dann marschierte ich die Treppe hinauf nach oben.

Ich hatte gerade erst die Hälfte der Stufen erklommen, als ich dann mit dem rechten Schuh im Rocksaum hängen blieb. Mit einem hässlichen Geräusch riss der Saum entzwei, was aber nicht mehr verhinderte, dass ich das Gleichgewicht verlor. Meinen Fall nahm ich wie im Zeitlupentempo wahr; es polterte ziemlich, als ich auf der Treppe aufschlug und die Stufen hinunterkrachte. Auf einem Treppenabsatz blieb ich liegen.

Aus der Bar, für mich nicht sichtbar, weil eine Wand uns trennte, war laut und deutlich die Stimme der Frau Lind zu hören: "*Das brauche ich gar nicht erst zu sehen, das höre ich schon: das kann ja nur wieder Beate Schmidt sein!*" Ich rappelte mich wieder auf und stellte erstaunt fest, dass mir außer ein paar blauen Flecken offenbar nichts weiter passiert war. In diesem Augenblick schwor ich mir, mich nie, nie wieder dazu überreden zu lassen, so etwas Bescheuertes anzuziehen. Ich wollte mich nie mehr selbst zum Gespött der Leute machen! Aus der Tanzschule trat ich noch am selben Abend aus.

Schul-Verweigerung

"*Ist denn euer „Bombenleger" heute nicht da?*" Eine Mitschülerin der Parallelklasse riss in der Pause die Tür auf und fragte nach mir. Seit den Ereignissen des gestrigen Tages trug ich diesen Spitznamen. Die meiste Zeit in der Schule verbrachte ich damit, mir irgendwelchen Blödsinn auszudenken, mit denen ich die Schulstunden kürzer gestalten und gleichzeitig möglichst viele Pauker damit ärgern konnte. Manchmal schlug ich auch etwas über die Stränge, wie das jüngste Beispiel belegte: Ich hatte irgendwo ein paar Knallkörper erstanden, die wir nun anzündeten und aus dem Fenster warfen. Doch dann erklärte eine Mitschülerin, dass dies ja langweilig sei! Ich würde mich bestimmt nicht trauen, die Feuerwerkskörper hier im Klassenraum zu zünden. Diese simple Annahme entlockte mir nur ein müdes Lächeln – warum sollte ich mich das nicht trauen, was war denn schon dabei?

Ich nahm einen Knallfrosch, zündete die Zündschnur an, warf ihn in die Mitte, rief noch: "*Achtung!*" und ließ mich unter einen Tisch fallen. Die Hälfte der Mädchen in der Klasse verließ kreischend den Raum, die Übrigen gingen ebenfalls unter den Tischen in Deckung und hielten sich die Ohren zu. Da zerriss auch schon ein ohrenbetäubendes Knallen die Luft. Der Knallkörper zischte, zuckte funkensprühend durch den Raum und hinterließ eine nach Schwefel stinkende Rauchfahne. Nach ein paar Sekunden war der Spuk vorbei.

„Das war Klasse!", rief eine Mitschülerin. *„Los, hast du noch mehr davon?*"

Klar hatte ich! Irgendwie hatte das Ganze tatsächlich etwas Unwirkliches. Die Rauchfahne hing noch immer in der Luft und verlieh dem Spektakel das richtige Flair. Ich warf weitere Knallkörper in den Klassenraum, in immer schnellerer Reihenfolge, bis ich auf die Idee kam, mehrere der Chinaböller zusammenzubinden, bevor ich die Zündschnur in die Flamme hielt. Der Rauch, der aus dem geschlossenen Raum nicht abziehen konnte, war inzwischen ziemlich dicht geworden, so dass er fast schon die Sicht nahm. Das Knallen und Krachen verursachte einen solchen Lärm, dass es einem schon richtig in den Ohren dröhnte. So war es denn auch nicht weiter verwunderlich, dass wir in diesem Spektakel die Schulglocke, die das Ende der Pause einläutete, nicht hörten.

Gerade, als ich die zusammengebundenen Kracher in dem Klassenzimmer geworfen hatte, ging die Tür auf und unser Lateinlehrer erschien im Türrahmen. Entgeistert starrte er auf das Chaos, das sich seinen Augen bot, während ich mit Entsetzen feststellte, dass die Knallkörper ausgerechnet auf dem Pult zum Liegen gekommen waren.

"*Was ist denn hier los?*", setzte er nach der ersten Schrecksekunde an. Auf dem Lehrerpult wand sich in letzten Zuckungen die immer kürzer werdende Zündschnur, dann krachte es gewaltig. Funken stoben durch die Luft, das Englischbuch, das noch von letzter Stunde auf dem Pult lag, zerriss es teilweise von einer Sekunde auf die andere in tausend Einzelteile. Glühende Papierfetzen schwebten langsam zu Boden oder tanzten auf dem Pult herum, bis sie allmählich erloschen. Als sich der neuerliche Rauch etwas gelichtet hatte, sah ich auch alle Anderen, einschließlich des Lateinlehrers, auf dem Boden liegen. Im Raum wurde es plötzlich mucksmäuschenstill.

Der Lehrer rappelte sich als Erster auf und stierte auf das angekokelte Pult. "*Attentat!*", stieß er hervor, "*Das war ein Attentat!*" Dann drehte er sich herum und brüllte: "*Wer war das???*"

Glaubte er ernsthaft, auf diese Frage jetzt hier eine Antwort zu erhalten? Außerdem war der "Täter" nicht sonderlich schwer auszumachen: Ich stand als Einzige mitten im Raum und hielt noch immer das Feuerzeug in der Hand.

"*Natürlich Beate Schmidt, wer auch sonst!*", ächzte er. "*Sofort mitkommen, ab zur Direktorin!*" Damit packte er mich an meinem Kragen und stieß mich vor sich her.

Während ich im Vorzimmer der Schuldirektorin darauf wartete, hereingerufen zu werden, überlegte ich bereits, wie ich es meiner Mutter beibringen sollte, dass wahrscheinlich ‘mal wieder ein Besuch in der Schule fällig wäre.

Das Lehrerkollegium einigte sich schließlich darauf, dass es sich bei meinem Unfug ***nicht*** um ein Attentat handelte, da ich die Knallkörper nicht auf den Lehrer geworfen hatte. Für den Wiederholungsfall wurden mir jedoch ernsthafte Konsequenzen angedroht und als Strafe musste ich eine Woche lang in den Pausen und nach Schulschluss das Papier auf dem Schulhof aufsammeln. Welch' abwechslungsreiche Tätigkeit, aber andererseits ließen sie entgegen meinen Befürchtungen meine Mutter diesmal nicht in der Schule antanzen. Das ersparte mir zumindest zuhause eine Menge Ärger und auch Prügel.

Ob ein „Vorzeige-Freund“ hilft?

Inzwischen 17 Jahre alt, im Schnitt nun fast drei Jahre älter als meine Klassenkameradinnen, hatte ich noch immer Angst, dass mein Anderssein mehr und mehr auffallen könnte. Verzweifelt suchte ich nach Wegen, mir selbst und meiner Umwelt zu beweisen, dass ich doch *„ganz normal“* sei. Ich beobachtete regelrecht die Verhaltensweisen meiner Gleichaltrigen, versuchte herauszufinden, was mich denn genau – abgesehen von der Kleidung - von ihnen unterschied. Dabei fiel mir auf, dass fast jede/r nun eine/n Freund/in hatte. Das war es:

Ich musste mir nur einen „*Freund*" anlachen, dann ***mussten*** mich doch alle für ganz normal halten!

Doch das war leichter gesagt, als getan: Woher sollte ich einen „*Freund zum Vorzeigen*" nehmen? Ich hatte noch nicht einmal einen Bekanntenkreis! Und ich hatte natürlich keinerlei Möglichkeiten, auf "normalem Wege", also etwa in einer Disko oder Ähnlichem, jemanden kennenzulernen, da mich ja jeder, der mich noch nicht kannte, für einen jungen Mann hielt. Guter Rat war hier teuer. Doch dann fiel mir Thorsten ein, der Typ aus der Tanzschule mit den vielen Pickeln im Gesicht, der bestimmt auch nicht gerade umschwärmt war.

Kurz darauf rief ich Thorsten an. Ob wir uns nicht evtl. einmal sehen wollten? Thorsten wollte, wohnte jedoch am anderen Ende der Stadt. Großer Gott, es war eine halbe Weltreise in diesen Stadtteil! Dort endlich angekommen, lotste ich ihn erst einmal in die nächste Kneipe.

So genau kannte ich die Spielregeln zwischen den Geschlechtern noch nicht, doch nach dem fünften Bier erzählte ich ihm, dass er doch ein ganz netter Junge sei und es mich wundere, dass er keine Freundin habe usw. Thorsten nahm das alles für bare Münze und lud mich für den nächsten Sonnabend zur Faschingsfête in ein nahe gelegenes Lokal ein. Fröhlich willigte ich ein, obwohl mir schon davor grauste, nächste Woche wiederum diese weite Fahrt auf mich zu nehmen.

Doch am nächsten Sonnabend stand ich pünktlich um 19.00 Uhr vor dem vereinbarten Lokal. Auch Thorsten fand sich ohne Verspätung ein. Wir enterten die Gaststätte.

Fast alle in diesem Lokal waren kostümiert. An der Sektbar kippte ich mir erst einmal einen hinter die Binde. Während Thorstens Interesse mehr der Musik, die dort gespielt wurde, galt, richtete ich mein Augenmerk eher darauf, dass ich immer ein gefülltes Glas hatte. So gegen 23.00 Uhr fragte mich Thorsten, ob ich noch mit zu ihm nach Hause kommen wollte. "*Ich würde dich gerne meinen Eltern vorstellen.*"

Fast hätte ich mich an meinem Bier verschluckt. Ich glaubte, nicht richtig gehört zu haben. Ich konnte doch unmöglich mit zu ihm nach Hause gehen – seine Eltern würden mich doch sofort hinauswerfen!

"*Ach, laß 'mal, die schlafen doch bestimmt schon!*", erwiderte ich daher.

"*Nein, nein, die sind heute auch länger auf!*", verkündete er. "*Ich hab' auch schon angekündigt, dass ich dich vielleicht mitbringe!*"

Verzweifelt suchte ich nach einer Ausrede, doch ich hatte ihm schon verraten, dass ich heute nicht vor Mitternacht zu Hause sein musste. Da mir keine plausible Ausrede einfiel und ich mir Hoffnungen machte, dass es auch bei ihm zu Hause etwas zu trinken geben würde, ging ich zögernd halt doch mit.

"*'n Abend!*" Thorsten betrat die Wohnung und ging voraus ins Wohnzimmer, in dem seine Eltern saßen. Dabei zog er mich hinter sich her. "*Darf ich euch vorstellen: Das ist Beate. Wir haben uns in der Tanzschule kennengelernt.*"

Herr Spielberg musterte mich von oben bis unten, dann lächelte er, stand auf und reichte mir die Hand:

"*Guten Abend*", sagte er, "*freut mich, Sie kennenzulernen!*". Und nach einer kurzen Pause fügte er hinzu: "*Nettes Kostüm!*"

"*Bitte?*" Ich verstand nicht ganz, was er meinte.

"*Na, das Kostüm, das Sie anhaben – wirklich: sehr ausgefallen!*"

Plötzlich dämmerte es mir: Er hielt die Kleidung, die ich trug, für eine Art Kostümierung! So billig war ich ja noch nie davongekommen!

"*Äh, ja*", beeilte ich mich, zu sagen, "*'mal 'was anderes!*" Dann wechselte ich rasch das Thema, bevor Thorsten eine blöde Bemerkung dazu machen konnte.

Anschließend unterhielten wir uns ganz nett bei einem Glas Bier, wobei ich darauf achtete, nicht viel schneller als die Anderen zu trinken, damit es nicht auffiel, was mir aber wohl nicht so ganz gelang.

Dann erwähnte Thorsten, dass es ja schade sei, er hätte mich gerne auch seinen Brüdern vorgestellt, aber diese seien ebenfalls ausgegangen. Vor allem die Bekanntschaft seines Zwillingsbruders Dietmar müsse ich unbedingt machen.

Zwillingsbruder? Das gab's doch gar nicht! So klein konnte doch auch Düsseldorf nicht sein, dass ich ausgerechnet an einen Zwilling geraten war! Ich erwähnte fast seufzend, dass auch ich ein Zwilling sei.

"*Ach ja?*", säuselte Frau Spielberg. "*Welch ein Zufall! Da müssen Sie uns aber unbedingt auch einmal Ihre Zwillingsschwester vorstellen!*"

Wieso musste ich? Was hatte meine Schwester damit zu tun? Gab es denn gar nichts auf der Welt, das ich auch 'mal alleine machen konnte, ohne, dass meine Schwester stets mit ins Spiel kam?

Es war schon weit nach Mitternacht, als ich mich von Familie Spielberg verabschiedete.

Irgendwie war es gar nicht so einfach, sich einen Freund anzulachen, stellte ich fest. Jedenfalls musste man offensichtlich eine Menge Zeit investieren.

Mit Thorsten traf ich mich fortan regelmäßig. Ich führte ihn ins Jugendhaus ein, wo ich den größten Teil meiner Freizeit verbrachte. Abends dann ging ich meist mit ihm noch irgendwo ein paar Bier trinken. Und dann musste ich ihn ja irgendwann auch meinen Eltern vorstellen. Auch ihnen gegenüber wollte ich ja einen ganz "normalen" Eindruck hinterlassen.

Und das ging leichter über die Bühne, als ich dachte. Meine Mutter meinte hinterher, als Thorsten schon gegangen war, nur lakonisch: "*Den willst du doch nicht etwa heiraten?*" Ich starrte sie nur entsetzt an. Nichts lag mir ferner, als solch ein Gedanke. Er war doch nur mein Alibi! Ehrlich gesagt, störte er mich eigentlich mehr als alles andere. Andauernd hatte ich ihn im Schlepptau, überall wollte er mit hingehen: das nervte gewaltig! Aber ich brauchte ihn, benötigte ihn als „Vorzeigeobjekt“. Allen wollte ich zeigen: „*Seht her, ich habe auch einen Freund, so, wie es sich für eine Jugendliche in meinem Alter gehört. Seht nur her, ich bin so normal wie jeder andere auch!*“

Hand in Hand gingen wir abends über die Straße, besonders ich achtete darauf, wenn die Möglichkeit bestand, dass uns bekannte Gesichter begegnen könnten. Bis wir kurz darauf auf unbekannte Gesichter stießen:

Die drei Männer, die uns entgegenkamen, machten eigentlich zuerst eher einen friedlichen Eindruck. Doch dann fingen sie überraschenderweise an, uns anzupöbeln: "*Hey, seht 'mal: zwei Schwule! Und wie einträchtig sie Händchen halten!*"

Sie blieben stehen. Thorsten auch. "*Was wollt **ihr** denn?*", rief er laut. Ich versuchte, Thorsten durch einen Stups in die Seite zu verstehen zu geben, er möge doch um Himmels Willen einfach weitergehen und sich nicht darum kümmern. Doch Thorsten war nun verärgert.

Die Pöbeleien gingen weiter. Sie hielten uns tatsächlich für ein schwules Paar, das die Frechheit besaß, dies in aller Öffentlichkeit auch noch zur Schau zu stellen. Es fielen Worte wie "vergasen" und Ähnliches und ich bereitete mich innerlich schon auf eine neuerliche Schlägerei vor. Doch dann passierte etwas, womit ich in diesem Moment jetzt überhaupt nicht gerechnet hatte: Einer der Typen spuckte nun Thorsten mitten ins Gesicht! Nach der ersten Schrecksekunde lief dieser dunkelrot im Gesicht an, dann stieß er eine Art Indianergeheul aus und stürzte sich auf die Angreifer. Diese wichen erschrocken zurück, denn Thorsten brachte aufgrund seines Leibesumfanges doch etliche Kilo auf die Waage. Niemand hätte ihm auch eine solche Behändigkeit zugetraut. Die drei konnten gar nicht so schnell wegrennen, wie Thorsten ihnen gleich nachsetzte. Nach einigen Minuten war er außer Atem, aber wohlbehalten zurück.

"*Sie sind über alle Berge*", keuchte er, "*aber irgendwann erwische ich sie noch!*"

Schweigend gingen wir weiter. Mir war mehr als nur unwohl in meiner Haut. All' das passierte ja nur meinetwegen, ich allein war daran schuld! Würde ich nicht immer durch die Gegend laufen "*wie ein Junge*", würde Anderen so etwas auch gar nicht passieren! Zu dem Geschehen selbst sagte ich nichts. Was hätte ich auch zu meiner Verteidigung hervorbringen können?

Was könnte man noch tun?

Nach diesem Vorfall sahen Thorsten und ich uns seltener, und das war mir auch sehr recht. Ich hatte sowieso ihm gegenüber ein schlechtes Gewissen und außerdem musste ich feststellen, dass die Sache mit dem "*Vorzeige-Freund*" doch nicht so funktionierte, wie ich es mir vorgestellt hatte: Nichts, aber auch gar nichts hatte sich dadurch geändert, außer vielleicht, dass ich auf diese Art und Weise Anderen auch noch Schwierigkeiten bereitete.

Ich zog mich nun wieder mehr und mehr zurück, in mein Zimmer, an meine Bar. Dies war der einzige Ort, an dem ich ich selbst sein konnte. Mit Hilfe des Alkohols floh ich immer häufiger in meine Traumwelt, in der mich auch niemand auslachte, anspuckte oder verprügelte. Den ganzen Tag über hatte ich ständig das Gefühl, als müsse ich gegen irgendjemanden oder irgendetwas kämpfen. Ich wusste nur nicht genau, wogegen eigentlich. Und auch nicht, warum. Es war, als ob ich gegen Windmühlenflügel kämpfte, wobei ich aber schon vorher immer genau wusste, dass ich stets den Kürzeren dabei ziehen würde. Manchmal fühlte ich mich unendlich alleine auf dieser Welt. Warum konnte ich auch nicht die kleinsten Dinge tun, die für alle Anderen völlig selbstverständlich waren? Warum war ich von so vielem ausgeschlossen? Warum gelang es mir nicht, irgendetwas an der Situation zu ändern? Und warum bemerkte niemand, dass mich das alles so sehr belastete und wie verzweifelt ich darüber war?

Eines Abends, als ich halb betrunken wieder einmal darüber sinnierte, was wohl der Sinn unseres Daseins sein mochte, kam ich auf eine verhängnisvolle Idee. Meine Eltern waren ausgegangen und so konnte ich ungesehen im Flur an das Medizin-Schränkchen heran. Ich nahm den Schlüssel und öffnete es. Bislang hatte ich mich noch nie groß um den Inhalt des Schränkchens gekümmert; ich wusste wohl, dass es hier Pflaster und Ähnliches für alle kleinen Wehwehchen gab, aber diesmal hoffte ich, etwas anderes zu finden: Tabletten. Da meine Mutter zu der Sorte Menschen gehört, die nichts wegwerfen können, wurde ich schnell fündig. Hier gab es Pillen in allen Größen, Farben und Sorten. Eigentlich war ich ja auf der Suche nach Schlaftabletten, aber ich wusste nicht einmal, wie solche aussahen oder hießen. Aber im Grunde genommen war es ja auch egal: Ich wollte ja gar nicht sterben! Ich wollte in meiner Verzweiflung nur meine Umwelt darauf aufmerksam machen, dass etwas Wesentliches nicht stimmte und dass ich alleine nicht mehr damit fertig wurde.

Aus jeder Tablettenschachtel und aus jedem Röhrchen nahm ich einige Pillen und füllte damit eine kleine Schachtel. Es war mir zu mühsam, sämtliche Beipackzettel zu lesen, um herauszufinden, für bzw. gegen was die einzelnen Medikamente eigentlich bestimmt waren. Ich hoffte nur, ein paar Schlaftabletten würden schon irgendwie dabei sein. Sorgfältig verstaute ich anschließend die Schachtel in meiner Tasche. Ich hütete sie wie einen Schatz.

Zwei Wochen später, an einem Sonntag, waren die Mitarbeiter der Gemeindejugend von einem benachbarten Stadtteil abends zu einem kleinen Fest eingeladen worden. Ein paar Stunden waren wir schon dort, alles tanzte und amüsierte sich. Ich saß wie so oft allein an einem Tisch und trank nur still vor mich hin. Dabei beobachtete ich sehr genau das Treiben in meiner Umgebung. Fröhlich und ausgelassen war die Stimmung, überall standen Kleingruppen zusammen, diskutierten und lachten. Und je mehr ich trank, desto mehr kam bei mir der Neid auf die anderen Jugendlichen auf. Ich hätte so gerne mitgelacht, ich wäre so gerne auch ausgelassen und fröhlich gewesen. Aber in meinem Kopf hämmerte es immer und immer wieder nur: "*Das ist auch alles nicht für dich, das ist nur wieder bloß für die Anderen! Du bist anders, deshalb hast du kein Recht, dich zu amüsieren: Du darfst nur immer zugucken!*"

Wieso hatte ich eigentlich kein Recht? Wer vergab denn diese Rechte? Und mit welcher Begründung? Ich wollte nicht mehr länger immer nur der Außenseiter sein, ich wollte auch einmal dazugehören. Freunde haben, Spaß haben, das tun, was alle Anderen ganz selbstverständlich taten. Auf einmal, ohne, dass ich es verhindern konnte, liefen mir die Tränen herunter.

Ich wollte nicht, dass das irgendjemand sah, also flüchtete ich auf die Toilette. Dabei hatte ich wohl völlig vergessen, dass auch andere Jugendliche, die mich nicht kannten, anwesend waren. Der Aufruhr, den ich dadurch natürlich auf der Damentoilette verursachte, stand in nichts den Aufständen nach, die ich schon immer auf öffentlichen Toiletten erlebt hatte. An den Haaren zogen sie mich wieder heraus, während ich mich völlig zu Unrecht angegriffen fühlte und – nicht mehr ganz nüchtern – auch dann um mich trat. In dem anschließenden allgemeinen Durcheinander und lautem Geschreie war bereits nach kurzer Zeit schon nicht mehr erkennbar, um was es denn eigentlich ging. Als sich zu guter Letzt mehrere Leute gegenseitig nur noch anbrüllten und versuchten, mit ihrem Geschrei die extrem laute Musik zu übertönen, nutzte ich schnell die Gelegenheit, um aus der Tür zu schlüpfen.

Ich rannte weg, so schnell ich konnte. Dabei achtete ich gar nicht darauf, wohin ich lief. Nur weg, weit, weit weg! Ich hatte das Gefühl, als könnte ich vor mir selbst davonlaufen. Nach einer halben Ewigkeit ging mir die Puste aus und keuchend blieb ich, die Hände auf die Knie gestützt, nach Luft japsend stehen.

Ich brauchte mehrere Minuten, um zu einer halbwegs normalen Atmung zurückzukehren. Es war dunkel und suchend blickte ich mich um, um herauszufinden, wo ich denn eigentlich war. Ich stand auf einer Brücke, die um diese Zeit kaum mehr befahren war. Über einen Kilometer zog sich diese Brücke hin, unter ihr, in der Dunkelheit kaum sichtbar, gurgelte schwarz der Rhein.

Während ich mich am Geländer festhielt, versuchte ich, durch Vorbeugen zu ergründen, wie hoch diese

Brücke wohl sein mochte, aber das ließ sich im Dunkeln nicht einwandfrei feststellen.

Und wenn ich jetzt einfach springen würde? Einfach fallen lassen und – aus? Würde irgendjemand einem Versager wie mir eine Träne nachweinen? Mit Sicherheit nicht, selbst Mutter wäre wahrscheinlich erleichtert, mich endlich los zu sein …

Nur ein Hilferuf

Doch dann riss ich mich von dem Geländer los und ging langsam die Brücke entlang. Im Grunde genommen wollte ich ja nicht springen, wollte ich gar nicht tot sein. Im Gegenteil: ich wollte endlich leben! Ich wollte meinen Anteil vom Leben haben, wie alle Anderen auch, nur wusste ich nicht, wie ich das anstellen sollte. Ich hatte doch nun langsam alle mir zur Verfügung stehenden Mittel ausgeschöpft – was sollte ich denn jetzt noch machen?

Diese und andere Gedanken gingen mir durch den Kopf, während ich weinend durch die Nacht lief. Ohne, dass ich es bewusst wahrgenommen hatte, hatte ich den Weg nach Hause gefunden. Ich war richtig verwundert, als ich unerwartet in der Straße stand, in der ich wohnte. Und plötzlich wurde mir klar: Heute Nacht gehe ich *nicht* nach Hause. Heute tue ich *nicht* so, als wenn alles in bester Ordnung wäre. Heute muss irgendetwas geschehen, so geht es jedenfalls nicht weiter!

Ich machte auf dem Absatz kehrt und ging wieder ein Stück die Straße zurück. Richtig, der Kiosk an der Ecke hatte noch geöffnet. Schnell kaufte ich noch ein paar

Flaschen Bier, eine davon trank ich noch an Ort und Stelle aus. Dann fiel mir die Schachtel mit den Tabletten ein.

Etwas hektisch kramte ich in meinen Taschen. Doch, da war sie; ich trug sie ja immer bei mir. Etwas zerknautscht zwar, aber noch vollständig. Ich hatte immer noch keine Ahnung, was für eine Mischung diese Schachtel eigentlich enthielt, aber ich war mir sicher, dass ich das in Kürze herausfinden würde.

Anschließend begab ich mich auf den Weg zum Jugendhaus. Natürlich wusste ich, dass es sonntagnachts verschlossen war, aber direkt in der Etage darüber wohnte Frau Ebert mit ihrer Familie – und zu ihr wollte ich. Mir fiel einfach in dem Moment niemand anderer ein, zu dem ich hätte gehen und dem ich mich hätte anvertrauen können. Sie war die Einzige, die mich immer fair behandelt hatte.

Es muss schon nach Mitternacht gewesen sein, als ich bei ihr Sturm klingelte. Sie war sichtlich alles andere als begeistert, als sie schließlich die Tür öffnete und ich mit einer Bierflasche in der Hand vor ihr stand. Doch ich erklärte ihr, dass ich sie sprechen müsste – dringend. Und zwar jetzt.

Kurz darauf schloss sie das Jugendhaus auf und wir nahmen in dem kleinen Büro Platz. Ich erzählte ihr dann freimütig von den Tabletten, doch zuerst glaubte sie mir nicht. Erst auf erneute Aufforderung war ich bereit, ihr die Schachtel zu zeigen.

Dann stellte sie die ursächliche Frage: "*Und warum?*"

Was sollte ich darauf antworten? Was *konnte* ich darauf antworten? Sollte ich sagen: "*Weil ich wohl irgendwie anders bin!*" oder "*Weil ich nicht mehr länger nur der Fußabtreter für alle Anderen sein will*"? Eigentlich wusste ich gar nicht, wie ich das, was mich bewegte, ausdrücken sollte. Ich hatte gar keine Worte dafür.

Also schaute ich nur zu Boden und sagte gar nichts. Daraufhin fing Frau Ebert an, ins Blaue hinein zu raten:

"*Gibt es Probleme in der Schule?*"

Mein Gott, die gab's schon immer! Aber das war es eigentlich nicht. Ich schüttelte den Kopf.

"*Hast du Schwierigkeiten mit den Kindergruppen?*"

Wieder Kopfschütteln.

"*Bist du vielleicht schwanger?*"

Die Frau hatte Vorstellungen! Nein, natürlich nicht!

Sie führte noch ein paar weitere Möglichkeiten auf, erntete von mir aber stets nur ein Kopfschütteln. Ich hätte ihr schon gerne mitgeteilt, was eigentlich los war, aber ich wusste wirklich nicht, wie. Dabei fiel mir auf, dass Außenstehende die Konflikte oft gar nicht richtig mitbekamen, weil ich bei den Übergriffen Anderer meistens entweder ganz alleine oder mit wechselnden Personen unterwegs war. Und mir wurde jetzt bewusst, dass tatsächlich niemand auch nur ahnte, wie sehr ich unter der Situation litt.

Irgendwann meinte ich beiläufig, dass ich 'mal auf die Toilette müsste. Während sie im Büro wartete, ging ich aufs Örtchen. Beim anschließenden Händewaschen starrte ich auf den fließenden Wasserstrahl, hielt kurz inne und nahm die Pillenschachtel aus der Tasche. Ich öffnete sie, ließ die Tabletten in die linke Hand gleiten, steckte sie in den Mund und spülte mit einigen kräftigen

Schlucken Wasser nach. Dann lehnte ich mich an die Wand und schloss die Augen.

Da ich von der Toilette nicht wiederkam, wollte Frau Ebert nach einer Weile nach mir schauen. Sie öffnete die Tür, sah mich an die Wand gelehnt stehen, erblickte die leere Schachtel und wusste offenbar sofort, was die Uhr geschlagen hatte.

Sie bugsierte mich wieder in ihr kleines Büro und meinte dann, ihr wäre kalt und sie müsste sich 'mal eben eine Strickjacke aus ihrer Wohnung holen. Ich solle kurz hier warten. Ich merkte nicht, dass sie nur eine Möglichkeit suchte, telefonieren zu können, ohne, dass ich das mit bekam.

Nach fünf Minuten war sie wieder zurück. Da ich wirklich keine Ahnung hatte, was ich da tatsächlich geschluckt hatte, hatte ich auch keine genaueren Vorstellungen davon, was jetzt eigentlich passieren würde. Doch zunächst einmal passierte gar nichts. Ich saß einfach nur da und wartete. Als Frau Ebert fragte: "*Was soll ich bloß mit dir machen?*", war meine spontane Antwort: "*Am besten einfach in den Mülleimer schmeißen!*"

"*Sag' doch so etwas nicht!*", erwiderte sie und strich mir mit einer Hand über das Haar. Unter dieser Berührung zuckte ich zusammen. Es war das erste Mal, dass mich jemand berührte, ohne, dass er mir Böses wollte. So etwas kannte ich gar nicht. Es war mir einerseits unangenehm, andererseits aber auch irgendwie wieder nicht. Es hatte so etwas Tröstliches an sich, vermittelte einen winzigen Hauch von Geborgenheit.

Plötzlich ging die Tür auf und mehrere Polizisten kamen herein. Sie verhandelten kurz mit Frau Ebert, die erklärte, dass sie angerufen habe und was passiert sei und dann ging einer der Beamten auf mich zu, um mich mitzunehmen. Instinktiv wich ich zurück.

"*Na, na*", meinte der Beamte, "*so schlimm wird's schon nicht werden. Wir bringen Sie jetzt in ein Krankenhaus.*"

Am liebsten wäre ich jetzt irgendwie abgehauen, aber sie waren zu viert und sie versperrten die Tür. Widerwillig ließ ich mich am Arm nehmen und in einen der beiden Streifenwagen setzen. Frau Ebert nahm neben mir Platz und ab ging die Fahrt.

Wir kamen nur bis zur nächsten Ampel. Sie zeigte rot, der Wagen hielt an und ich öffnete blitzschnell die hintere Tür, sprang aus dem Auto und rannte los. Doch die Polizisten sprangen genauso schnell aus dem Wagen und rannten hinterher. Noch bevor ich die Kreuzung ganz überquert hatte, hatten sie mich eingeholt.

"*So nicht, mein Freundchen*", meinte einer der Beamten, setzte mich wieder in das Auto und verriegelte die Tür so, dass man sie nur von außen öffnen konnte. Frau Ebert sah mich nur verständnislos an und fragte dann: *„Warum tust du das?“* Die Antwort blieb ich ihr schuldig.

Kurz darauf kamen wir in dem Krankenhaus an. Ich wurde in einen Warteraum gesetzt und ein Polizist blieb neben mir stehen, damit ich nicht wieder einen Fluchtversuch unternahm. Außer uns war nur noch ein junger Mann in dem Raum, der den rechten Arm eingegipst hatte.

Zwei Krankenpfleger schoben eine Transportliege in den Raum und bedeuteten mir, mich draufzulegen, doch ich dachte ja nicht im Traum daran. Daraufhin fassten sie mich kurzerhand an den Armen unter und hoben mich auf die Liege. Eine Sekunde später war ich wieder 'runtergesprungen. Sie zuckten nur mit den Schultern und gingen dann wieder.

Dann kam ein Arzt und holte mich in sein Sprechzimmer. Er konfrontierte mich mit der Tatsache, Tabletten geschluckt zu haben, doch ich stritt alles ab.

"*Aber mir wurde gesagt, die Schachtel sei leer gewesen*", meinte er.

"*Ich hab' die Pillen ins Klo geschüttet*", log ich.

"*Soso ...*" Das war sein ganzer Kommentar, dann sollte ich wieder dort im Warteraum Platz nehmen. Anschließend verhandelte Frau Ebert im Raum nebenan mit dem Arzt. Die Tür war nicht ganz geschlossen, und so bekam ich einige Gesprächsfetzen ihrer Unterhaltung mit. Ich hörte, wie der Arzt zu ihr sagte:

"*Also bitte: wenn man schon 17 Jahre alt ist und immer noch so herumläuft ...*"

Ja, wie lief ich denn herum? Doch so, wie ich mich selber wenigstens halbwegs akzeptieren konnte! Was war denn so schlimm daran? Warum sprach denn niemand aus, was er meinte?

Dann hörte ich noch etwas: „*Eigentlich gehört so etwas ja in die Psychiatrie eingewiesen …*“

Unverschämt: weil ich mich weigerte, sichtbar als angebliche Frau aufzutreten, die ich ja auch gar nicht war?? Man musste offenbar vorsichtig sein, wo man hinterher landet!

Ich stand auf und trat mit voller Wucht gegen einen metallenen Aktenschrank, der im Warteraum stand. Es schepperte gehörig, als die einzelnen Schubladen aufsprangen. Dann begab ich mich in Richtung Ausgang. Der Mann mit dem eingegipsten Arm vertrat mir den Weg: "*An mir kommst du nicht vorbei!*"

"*Verschwinde, sonst breche ich dir den anderen Arm auch noch!*" Was mischte dieser Typ sich da überhaupt ein?

Nun meldete sich auch der Polizist zu Wort:

"*Verhalten Sie sich ruhig, sonst muss ich Ihnen Hand- und Fußfesseln anlegen!*" Mir doch egal, macht doch, was Ihr wollt!

Die Tür ging wieder auf und der Arzt steckte seinen Kopf durch die Öffnung. "*Wo wohnen Sie denn?*"

Ich schwieg. Sie waren doch alle so oberschlau, dann sollten sie gefälligst auch selbst herausfinden, wo ich wohnte. Doch da hörte ich auch schon die Stimme von Frau Ebert, die meine Adresse durch die Gegend trötete. Verräterin!

Allmählich wurde es eng. Gar nicht auszudenken, wenn sie zu Hause anriefen und meine Eltern Wind von der ganzen Geschichte bekamen - das konnte nur jede Menge Ärger bedeuten!

Ich erweckte den Anschein, als ob ich aufgab und setzte mich artig wieder hin. Nach einer Weile meinte ich zu dem Polizisten: "*Wo ist denn hier eine Toilette? Ich muss mal!*"

Der Beamte ging auf den Flur, schaute sich um und kam wieder herein. "*Gleich links um die Ecke*", erklärte er.

Langsam stand ich auf und ging zum Ausgang. "*Bin gleich wieder da!*", verkündete ich, spurtete rechts um die Ecke zum Ausgang des Gebäudes und schoss hinaus. Ich rannte, so schnell ich konnte, doch meine Füße fühlten sich an wie Blei. Als ich mich einmal kurz umdrehte, sah ich gleich eine ganze Horde hinter mir herrennen, allen voran mehrere Weißkittel. Weiß der Kuckuck, wo die so plötzlich alle herkamen.

Eine ca. zwei Meter hohe Mauer beendete meinen neuerlichen Fluchtversuch. Das gesamte Krankenhausgelände war von dieser Mauer umgeben, nur an der Pforte vorne hätte man es verlassen können. Ich war in die falsche Richtung gelaufen.

Ich gab auf. Es hatte keinen Sinn mehr, weiterzurennen. Obwohl ich brüllte, dass ich alleine laufen könnte, packten mich gleich sechs oder sieben Leute und schleiften mich mit. Dabei versetzte mir ein Polizist mit dem Ellenbogen dermaßen einen Hieb in die Magengegend, dass ich einen Moment lang dachte, mir ginge die Luft aus.

Kurz darauf stand ich wiederum in diesem Warteraum, diesmal aber wichen mir die beiden Polizisten nicht mehr von der Seite. Einer stand direkt neben mir, der zweite vor der Tür zum Ausgang.

Da mir dieser Fluchtweg nun verbaut war, riss ich die Tür zum Arztzimmer auf – und erschrak. Drinnen standen meine Eltern. Wortlos starrten sie mich an.

Da ich bei meiner Aussage blieb, die Tabletten nicht geschluckt zu haben, übergaben sie mich der Obhut meiner Eltern und ließen mich gehen. Schweigend gingen diese mit mir und Frau Ebert zu unserem Auto.

Auch die ganze Fahrt über nach Hause sprach keiner ein Wort.

Zu Hause angekommen, machte ich mich auf eine gehörige Standpauke gefaßt, doch es war schon kurz nach 3.00 Uhr morgens, daher meinte meine Mutter nur: "*Du gehst jetzt ins Bett, wir sprechen morgen darüber*". Mir war es nur recht, dass sie nicht jetzt noch anfingen, fühlte ich mich doch inzwischen sehr, sehr müde und irgendwie schlapp.

Drei Stunden später klingelte mein Wecker. Montagmorgen, 06.30 Uhr, Schule war angesagt. Nur mühsam quälte ich mich aus dem Bett heraus. Ich hätte viel darum gegeben, weiterschlafen zu können, aber meiner Mutter war der Besuch der Schule heilig, kein Argument der Welt hätte sie dazu bringen können, mir zu gestatten, einmal der Schule fernzubleiben, auch nicht die Ereignisse der letzten Nacht. Doch im Gegensatz zu anderen Montagen war ich diesmal regelrecht froh, dass ich aus dem Haus musste. Auf diese Art und Weise konnte ich die Auseinandersetzung mit meinen Eltern noch ein wenig hinausschieben.

Frühstücken tat ich schon seit geraumer Zeit nicht mehr, daher ließ ich mich an diesem Tag nur ganz kurz im Esszimmer blicken, bevor ich aufbrach. Die Stimmung war nicht gerade erstklassig, wie ich bemerkte.

Auf dem Weg zur Schule musste ich mich richtig zusammenreißen, um nicht in der Straßenbahn einzuschlafen. Von dem gesamten Unterricht bekam ich an diesem Tag eigentlich nichts mit, weil mir dauernd die Augen zufielen. In der sechsten Schulstunde schlief ich dann ein.

Für dieses Vergehen handelte ich mir einen Tadel im Klassenbuch ein. Endlich, gegen 13.00 Uhr, war die Schule aus. Ich fuhr nach Hause und wollte nur noch eines: Endlich in Ruhe schlafen können. Daher legte ich mich gleich nach meiner Rückkehr ins Bett.

Doch ich hatte die Rechnung ohne meine Mutter gemacht. Sie kam sogleich angetrabt und wollte wissen, was nun schon wieder los sei.

"*Gar nichts. Ich möchte nur etwas schlafen. Bitte, ich bin so müde.*"

"*Wieso willst du am helllichten Tag schlafen? Und was ist mit den Hausaufgaben?*"

"*Später, bitte, ich möchte jetzt nur schlafen!*"

Doch Mutter gab keine Ruhe. Es war so ungewöhnlich, dass ich mitten am Tag im Bett lag, dass sie mich echt so lange mit ihrer Fragerei nervte, bis ich endlich, nur um meine Ruhe zu haben, zugab, am Abend zuvor doch Tabletten geschluckt zu haben.

"*Was für welche? Und wie viele?*"

"*Ich weiß nicht. Aus dem Medizinschrank halt.*"

"*Etwas genauer bitte!*"

"*Ich sag' doch, ich weiß nicht, was das war.*"

Sie holte mich aus dem Bett und räumte das Medizin-Schränkchen aus. Bei jeder einzelnen Packung fragte sie mich, ob diese auch dabei gewesen wären. So gut ich mich erinnerte, zeigte ich auf diejenigen Schachteln, von denen ich glaubte, ihnen Tabletten entnommen zu haben. Während ich anschließend wieder in mein Bett schlich, hörte ich noch, wie Mutter in dem Krankenhaus, in dem ich am Abend zuvor war, anrief. Dann schlief ich wieder ein

Ich erwachte erst fast anderthalb Tage später wieder. Im ersten Augenblick wusste ich gar nicht, wo ich eigentlich war, doch dann fiel mir die leidige Geschichte mit den Pillen wieder ein. Kurz darauf kam meine Mutter in mein Zimmer und meinte, ich solle jetzt aufstehen, sie wollte sich mit mir unterhalten.

Sie erzählte zunächst, dass sie in der Klinik angerufen und die Namen der Medikamente durchgegeben hätte. Daraufhin hatte man ihr erklärt, dass es für eine Magenspülung sowieso schon zu spät sei und ich wahrscheinlich erst 'mal eine Weile schlafen würde. Es stellte sich heraus, dass nur knapp die Hälfte der Tabletten, die ich geschluckt hatte, Schlaftabletten waren; der Rest war quasi "quer durch den Gemüsegarten". Unter anderem hatte ich auch Östrogene geschluckt. Weibliche Hormone! Das musste man sich einmal vorstellen! Vor Wut über soviel Dämlichkeit hätte ich mich selber in den Hintern beißen können.

Dann wollte natürlich auch meine Mutter unbedingt wissen, wieso, warum und weshalb. Das Gespräch war mir mehr als nur unangenehm. Was sollte ich ihr denn sagen? Dass ich doch ein Junge und kein Mädchen war? Sie hätte nie verstanden, wie ich das meinte, geschweige denn akzeptiert. Angestrengt dachte ich über eine plausible Erklärung nach. Schließlich meinte ich:

"*Ich dachte, ihr hättet mich nicht lieb*"

"*Blödsinn*", meinte Mutter, "*ich habe doch alles gemacht, damit sich keiner von euch benachteiligt fühlt!*" Aber sie gab sich mit dieser Erklärung zufrieden. Dann fügte sie hinzu:

"Warum rennst du eigentlich zu wildfremden Menschen? Hast du denn kein Vertrauen zu mir?"

Vertrauen? Zu ihr?? Wo hätte ich denn das hernehmen sollen? Wie kann man jemandem Vertrauen entgegenbringen, der einen stets wie einen Leibeigenen behandelt? Oder wie einen Hund? Wenn meine Mutter irgendetwas von mir wollte, rief sie mich meistens ja nie mit Namen, sondern pfiff immer nur nach mir, wie man nach einem Hund pfeift. Und wehe, ich kam dieser Aufforderung, sofort anzutraben, nicht augenblicklich nach! Und wenn doch, gab es in der Regel auch nur Prügel von ihr. Vertrauen? Ich dachte, ich hörte nicht richtig.

Doch ich sagte kein Wort dazu. Das hätte mir außer Ärger nichts eingebracht. Zu meiner großen Erleichterung verzichtete Mutter diesmal sogar auf eine Strafe. Sie erklärte nur, dass sie so etwas mit mir nie wieder erleben wollte. Was sollten denn die Leute denken! Danach ging sie zu ihrer Tagesordnung über.

Gegen sich selbst kämpfen

Offensichtlich hatte ich wieder einmal alles falsch gemacht. Hatte sich irgendetwas durch diesen Vorfall geändert? Nicht im Geringsten, wie ich feststellen musste. Niemand, aber wirklich niemand kam auf die Idee, mit **MIR** einmal über die (Hinter-) Gründe zu reden. Offenbar waren alle Beteiligten sogar erleichtert, dass sie sich damit nicht weiter auseinandersetzen mussten. Meine Hoffnungen hatten sich nicht annähernd erfüllt und die Enttäuschung darüber war groß.

Aber ich hatte ja meinen guten, alten Freund, den Alkohol und dieser half mir über meine Enttäuschung hinweg.

Wenn ich nicht ganz auf der Strecke bleiben wollte, dann blieb mir gar nichts anderes übrig, als täglich weiterzukämpfen. Wenn ich nur gewusst hätte, gegen wen oder gegen was ich eigentlich kämpfte! Manchmal wurde ich das dumpfe Gefühl nicht los, dass ich möglicherweise gegen mich selber antrat. Konnte man das überhaupt – gegen sich selber kämpfen? Ich glaubte schon, zumindest, was meinen Körper anbetraf. Ihn hasste ich von Tag zu Tag mehr, weil er weiblich war. Ich versuchte nach wie vor, ihn mit allen mir zur Verfügung stehenden Mitteln zu vertuschen oder zu verstecken. Wenn es nur eine Möglichkeit gegeben hätte, ihn irgendwie loszuwerden!

Immer öfter stellte ich mir vor, wie es wohl wäre, wenn ich auch ein „richtiger" Junge geworden wäre. Aber das war ja nur Illusion, Träumerei. Trotzdem war dies für mich eine wunderschöne Illusion. Leider hielt sie nur solange an, bis ich wieder nüchtern war. Dann kehrte ich in die für mich erbarmungslose Realität zurück. Und hier war nun einmal kämpfen angesagt. Kaum ein Tag verging, an dem es nicht zu Konflikten im Rahmen der Geschlechterrolle kam, an dem es keine Auseinandersetzungen gab. Es war zermürbend, aber immer wieder krempelte ich in Gedanken die Ärmel hoch und sagte mir selber: *„Jetzt erst recht!"*. Ich wollte mich nicht kleinkriegen lassen.

Im Laufe der Jahre hatte ich gelernt, dass bestimmte Situationen ein noch höheres Risiko der Konflikte bargen als andere, z.B. der Gang auf eine öffentliche Toilette, zum Arzt, in Badeanstalten etc. Überall dort, wo die Menschen nach männlich und weiblich aufgeteilt wurden oder wo der Name ins Spiel kam oder man sich ausweisen musste, also auch auf Ämtern, Behörden, Banken etc. Allmählich bereitete mir bereits die Vorstellung, dass eine solche Situation wieder bevorstand und ich sie nicht vermeiden konnte, regelrecht Angst.

Im Grunde genommen wollte ich mich nicht regelmäßig herumstreiten oder -prügeln, schon gar nicht dauernd anspucken lassen. Ich wollte eigentlich nur meine Ruhe haben, aber man ließ mich einfach nicht in Ruhe.

Selbst, wenn ich mit einer meiner Kindergruppen zum Eisladen ging, um ihnen eine Runde Eis zu spendieren, hatte ich Angst, dass eines der Kinder mich dort mit meinem Namen anreden könnte. Die Blicke der Verkäuferinnen sprachen dann Bände, einmal sogar weigerte sich eine anschließend, uns allen Eis zu verkaufen. Wie sollte ich das den Kindern erklären?

Was doch sehr schwer zu verkraften war, war das Eingeständnis, in allen Auseinandersetzungen, egal, ob sie verbal oder nonverbal ausgetragen wurden, stets und immer nur der Verlierer zu sein. Rein vom Körperlichen her hatte ich bei den handgreiflichen Auseinandersetzungen überhaupt keine Chance, zumal die Angreifer ganz selten alleine, sondern fast immer nur in Gruppen auftraten. Aber auch bei verbalen Auseinandersetzungen ging ich stets als Verlierer hervor.

Nicht nur, dass ich dauernd bei Diskussionen mit meinen Argumenten, das sei alles ja beabsichtigt, auf der Strecke blieb. Ich hatte auch Probleme mit dem nun allgemein üblichen Sprachgebrauch: So wetterte ich häufig dagegen, dass das Wort "Mädchen" ein Neutrum sei. "*Er, der Junge*", hieß es, aber "*Es, das Mädchen*"! Alle Mädchen waren meiner Meinung nach aber keine Neutrums, sondern Menschen wie alle anderen auch! Darüber hinaus prangerte ich ständig an, dass das Wort "dämlich" ja von dem Begriff "Dame" abstamme, ebenso wie "herrlich" von dem Wort "Herr". Wenn das allein nicht schon ungerecht war!

Auch mit der Bezeichnung "Fräulein", die auf uns Heranwachsende nun immer öfter angewandt wurde, konnte ich absolut nichts anfangen. Wenn mich ein Mann mit "*Fräulein Schmidt*" anredete, konterte ich stets mit "*Herrlein Soundso*" – gleiches Recht auf Verniedlichung für alle, dachte ich. Ich ging sogar so weit, dass ich die Annahme von Post verweigerte, die an ein "Fräulein Schmidt" adressiert war. Hätte ich mich damals mit meiner Weiblichkeit irgendwie arrangieren können – ich wäre die geborene Emanze gewesen.

So aber versuchte ich lediglich, mit Hilfe des Sprachgebrauchs auf himmelschreiende Ungerechtigkeiten hinzuweisen – gemeint war aber lediglich die Tatsache, dass ich **MICH**, bedingt durch den Sachverhalt, in einem weiblichen Körper zu stecken, total ungerecht behandelt fühlte.

Doch, wie gesagt, dies alles war vergebliche Mühe, denn niemand interessierte sich dafür. Ich konnte mir gar nicht wirklich vorstellen, dass ich die Einzige sein sollte, die an so etwas Anstoß nahm, doch es schien ganz so. Die anderen "Mädchen" (da war es wieder!)

zuckten nur verständnislos mit den Schultern oder meinten: „*Na und?*". Dafür wiederum hatte ich nun überhaupt kein Verständnis.

Meinen Vornamen hasste ich ebenso wie meinen Körper. Schon lange schrieb ich ihn nicht mehr aus. Meine Adresse, meine Unterschrift gab ich nur mit „B. Schmidt" an. Das reichte vollkommen aus, fand ich. Aber das schützte mich natürlich nicht davor, dass mich weiterhin alle Welt mit meinem Vornamen anredete. Am schlimmsten fand ich es, wenn mich andere Leute in der Öffentlichkeit, z.B. in einem Lokal oder auf der Straße, mit meinem realen Namen laut riefen. Bemerkte denn außer mir tatsächlich niemand, wie die Leute sich nach mir umdrehten, wie sie stets gafften und dann ihre blöden Bemerkungen losließen?

Ich war mir sicher, dass ich nur aus Versehen weiblich geworden war. Irgendjemand *musste* einfach einen Fehler gemacht haben! Anders war das alles überhaupt nicht zu erklären! Durch und durch fühlte ich mich als Junge – d.h. fast: Da ich nun mal einen rein weiblichen Körper hatte, empfand ich die Sexualität auch wie eine Frau. Zwar hatte ich keine Möglichkeit, es auszuprobieren (mit wem denn auch?), aber selbst in meiner Phantasie konnte ich mir gar nicht vorstellen, mit einer Frau intim zu werden. Das verwirrte mich nur noch mehr. Wer war ich überhaupt? Und vor allem: ***WAS*** war ich? Eine Frau oder ein Mann? Oder gar nichts von beidem? Oder vielleicht beides - oder doch nur ein „*Monster*“, wie viele mich immer nur bezeichneten? Wie konnte ich Antworten auf all‘ diese quälenden Fragen finden?

Endlich volljährig!

Endlich 18! Die letzten Wochen konnte ich es schon gar nicht mehr erwarten. Endlich volljährig! Tun und lassen, was man möchte, keiner kann einem mehr etwas vorschreiben! Diese Vorstellung allein reichte bei mir aus, diesem Tag ungeduldig und erwartungsvoll entgegenzusehen. Natürlich wurde nicht nur ich volljährig, sondern meine Schwester ebenfalls. Und natürlich war es wie an allen anderen Geburtstagen bei uns auch, dass wir beide von sämtlichen Verwandten das Gleiche geschenkt bekamen: *„Damit sich keiner benachteiligt fühlt!*", wie immer wieder gerne betont wurde. Ich konnte es schon nicht mehr hören.

Ich weiß nicht, was für Vorstellungen ich genau hatte, was sich alles ändern würde, wenn ich erst volljährig war. Irgendwie dachte ich, ALLES würde sich ändern: Es würde keiner mehr wagen, mich anzupöbeln, zu schlagen oder anzuspucken! Das Spießrutenlaufen in Gaststätten oder an anderen Orten wäre endlich vorbei! Doch das Einzige, was sich mit diesem Tag änderte, war die Tatsache, dass meine Mutter mir ab sofort keine Vorschriften mehr machte, wann ich zu Hause sein musste.

Ich verband die Volljährigkeit irgendwie mit Freiheit. Doch größere Freiräume ergaben sich in Wirklichkeit nicht, wie ich enttäuscht feststellte. Alles lief weiter seinen gewohnten Gang. Ich hätte gerne irgendetwas unternommen, was man erst als Volljähriger tun darf, allein, um zu demonstrieren, dass ich jetzt alle Freiheiten besaß. Am liebsten hätte ich mir einen fahrbaren Untersatz zugelegt. Doch meine Eltern waren finanziell nicht so begütert, dass sie uns – wie andere Eltern ihren volljährigen Kindern – den Führerschein und sogar noch ein Auto hätten finanzieren können. In diesem Punkt hinkten wir Kinder schon immer hinter den Anderen her. Als die anderen Heranwachsenden alle mit 16 Jahren ein Moped bekamen, konnte ich von Glück reden, wenn ich ein gebrauchtes Fahrrad erhielt. An einen Führerschein oder gar an ein Auto war also absolut nicht zu denken. Mir hätte jedoch ein Moped erst 'mal voll und ganz ausgereicht. Hauptsache, motorisiert! Aber die 300,- DM, die ich insgesamt zu meinem Geburtstag von der gesamten Verwandtschaft erhielt, reichten dafür natürlich bei weitem nicht aus.

Mutter meinte, ich solle das Geld am besten nun aufs Sparbuch legen, aber ich dachte ja gar nicht daran! Fieberhaft überlegte ich, was ich nun damit anstellen könnte. Es musste unbedingt etwas sein, das Minderjährige sich nicht kaufen oder leisten konnten. Doch in Kinofilme, die erst ab 18 Jahren freigegeben waren, kamen alle Jugendlichen schon seit Jahren mühelos hinein. Aber Spielhallen z.B. durfte man erst mit 18 betreten. Doch das Geld zu verspielen, dafür war es mir zu schade. Dann hatte ich eine Idee:

Tags darauf fuhr ich in die Stadtmitte. Am Hauptbahnhof betrat ich ein Waffengeschäft. Im Laden selbst war es gähnend leer. Nach einer kurzen Weile tauchte ein Verkäufer hinter dem Tresen auf.

"*Ja, bitte?*"

"*Guten Tag. Ich interessiere mich für ein Luftgewehr.*"

"*Waffen werden nur an Volljährige verkauft!*"

"*Ich **bin** volljährig!*"

"So? Hast du auch einen Ausweis dabei?"

Stolz kramte ich meinen Personalausweis aus der Tasche und überreichte ihn dem Verkäufer. Dieser warf einen kurzen Blick darauf und meinte dann:

"Für wie blöde hältst du mich? Den Ausweis deiner Mutter kannst du wieder wegstecken - Ich wollte ***deinen*** *sehen!"*

Himmeldonnerwetter noch einmal! Jetzt wurde mir nicht einmal mehr mein Ausweis geglaubt! Ich holte erst einmal tief Luft. Dann versuchte ich dem Verkäufer in aller Ruhe zu erklären, dass ich durchaus die genannte und abgebildete Person auf dem Ausweis sei. Irgendwann schnallte er es sogar.

Ich verließ das Geschäft mit einem eingepackten Gewehr unter dem Arm inklusive 100 Zielscheiben, 500 Schuss Munition und Waffenöl. Auf dem Nachhauseweg war mir doch ein wenig mulmig zumute – was würde Mutter dazu sagen, dass ich nun ein Gewehr besaß?

Doch die Sorge war unbegründet. Meine Mutter hatte gar nichts dagegen, dass ich ein Gewehr ins Haus brachte. Im Gegenteil, im Keller brachte sie mir einen Kugelauffangkasten an der Wand an, damit ich dort mit der Waffe üben konnte.

Dass man bei mir nun mit einem richtigen Gewehr schießen konnte, sprach sich schnell in der Nachbarschaft herum. Plötzlich fragten einige Jugendliche nach, ob sie es auch einmal ausprobieren durften. Ich hatte nichts dagegen und lud die Leute zum Schießstand ein. Bis zu jenem Tag, an dem Alexandra das bereits erneut geladene Gewehr hochnehmen wollte und es ausgerechnet am Abzug in die Höhe riss. Der Schuss löste sich sofort und krachte etwa einen Meter über dem Boden in die seitliche Wand, wo Sekunden vorher noch jemand gestanden und gewartet hatte, dass er an die Reihe kam.

Nach der allgemeinen Schrecksekunde starrte ich auf das Loch in der Wand. Für die kleine, unscheinbare Kugel war das Loch doch enorm! Nicht auszudenken, wenn diese Kugel jemanden getroffen hätte!

Schlagartig wurde mir bewusst, dass ich mit diesem Gewehr eine gefährliche Waffe ins Haus gebracht hatte. In Gedanken stellte ich mir vor, was alles passieren könnte, wenn man unsachgemäß damit umging. Besonders die Tatsache, dass wir Jugendlichen bis jetzt auch alkoholisiert damit geschossen hatten, machte mir Sorgen. Vor allem ich selbst, die ich meinen Alkoholkonsum schon länger nicht mehr steuern konnte, könnte irgendwann betrunken mit dem Gewehr herumfuchteln. Also stellte ich Sicherheitsregeln auf, die auch meinem eigenen Schutz dienen sollten. Fein säuberlich tippte ich mit der Schreibmaschine diese Regeln auf zwei Blatt Papier. Als oberstes Gebot galt, dass nur noch nüchtern mit diesem Gewehr geschossen werden durfte. Jeder, der mit der Waffe schießen wollte, musste mit seiner Unterschrift bestätigen, dass er diese Sicherheitsregeln gelesen und zur Kenntnis genommen hatte. Das hatte zur Folge, dass die Nachfrage aus der Nachbarschaft wieder rapide sank. Wenn man dabei nicht auch ein paar Bier trinken konnte, machte die ganze Sache offenbar keinen rechten Spaß mehr. Mir übrigens auch nicht mehr so ganz. Kurze Zeit später war das allgemeine Interesse daran ganz eingeschlafen

Im Sommer fragte mich Frau Ebert, ob ich nicht Lust hätte, neben meinen Kindergruppen auch beim Kindergottesdienst mitzumachen. Ich brauchte nicht lange zu überlegen. Freitagsabends traf sich Vorbereitungsgruppe, Sonntagvormittags fand der Gottesdienst statt. Das bedeutete zwei weitere Termine, an denen ich im Jugendhaus sein konnte, nicht zu Hause sein musste. Ich sagte sofort zu.

In der Vorbereitungsgruppe stellte sich sehr schnell heraus, dass ich aus dem Stegreif aus einer Bibelstelle, die lediglich aus drei kurzen Sätzen bestand, eine für Kinder spannende Geschichte von einer Viertelstunde weben konnte. Mir machte die ganze Sache auch Spaß, jedoch kam es auch einige Male vor, dass ich mich weigerte, bestimmte Geschichten den Kindern zu erzählen. Zum Beispiel Erzählungen über einen ***strafenden*** Gott. In diesen Fällen übernahm jemand anderes dann meine Kindergruppe an dem betreffenden Sonntag.

Freizeit mit Kindern in der Schweiz

In den großen Ferien wurden von der Gemeinde wie immer Freizeiten für die Kinder und Jugendlichen durchgeführt. Dieses Jahr war es das erste Mal, dass sechs Freizeitleiter ohne Frau Ebert mit 35 Kindern in die Schweiz fuhren. Und ich war dabei! Nun, da ich volljährig war, hatte ich die gleiche Verantwortung wie die anderen für die Kinderschar, und wir bemühten uns sehr, alles sehr gut vorzubereiten. Ein einziges Problem ergab sich dabei: was würde passieren, wenn ich während der Freizeit auf die Idee käme, abends – wie die anderen Leiter – auch ‘mal ein Bier zu trinken? Bei mir blieb es ja nie bei nur einem Bier. Ich bestand deshalb darauf, eine verbindliche Regel für die Leitungsgruppe schriftlich zu fixieren: „*Der Erste, der betrunken ist, fährt auf der Stelle nach Hause. Und zwar ohne Wenn und Aber.*" Das beruhigte mich ein wenig. Dazu hatte ich mich zu sehr auf diese Freizeit gefreut, um das Risiko einzugehen, vorzeitig nach Hause fahren zu müssen.

Dann endlich, im Juli, war es soweit: der Bus startete Richtung Süden. Sechzehn lange Stunden Fahrt lagen vor uns, drei Wochen Aufenthalt in den Walliser Alpen.

Es wurde eine wunderschöne Kinderfreizeit, an die ich mich auch heute noch gerne erinnere, auch, wenn es ein paar unvorhergesehene Probleme wie Diebstähle bei den Kindern untereinander oder Knochenbrüche durch Verletzungen und ähnliches gab. Die Kinder akzeptierten mich einfach so, wie ich war und stellten nicht immer wieder ein und dieselbe Tatsache in Frage.

Eines Tages hatten wir einen Ausflug gemacht, oberhalb einer Berghütte campierten wir mittags auf einer Wiese, um den Kartoffelsalat und die Frikadellen zu verteilen. Als alle Kinder mit Essen und Trinken versorgt waren, hatten auch wir kurz Zeit, unseren Gedanken nachzuhängen. Ich lehnte mich zurück in das Gras und schaute gen Himmel. Tiefblau zog er sich hin, soweit das Auge reichte, keine einzige Wolke unterbrach dieses idyllische Bild. Die Sonne stand hoch am Firmament und schien nur für uns allein ihre warmen Strahlen zur Erde zu schicken. Ich nahm dieses Bild tief in Gedanken auf und schloss die Augen. Um mich herum hörte ich das Schnattern und Lachen der 35 unbeschwerten Kinder; ich roch das Gras, in dem ich lag. Einen Augenblick lang war ich glücklich. Unwillkürlich fiel mir der Satz ein, den irgendeine Persönlichkeit einmal von sich gegeben hatte: *„In jede hohe Freude mischt sich auch eine Empfindung der Dankbarkeit"*. Es stimmte: Ich war in diesem Augenblick glücklich und gleichzeitig dankbar dafür, dass ich diesen Moment genießen durfte. Dass ich mitfahren konnte und jetzt hier, inmitten der fröhlichen Kinder war.

Ich weiß nicht genau, wie lange dieser Augenblick währte, vielleicht nur Sekunden, auf keinen Fall aber länger als ein paar Minuten. Denn jäh wurde meine Idylle durch plötzliches Geschrei unterbrochen: Zwei der Kinder waren sich in die Haare geraten. Etwas seufzend ließ ich mich in die Realität zurückholen und stand auf, um den Streit zu schlichten. Ich hätte viel dafür gegeben, diesen gerade erlebten Augenblick noch etwas länger genießen zu können. In den folgenden Jahren habe ich noch viele solcher Freizeiten begleitet, aber diesen einen bewusst erlebten Augenblick des Glücks habe ich leider nie wieder erfahren dürfen.

Auf nach Paris

Zu meinem 19. Geburtstag machte mir Thorsten – wir trafen uns immer noch ab und zu - ein ganz besonderes Geschenk: Er lud mich mit dem Auto zu einer Spritztour nach Paris ein. Paris – das war die Stadt, die ich immer schon einmal kennenlernen wollte. Ich stellte mir Paris mit seinen Bouquinisten am Seine-Ufer und der Notre-

Dame auf der Ile-de-la-Cité regelrecht romantisch vor. Paris – das war in meiner Vorstellung für mich die Stadt der Träume, der Lebenskünstler und der "Exoten". Ich weiß nicht, was ich dort genau erwartete, vielleicht hoffte ich insgeheim, dort Leute zu treffen, denen es ähnlich erging wie mir. Auf jeden Fall wollte ich Paris unbedingt einmal kennenlernen.

Deshalb nahm ich Thorstens Einladung auch spontan an. An einem Montagmorgen fuhren wir los, acht Stunden später kamen wir in Paris an. Viel Geld besaßen wir beide nicht, also versuchten wir, irgendwo im Quartier Latin günstig ein Zimmer zu bekommen. Doch in Frankreich galt als volljährig erst, wer mindestens 21 Jahre alt war; somit war ich dort mit meinen 19 Jahren noch minderjährig. Diese Tatsache veranlasste jede Concierge, uns ein Doppelzimmer zu verweigern. Somit mussten wir mit zwei Einzelzimmern, ganz oben unterm Dach, mit 108 Stufen zu erklimmen, vorlieb nehmen.

An diesem Abend eroberten wir Montmartre mit dem weltberühmten Moulin Rouge und bummelten die Champs-Elysées entlang. Als wir am späten Abend in unser Quartier zurückkehrten, taten mir schon die Füße weh. Wir trafen uns in Thorstens Zimmer zum Abendessen, das wir unterwegs besorgt hatten und das aus einem langen Baguette und einer Flasche Rotwein bestand. Danach war ich todmüde und wollte eigentlich nur noch ins Bett. Doch Thorsten wollte mehr. Als er mich plötzlich auf sein Bett zog und sich die Hose aufknöpfte, wurde mir schlagartig klar, warum er mich nach Paris eingeladen hatte. Da wir beide noch bei unseren Eltern lebten, ergab sich für ihn offenbar nie die Möglichkeit, mit mir einmal ungestört zu sein.

Darauf war ich nun überhaupt nicht vorbereitet. Ich hatte wirklich gedacht, er wollte mit mir in die französische Hauptstadt fahren, um mir eine Freude zu machen. Dass es ihm im Grunde genommen nur um Sex ging, überraschte mich völlig. Das war etwas, was ich überhaupt nicht wollte. Etwas verwirrt überlegte ich blitzschnell, wie ich das verhindern konnte. Schließlich erklärte ich ihm, dass ich rasende Kopfschmerzen hätte und mich unbedingt hinlegen müsste. Die Enttäuschung war ihm anzusehen, aber Thorsten sagte weiter nichts.

Die Besichtigungen der Sehenswürdigkeiten von Paris am nächsten Tag machten mir überhaupt keinen Spaß mehr. Fieberhaft suchte ich die ganze Zeit nach irgendwelchen plausiblen Ausreden, weil ich mir vorstellen konnte, dass Thorsten an diesem Abend erneut versuchen würde, mich ins Bett zu bekommen. Nach wie vor sträubte sich alles in mir, mit ihm intim zu werden. Zum einen empfand ich für ihn – wenn ich ehrlich war – nur Mitleid, aber unter keinen Umständen so etwas wie Zuneigung. Zum anderen war ich innerlich einfach noch nicht zum Sex bereit. Ich wusste ja gar nicht, wer oder besser: **was** ich denn eigentlich war: War ich eine Frau, weil ich über weibliche Geschlechtsmerkmale verfügte, die ich allerdings zu verbergen und zu verstecken versuchte, so gut ich halt konnte? Oder war ich ein Mann, weil ich mich zwar psychisch als Mann empfand, obwohl ich aber über die körperlichen Merkmale nicht verfügte? Oder gab es womöglich noch irgendetwas dazwischen?

Schon allein die Vorstellung, mich auszuziehen und Anderen einen Blick auf meinen verhassten Körper zu gestatten, geschweige denn mich selbst mit diesem auseinandersetzen zu müssen, rief bei mir Panik hervor. Wie konnte ich als Frau Sex haben, wenn ich das Frausein nicht akzeptieren konnte? Wie konnte ich es als Mann, wenn ich zweifelsohne auch kein echter Mann war? Gab es dafür überhaupt eine Lösung?

Vor kurzem hatte ich im Fernsehen zufällig einen Bericht aus den USA gesehen, in dem von Menschen berichtet wurde, die als Mann auf die Welt gekommen und so unglücklich darüber waren, dass sie zu Frauen "umoperiert" wurden. Waren das Leute, die ähnlich wie ich empfanden – nur quasi mit "umgekehrtem Vorzeichen"? Ich konnte mir überhaupt nicht vorstellen, dass es Menschen gab, die schon das Glück hatten, ein Mann zu werden und diesen Körper dann aber ablehnten. Gab es überhaupt außer mir noch andere Menschen, die als Frau geboren wurden und damit einfach nicht zurechtkamen? Ich wusste es nicht, doch ich war mir ziemlich sicher, dass ich die Einzige auf der Welt war, die so empfand und einfach das Pech hatte, seit der Geburt im falschen, nämlich in einem weiblichen Körper zu stecken.

Ich überlegte kurz, ob diese „Geschlechtsumwandlungen“, über die im Fernsehen berichtet wurden, auch eine Lösung für meine Probleme darstellen könnten, aber das schien ausgeschlossen: Erstens hatte ich kein Geld, um eine solche Operation in Amerika durchführen lassen zu können, und zweitens konnte ich meinen Eltern nicht einfach eröffnen, dass ich eine von *„solchen*

Leuten" war. Ich war mir sicher, dass sie auf der Stelle tot umfallen würden. Und selbst wenn nicht – es gab ein ungeschriebenes Gesetz in unserer Familie, natürlich von meiner Mutter aufgestellt und dieses Gesetz lautete, „*dass nicht sein kann, was nicht sein darf*"!

Darüber hinaus trampelte sie bei meinem Vater auf sämtlichen Gefühlen herum, die irgendetwas mit seiner Männlichkeit zu tun hatten. So zog sie z.B. ständig über seinen Bartwuchs her, verbot ihm, sich einen wachsen zu lassen und zog alles Maskuline an ihm ins Lächerliche. Zwar rauchte meine Mutter wie ein Schlot Zigaretten, aber meinem Vater, der ab und zu gerne mal an einer Zigarre zog, verbot sie das Rauchen im Haus. Ich verstand zwar nicht, warum sich mein Vater gegen all' diese Ungerechtigkeiten nie zur Wehr setzte, aber mir war klar, dass ich, wenn ich meiner Mutter auch nur andeuten würde, dass ich mich nicht wie ein Mädchen fühlte, in ihrer Gegenwart nichts mehr zu lachen gehabt hätte. Mir wurde überhaupt nicht bewusst, dass ich eigentlich auch ohne eine solche Andeutung nichts zu lachen hatte.

Berufs-Orientierung

Während meine Schwester im Jahr darauf ihr Abitur machte, flog ich vom Gymnasium. Offenbar hatten die Pauker die Nase langsam voll von meinen sogenannten "Schülerstreichen", die die Grenzen des guten Geschmacks schon mehrfach nun überschritten hatten. Meine Noten standen auch nicht gerade zum Besten, und so stellten sie mich nach der 10. Klasse kurzerhand vor die Wahl: Entweder, ich würde freiwillig die Schule verlassen, dann würden sie auch mit sich handeln lassen, einige Noten so anzuheben, dass ich nicht ein viertes Mal sitzen blieb oder - sollte ich dem nicht zustimmen – würden sie mich wegen ungehörigen Betragens der Schule verweisen.

Ich entschied mich ganz spontan für den freiwilligen Abgang. Irgendwie war ich auch erleichtert, dass ich mich nicht mehr mit so völlig unsinnigen Sachen wie lateinischen Vokabeln oder mathematischen Logarithmen herumschlagen musste.

Meine Mutter hingegen rastete schier aus. Wie ich mir das eigentlich vorstellen würde, brüllte sie mich an, ob ich vielleicht zur Müllabfuhr gehen wollte? Sie hätten sich solche Mühe mit mir gegeben, und dann so einen Versager großgezogen! Sie könne sich überhaupt nicht vorstellen, wie es dazu kommen konnte, dass sie so einen Vollidioten wie mich geboren hätte usw. Diese Vorwürfe prallten vollkommen an mir ab, aber andererseits musste ich mir nun schon langsam überlegen, was ich denn einmal beruflich machen könnte, wenn es schon nicht so aussah, dass ich einen guten Schulabschluss vorweisen konnte.

Am liebsten hätte ich hauptberuflich so etwas wie Frau Ebert gemacht: mit Kindern und Jugendlichen arbeiten. Das Problem war nur, dass man für so eine Tätigkeit eine Ausbildung als Sozialpädagoge brauchte – und für diese Ausbildung benötigte man ein Studium und dafür wiederum war das Abitur Voraussetzung. Wie sollte ich an ein Abitur kommen, wenn ich gerade eben vom Gymnasium geflogen war?

Frau Ebert gab mir den Ratschlag, mich doch einmal an der Fachoberschule für Sozialpädagogik zu bewerben, dort könnte ich zumindest das Fachabitur erreichen. Ich wusste bislang gar nicht, dass es eine solche Einrichtung gab, aber ich bewarb mich dort sofort. Keine vier Wochen später hielt ich die Antwort in den Händen: *„...tut es uns außerordentlich leid, Ihnen mitteilen zu müssen, dass wir Sie leider aufgrund Ihres Notendurchschnittes zur Zeit nicht berücksichtigen können..."*.

Meine Mutter freute sich hämisch über diese Absage. Ich wusste nicht genau, warum, aber offensichtlich konnte sie sich nur freuen, wenn Anderen etwas misslang. Da mir ihrer Meinung nach immer so ziemlich alles misslang, was ich anfasste, weil ich ja der geborene Versager war, wunderte es mich schon, dass sie sich nicht ständig über mich *„freute"*.

Trotzdem war nun guter Rat teuer. Irgendwie musste ich zusehen, dass ich meinen Notendurchschnitt etwas anhob. Deshalb fragte ich bei Frau Ebert nach, ob es möglich sei, im Jugendhaus ein freiwilliges einjähriges Praktikum abzulegen, das irgendwie benotet oder bewertet wurde, damit ich mich mit diesem Zeugnis ein Jahr später an der Fachoberschule erneut bewerben konnte?

Eine Praktikantenstelle gab es dort gar nicht, aber das Presbyterium[(2)] stimmte der Einrichtung einer solchen nun zu und bereits einen Monat später konnte

---

(2) **Oberster Kirchengemeinderat (Anm. d. Autors)**

ich meine Arbeit dort aufnehmen. Es war für mich wie ein Traumjob: Jeden Tag von 15.00 bis ca. 24.00 Uhr konnte ich nun im Jugendhaus sein und mich dort um die verschiedenen Gruppen etc. kümmern. Zudem konnte ich so auch den ganzen Tag nun mit Frau Ebert zusammen sein, dem einzigen Menschen, der mich bislang je respektiert hatte.

Natürlich bekam ich nun mehrere Kinder- und Jugendgruppen zur Betreuung, auch auf Mitarbeiter-Schulungen konnte ich bereits einen Teil meines Wissens an Andere weitergeben. Darüber hinaus führte ich für Kinder und Jugendliche aus einkommens-schwachen Familien Gitarrenkurse durch, die sie sich sonst nicht hätten leisten können. Frau Ebert setzte großes Vertrauen in mich, und ich war bemüht, dieses Vertrauen auch nicht zu enttäuschen.

Senioren-Treffen

Doch dann kam die erste Schwierigkeit: Die haupt-amtlichen Mitarbeiter waren der Ansicht, dass ich durch-aus auch in der Seniorenarbeit einzusetzen sei und ver-donnerten mich dazu, einmal in der Woche nachmittags in einer Seniorengruppe auszuhelfen, die ebenfalls von Frau Ebert geleitet wurde. Wir einigten uns dann, beim ersten Mal einen Kurzfilm für einen Diskussions--Einstieg zu nutzen und tags darauf, kurz vor dem Treffen, baute ich schon mal den Filmprojektor auf.

Pünktlich um kurz vor 16.00 Uhr trafen die Senioren zum Kaffeetrinken ein. Etwas verblüfft beobachtete ich die einsetzende „Schlacht" um jede Tasse Kaffee, um jedes Stück Kuchen. Obwohl ausreichende Mengen vorhanden waren, kämpften sie verbittert darum, das Meiste, das Größte, das Beste zu erhaschen und scheuten dabei auch nicht vor persönlichen Beleidigungen zurück.

Doch irgendwann war auch der letzte Krümel aufgegessen, die letzte Tasse niedergemacht und Frau Ebert wandte sich nun dem nachmittäglichen Programm zu. Zunächst einmal stellte sie mich als die Praktikantin der Gemeinde vor und nannte meinen Namen.

Die Antwort im Saal war ein Getuschel und Geraune: *„Wie soll der heißen?“* - *„Das soll ein Mädchen sein?!“*

Etwas verunsichert begab ich mich in die Mitte des Saales, um den Kurzfilm einzulegen. Die Stimmen um mich herum wurden etwas lauter: *„Hast du gehört, Else: das soll angeblich ein Mädchen sein?“ – „Unglaublich, zu meiner Zeit hätte es so etwas ja nicht gegeben!“ – „Bei Hitler wäre so etwas vergast worden...“*

Ich wurde wütend. Was hatte ich ihnen denn getan? Warum sagten sie so gemeine Sachen zu mir, ich war doch auch nicht gemein zu ihnen!

Doch das Getuschel ging weiter - gerade so laut, dass ich es mitbekommen *musste* - und nur mit Mühe konnte ich mich schließlich noch beherrschen. Kurz, bevor ich so weit war, den Filmprojektor zu nehmen und der Nächstbesten für ihre Beleidigungen über den Schädel zu ziehen, griff Frau Ebert ein. Sie nahm mich beiseite, raunte nur kurz: „Du gehst schon 'mal ‘rüber ins Jugendhaus“ und schob mich aus dem Saal.

Ich habe nie erfahren, wie es in der Seniorengruppe weiterging. Aber auch Frau Ebert verlor anschließend kein einziges Wort über den Vorfall. Nur einigten sich die hauptamtlichen Mitarbeiter plötzlich darauf, dass ich für die Seniorenarbeit wohl doch nicht geeignet sei und beschlossen, dass ich in Zukunft ausschließlich in der Kinder- und Jugendarbeit tätig sein sollte.

Mir war es nur recht, denn hier fühlte ich mich einigermaßen akzeptiert, jedenfalls solange, bis ich mit den Kindern in die Öffentlichkeit trat. So war der Besuch einer Eisdiele mit den Kindern im Vergleich zu einem Besuch im Schwimmbad ja noch relativ harmlos ...

Nachts, oft nach Mitternacht, wenn ich nach Hause kam, begab ich mich wie gewohnt an meine Bar und goss mir gut und reichlich ein. Meine Eltern schliefen um diese Zeit schon im Zimmer nebenan, und ich musste sehr leise sein, wenn ich sie nicht wecken wollte. So verzichtete ich meist darauf, Musik aufzulegen bzw. drehte sie ganz leise. Nichts wäre für mich schlimmer gewesen, als wenn meine Eltern mich dabei überrascht hätten, wie ich nachts dort stundenlang an meiner Bar saß – und lautlos weinte.

Mein Alkoholkonsum steigerte sich indes langsam, aber stetig weiter. Gegen 04.00 Uhr morgens fiel ich meist betrunken ins Bett, aber ich konnte ja bis mittags durchschlafen, denn mein Dienst begann erst gegen 15.00 Uhr.

Frühstücken tat ich schon seit meinem 15. Lebensjahr nicht mehr, also ließen mich meine Eltern schlafen. Trotzdem musste ich aufpassen, dass ich nicht zu lange schlief, denn um die späte Mittagszeit war Einkaufen angesagt: Ich musste genügend Alkohol für die Nacht kaufen (am Wochenende sogar für zwei Tage!), und diesen dann ungesehen in die Wohnung "schmuggeln". Längst war mir klar, dass mit meinem Alkohol-Konsum etwas nicht stimmte, deshalb kaufte und trank ich ihn auch heimlich.

Aber das Geld, das ich besaß, reichte bei weitem nicht aus, mir jeden Tag teure Flaschen leisten zu können. Also stieg ich um auf "Billig-Sorten", z.B. gab es einen Liter Vermouth im Supermarkt für 2,98 DM. Das Zeug schmeckte widerlich, aber es erfüllte denselben Zweck wie die teureren Flaschen: Langsam, aber sicher, wurde ich abends betrunken.

Alltag

"Habe ich dir eigentlich schon einmal gesagt, dass ich froh bin, dass du diese Praktikums-Stelle angetreten hast?" Einige Wochen nach Beginn meiner Tätigkeit sprach mich Frau Ebert in unserem winzigen Büro im Jugendhaus darauf an. *"Anfangs war ich mir nicht sicher, ob ich mir nicht ein Kuckucksei ins Nest gelegt hätte"*, fuhr sie fort, *"aber jetzt freue ich mich darüber, jemanden zu haben, der mir unter die Arme greift!"*.

In der Tat, wir vertraten oftmals dieselben Ansichten und ergänzten uns bei der Arbeit prima. Wir hatten gute Ideen bei der Planung und auch der Durchführung von Gemeindefesten, Freizeiten für die Kinder und Jugendlichen sowie bei der Gestaltung der einzelnen Gruppenstunden. Auch ließ mir Frau Ebert vollkommen freie Hand, was die Planung und Durchführung meiner Kindergruppen anbelangte.

Ich merkte, dass ich mich jeden Tag darauf freute, mit Frau Ebert zusammen zu sein. Es tat mir einfach gut, endlich einmal nicht nur halbwegs geduldet, sondern auch anerkannt und respektiert zu werden. Oder auch nur einmal um meine Meinung gefragt zu werden. Die anfängliche Unsicherheit und Angst, wieder einmal feststellen zu müssen, alles nur immer falsch zu machen, wich einer bis dahin nie erlebten Selbstsicherheit – allerdings nur, solange ich mich in den mir vertrauten Räumen des Jugendhauses aufhielt.

Ich versuchte, meinen Alkoholkonsum weitestgehend zu verheimlichen, so gut es mir möglich war. Probleme ergaben sich allerdings immer dann, wenn wir Schulungen oder Freizeiten unternahmen: Fahrten, die eine oder mehrere Übernachtungen irgendwo beinhalteten. Ich konnte mich schon gar nicht mehr daran erinnern, wann der letzte Tag war, an dem ich abends ‘mal keinen Alkohol getrunken hatte, und natürlich konnte ich auch in der Ferne abends nicht die Finger davon lassen. Viel schlimmer aber war, dass ich – einmal angefangen – einfach nicht mehr aufhören konnte, zu trinken. Ich trank und trank solange weiter, bis ich dann vollkommen betrunken war. Meistens kam ich dann noch auf irgendwelche völlig abwegige Ideen, z.B. mitten in der Nacht in voller Montur im See baden zu gehen oder Ähnliches. Irgendwann aber kam unwiderruflich der Zeitpunkt, an dem ich mich einfach nicht mehr auf den Beinen halten konnte und lautlos unter den Tisch sank. Die Anderen hatten anschließend ihre liebe Not, mich dann irgendwie in Richtung Bett zu bekommen.

Es fiel auf. Man wunderte sich nicht nur über mein Benehmen, sondern man begann auch, zu tuscheln und die Nase zu rümpfen. Wie konnte man sich nur so gehen lassen! Es dauerte auch nicht lange, da hatte ich von den anderen Mitarbeitern heimlich den Spitznamen *"Schluckspecht"* weg. Doch niemand sprach mich darauf an.

Meist konnte ich mich am nächsten Morgen nur bruchstückhaft oder auch gar nicht mehr an den vorangegangenen Abend erinnern, aber das Wenige, das mir in Erinnerung blieb, reichte schon aus, ein schlechtes Gewissen zu bekommen. Ich schämte mich regelrecht für all' die Dinge, die ich gesagt oder getan hatte. Nüchtern hätte ich so etwas nie zustande gebracht. Es war beinahe so, als ob ich zwei Persönlichkeiten hätte: die eine Beate, die sich hingebungsvoll den Kindern und ihren Bedürfnissen widmete und die andere Beate, die sturzbetrunken durch die Gegend wankte, bis sie unter den Tisch oder in irgendeine Ecke fiel. Zwar ahnte ich, dass sich das alles wahrscheinlich nicht mehr allzu lange miteinander vereinbaren ließ, doch war ich dem Alkohol gegenüber bereits machtlos: Auch, wenn ich mir vornahm, einmal einen Abend lang nichts zu trinken, die psychische Abhängigkeit, der Zwang zu trinken, war einfach stärker als mein Wille.

Gegen das schlechte Gewissen, das sich nach jedem Rausch einstellte, gab es eigentlich nur ein einziges Mittel: weitertrinken, noch mehr trinken – und damit vergessen. Ich bemerkte nicht, dass ich mich bereits in einem Teufelskreis befand, aus dem zu entrinnen ich alleine wohl kaum eine Chance hatte.

In der Disko

„Was ist, wollen wir am Samstag nicht 'mal in die Stadt fahren und in die Disko gehen?", fragte Thorsten mich eines Tages. *"Da hat eine neu aufgemacht, die soll spitze sein!"*

Nach kurzem Überlegen nickte ich kurz. Eigentlich hatte ich überhaupt keine Lust, irgendwo hin zu gehen: ich hatte Angst. Angst vor den Reaktionen der Leute, die sich unweigerlich einstellen würden, wenn ich unterwegs nur einmal die Toilette aufsuchen müsste. Aber andererseits war das Angebot verlockend, denn wo getanzt wurde, da gab es auch etwas zu trinken. Und wo es etwas zu trinken gab, da gab es auch Alkohol. Und wo alle Alkohol tranken, fiel es nicht so auf, dass ich mehr und mehr trank.

Also brachen Thorsten und ich am folgenden Samstag schon am frühen Abend auf und fuhren in die Stadt. Die neue Disko hieß "Wasserfall" und war von der Inneneinrichtung her wirklich beeindruckend. Neben der riesigen Tanzfläche gab es dort auf zwei Stockwerken etliche kleine, verschiedene Zimmer, in die man sich zurückziehen konnte, z.B. ein "Uhrenzimmer", in dem auch Dutzende von Uhren hingen oder ein "Baumzimmer", in dem sogar richtige Bäume wuchsen. Eine überdimensionale Leinwand an der Tanzfläche, auf der ununterbrochen Videos liefen, rundete das Erscheinungsbild ab.

Es war erst kurz nach 18.00 Uhr, als wir dort eintrafen und es war noch nicht besonders viel los. An der Bar nahmen wir Platz und bestellten erst einmal ein Bier. Langsam füllte sich die Disko. In dem ohrenbetäubenden Lärm, den die Musikanlage von sich gab, konnte sich kein Mensch unterhalten. Thorsten forderte mich zum Tanzen auf, aber erschreckt schüttelte ich den Kopf. Was, um alles in der Welt, würde passieren, wenn ich jetzt mit Thorsten auf die Tanzfläche ging? Wenn z.B. zwei Mädchen miteinander tanzten, dann war das völlig in Ordnung - aber zwei Jungen? Und sie hielten uns zwangsläufig für zwei Jungen, dessen war ich mir sicher. Ich aber hatte gar keine Lust auf Auseinandersetzungen jeglicher Art, mir graute sowieso schon vor dem Zeitpunkt, an dem ich die Toilette einmal aufsuchen musste.

Lieber hielt ich mich an meinem dritten Bier fest. Ich war auch nicht zum Tanzen hierher gekommen, sondern ausschließlich – zum Trinken. Thorsten war enttäuscht und suchte sein Glück bei anderen Mädchen. Im Grunde genommen war ich froh, dass er mich in Ruhe trinken ließ. Daher war es auch nicht weiter verwunderlich, dass ich gegen 22.00 Uhr bereits ziemlich schräg in den Seilen hing.

So bekam ich auch erst ziemlich spät mit, dass etliche Polizisten die Disko enterten. *„Ausweis-Kontrolle – bitte bleiben Sie auf Ihren Plätzen!"* schallte es plötzlich durch den Raum. Die Musik starb schlagartig ab und die Tanzenden hörten auf, sich zu bewegen. Ein unwilliges Gemurmel ging durch den Saal, aber alle blieben ruhig und kramten nach ihren Ausweisen. Nur ich saß vor Schreck starr auf meinem Barhocker.

„Mist!", schoss es mir durch den Kopf, *„dass ausgerechnet mir das wieder passieren muss!"* Fieberhaft überlegte ich, wie ich der Ausweiskontrolle

entgehen konnte, doch ich fand keine Möglichkeit: Vor jedem Ausgang und vor jeder Toilettentür hatte sich jeweils ein Polizist postiert. An Flucht war absolut nicht zu denken.

Langsam kam der kontrollierende Polizist der Bar näher. Vielleicht suchten sie nach Minderjährigen, die sich nach 22.00 Uhr hier noch aufhielten oder nach irgendwelchen verdächtigen Personen. Schließlich stand der Polizist direkt vor mir.

„Ihren Ausweis, bitte!", forderte er mich auf.

Wie gelangweilt nippte ich an meinem Bier und reichte ihm mit der anderen Hand meinen Personalausweis hin. Der Polizist warf einen Blick darauf und fragte dann laut: *„Was soll* ***das*** *denn sein?"*

„Mein Ausweis. Den wollten Sie doch sehen!"

"Das kannst du deiner Großmutter erzählen, dass das dein Ausweis ist!", schnaubte der Polizist und packte mich am Hemdkragen. *"Karl, komm' mal her!"*, rief er nach hinten, *"Ich hab' hier Einen!"*

Ehe ich mich versah, waren weitere Polizisten bei mir. Sie nahmen mir erst das Glas aus der Hand, dann drehte der Eine meinen rechten Arm auf den Rücken. Das tat mir richtig weh.

„So, mein Freundchen", meinte er, *"dann wollen wir doch 'mal sehen, wer du wirklich bist! Du kommst jetzt erst einmal mit!"*

Warum? Was hatte ich denn getan? Ich hatte doch nur hier gesessen und mein Bier getrunken. Warum also sollte ich mitkommen?

Dazu hatte ich gar keine Lust. Ich konnte mir vorstellen, dass sie mich nicht gerade zu einem Bier einladen wollten. Aber die Aussicht, dass mir der Alkoholfluss zugedreht werden sollte, versetzte mich, angetrunken wie ich war, halbwegs in Panik.

„Lasst mich los!", brüllte ich plötzlich und trat dem Beamten mit Wucht gegen das Schienbein.

„Au, verdammt...!" Der Polizist ließ mich los und rieb sich sein Schienbein. Dafür stürzten sich gleich mehrere andere Polizisten auf mich und schleppten mich zu ihrem Mannschaftswagen.

Ich sah ein, dass sie in der Überzahl waren und ich wieder einmal keine Chance hatte und gab auf. Ich wehrte mich nicht mehr. Trotzdem rissen sie meine Arme auf den Rücken und legten mir ihre "Handfesseln" an. Ich kochte vor Wut.

Dann schubsten sie mich so in ihren Wagen hinein, dass ich im Innenraum auf die Knie fiel. Keine fünf Minuten später ging die Fahrt los.

Ich kam mir vor wie in einem Fernsehfilm, nur, dass es nicht halbwegs so unterhaltsam war. Nach kurzer Zeit erreichten wir eine sogenannte Gefangenensammelstelle, wo sie mich und noch weitere fünf junge Leute wieder ausluden.

In einem großen Raum standen mehrere Schreibtische, an einem davon sollte ich Platz nehmen. Sie nahmen mir die Handfesseln ab und begannen mit ihrer Fragerei. Unwillig wiederholte ich stereotyp, dass ich diejenige sei, auf dessen Namen der Ausweis lautete, aber sie glaubten mir einfach nicht. Auch das Foto im Ausweis von mir blieb unbeachtet und wurde einfach völlig von ihnen ignoriert: Name und Aussehen (Kleidung) stimmten eben nicht überein und das war bereits verdächtig!

In der Männer-Zelle

„Hör zu, Freundchen", versuchte es der eine Beamte erneut, *„was soll der Unfug? Früher oder später kriegen wir deine Identität sowieso heraus. Es liegt also ganz bei dir, wie lange du hierbleiben willst!"*

Irgendwie war ich sprachlos. Das konnte doch gar nicht sein, dass ich jetzt hier saß, nur weil mir die Polizisten meinen Ausweis nicht glaubten! Vor allem aber fühlte ich mich absolut hilflos. Was sollte ich denn machen, um zu beweisen, dass ich tatsächlich die abgebildete Person auf dem Ausweis war?

Ich beschloss, ab sofort gar nichts mehr zu sagen. Wenn ich hier schon fest saß, wenn sie mir schon nicht glaubten, dann sollten sie doch gefälligst selber sehen, welche Identität ich hatte! Demonstrativ verschränkte ich die Arme vor meiner Brust.

„Wie du willst", maulte der Polizist nun, *„dann bleibst du eben noch eine Weile hier!"*

Während die anderen fünf, die mit mir mitgenommen wurden, inzwischen nach der Aufnahme ihrer Personalien längst wieder entlassen waren, wurde ich nun in einen Raum gesperrt, in dem schon einige andere Männer schweigend saßen. Ich setzte mich auf einen freien Stuhl.

„Na," sprach mich einer der Typen grinsend an, *„was hast du denn ausgefressen?"*

„Nichts!", knurrte ich und machte ein möglichst abweisendes Gesicht. Ich war hier in einer Männerzelle. Was würde eigentlich passieren, wenn ausgerechnet diese Typen hier nun irgendwie herausfinden würden, dass ich gar kein Mann war? Verstohlen warf ich einen Blick auf meine eingebundenen Brüste. Hoffentlich waren inzwischen nicht die Bandagen allzu sehr verrutscht! Unwillkürlich zog ich meine Jacke enger um meinen Brustkorb. Ob meine für einen Mann doch relativ hohe Stimme mich verraten würde? Mich beschlich ein äußerst ungutes Gefühl.

Meine Gedanken überschlugen sich förmlich. Wie wollten sie meine „richtige" Identität herausfinden, wenn sie mir meine tatsächliche nicht glaubten? Was, wenn sie eine sogenannte "Leibesvisitation" vornehmen würden? Im Fernsehen sah man doch immer, wie sich dann alle halbnackt in Reih' und Glied aufstellen mussten! Oder war das nur in Amerika so?

Ich wusste es nicht. Ehrlich gesagt, wollte ich das auch gar nicht so genau in Erfahrung bringen. Eigentlich wollte ich nur 'raus hier. Ich hatte plötzlich Angst. Und ich schämte mich maßlos für meinen weiblichen Körper. Der war eigentlich an allem schuld! Ohne den säße ich jetzt nicht hier! Ich fühlte, wie die Wut darauf langsam in mir wieder hochkroch.

Etwa eine halbe Stunde später schloss ein Polizist unerwartet die Tür auf und winkte mich kommentarlos zu sich heran. Erstaunt wies ich fragend mit dem Zeigefinger auf mich selbst: *„Wer – ich?"*

„Ja, du! Los, komm' mit!" Widerwillig stand ich auf und kam zur Tür. Man führte mich in den gleichen

Raum, in dem ich kurz zuvor bereits an einem der vielen Schreibtische gesessen hatte und Rede und Antwort stehen musste.

„Setz dich!", forderte der Beamte mich barsch auf. Mein Unbehagen wuchs. Was würde nun passieren?

„Hier". Der Mann reichte mir plötzlich meinen Ausweis über den Tisch zu. *„Du kannst gehen!"*

„Was?!" Ich glaubte, meinen Ohren nicht zu trauen.

„Nimm und verschwinde!", forderte er mich erneut auf. *„Und lass dich hier bloß nicht wieder blicken!"*

Etwas ungläubig nahm ich meinen Personalausweis entgegen und stand auf. Irgendwie mussten sie das Kunststück fertig gebracht haben, die Echtheit meines Ausweises herauszufinden. Die Erleichterung, dass jetzt nichts weiter passieren würde, war mir vermutlich vom Gesicht abzulesen.

Der Polizist hatte sich bereits wieder irgendwelchen Formularen zugewandt und würdigte mich nun keines Blickes mehr. Kein Wort der Entschuldigung, nichts. Ich überlegte kurz, ob ich noch etwas zu der ganzen Angelegenheit sagen wollte, schloss meinen Mund aber schnell wieder. Auch, wenn ich immer noch halb betrunken war, konnte ich zumindest soweit denken, dass es besser war, jetzt den Mund zu halten und so schnell wie möglich hier die Kurve zu kratzen.

Draußen auf der Straße angekommen, warf ich einen Blick auf meine Uhr: halb eins morgens. Meine Kehle war wie ausgetrocknet, ich hätte mir gerne erst einmal etwas zu trinken besorgt, aber die Sperrstunde war längst angebrochen.

Die einzige Möglichkeit, um diese Uhrzeit noch etwas zu trinken zu bekommen, war zu Hause an meiner eigenen Bar. Also schwang ich mich in den Nachtbus und fuhr nach Hause. Doch außer zwei lächerlichen Flaschen Bier fand sich in meiner Bar auch nichts mehr zu trinken. Also klaute ich meinen Eltern, die schon schliefen, aus dem Vorratsschrank eine Flasche Weinbrand. Sie würden es wahrscheinlich sowieso nicht merken, und wenn doch, dann war mir das in diesem Augenblick auch völlig egal.

Ich schloss meine Zimmertür ab, goss mir ein großes Wasserglas voll Weinbrand ein und schaltete den Kassettenrecorder ein. Die „Bee Gees" begannen, ihre Songs 'runterzuleiern und ich ließ, während ich trank, den Abend in Gedanken noch einmal Revue passieren. Nach kurzer Zeit war ich so betrunken, dass ich meine Tränen nicht mehr zurückhalten konnte.

Auf nach Israel

Im Frühjahr 1979 wurde Frau Ebert für längere Zeit krank. Nun ergab sich zunächst ein kleines Problem, denn mit einem solchen Fall hatte niemand gerechnet: es gab für sie keine Vertretung. Die Kirchengemeinde hatte nur die Wahl zwischen zwei Möglichkeiten: entweder das Jugendhaus für die Dauer der Krankheit der Jugendleiterin zu schließen oder mir die Verantwortung, dass alles reibungslos funktionierte, zu übertragen. Man entschied sich für Letzteres.

Ich kannte mich mittlerweile in allen Bereichen dort hervorragend aus, hatte mich zwischenzeitlich auch in den Jugendausschuss wählen lassen und traute mir das alles auch ohne Weiteres zu. Mit Feuereifer ging ich an meine neue Aufgabe heran. Spätabends bat mich Frau Ebert meistens noch nach oben in ihre Wohnung, um sich Bericht über den Tagesablauf erstatten zu lassen; sie wollte zumindest über alles Wichtige informiert sein.

Gleichzeitig liefen auch die letzten Vorbereitungen für eine geplante Studienreise nach Israel, an der 20 Personen teilnahmen. Als ich vor ein paar Monaten hörte, dass auch Frau Ebert mitfahren würde, lag ich meinen Eltern solange in den Ohren, bis sie mir das Geld für die Fahrt bewilligten und ich mich ebenfalls anmelden konnte.

Doch nun sah es so aus, als könne sie wegen ihrer Krankheit an der 3-wöchigen Studienfahrt gar nicht mehr teilnehmen. Ich fand das mehr als bedauerlich. Aber nun hatte ich mich angemeldet, bereits bezahlt und musste schließlich auch mitfahren – mit oder ohne Frau Ebert.

An einem Freitagabend Ende März ging es vom Flughafen Köln/Bonn aus los. An eines hatte ich jedoch nicht gedacht: An die Leibesvisitation beim Einchecken, die – da der Flug mit der seinerzeit besonders gefährdeten israelischen Fluggesellschaft „EL-AL“ erfolgte – auch besonders gründlich vorgenommen wurde.

Man winkte mich in die Männerkabine. Ich ging willig dorthin, obwohl ich bemerkte, dass die Blicke der Anderen aus meiner Gruppe mich stirnrunzelnd verfolgten. Ich wollte, wenn möglich, Auseinandersetzungen mit dem Sicherheitspersonal vermeiden.

Die Abtastung durch den Wachmann erfolgte dann tatsächlich sehr gründlich, aber hauptsächlich an den Seiten meines Körpers. Dass ich über Brüste verfügte, bemerkte er offensichtlich nicht. Auch, als er mir in den Schritt fasste, war ich sicher, dass er nicht stutzig wurde, weil dort etwas fehlte; dazu war der Jeansstoff einfach zu dick. Einige Minuten später war ich durch die Kontrolle und atmete tief auf: alles gut gegangen. Hoffentlich würde auf dem Rückflug ebenfalls alles so reibungslos über die Bühne gehen!

Die Maschine startete mit drei Stunden Verspätung, so dass wir erst um Mitternacht abhoben. Dafür wurden wir kurz vor der Landung in Tel Aviv mit einem faszinierenden Sonnenaufgang über den Wolken belohnt.

Gegen 08.00 Uhr morgens hatten wir ausgecheckt und traten aus dem Flughafengebäude. Das Erste, was ich wahrnahm, war eine sehr laue Luft, ein azurblauer Himmel und riesige Palmen, die überall am Straßenrand wuchsen.

Ein Reisebus holte uns wie vereinbart ab und karrte uns auf sehr abenteuerlichen Straßen stundenlang quer durch das ganze Land. Unser Ziel war ein Moschav*(3)* im Jordantal, in dem wir zehn Tage arbeiten sollten. Daran sollte sich dann eine ebenfalls 10tägige Rundreise durch das ganze Land anschließen.

Doch als wir in dem Moschav ankamen, stellte sich heraus, dass es sich offenbar um ein Missverständnis handelte: Die Israelis hatten 20 starke, junge Männer erwartet, die auch in der Wüste 10 Stunden am Tag hart

---

(3)** **Unterform von einem Kibbuz (Anm. des Autors)

arbeiten konnten, aber unsere Gruppe bestand aus Teilnehmern und Teilnehmerinnen im Alter zwischen 14 und 60 Jahren, von denen die Meisten dieser Tätigkeit gar nicht gewachsen waren.

Da die Moschav-Bewohner nicht mit sich handeln ließen, blieb der Reiseleitung nach längerer Diskussion gar nichts anderes übrig, als uns auf ihre Kosten diese 10 Tage in einem Hotel unterzubringen und zu verpflegen. Also sollte es mit einem Bus erst einmal zurück nach Tel Aviv gehen. Jedoch: es war "Shabbat"[(4)], der Juden höchster Tag in der Woche. Und am Shabbat wurde in der jüdischen Bevölkerung nicht gearbeitet; es fuhren keine Busse, es ging niemand an ein Telefon – eben Shabbat. Gezwungenermaßen mussten wir alle in diesem Moschav in der Jordan-Wüste übernachten.

Am nächsten Morgen dann gelang der Transfer nach Tel Aviv zurück anstandslos. Es folgten 10 herrliche Tage, die wir unvorhergesehen in einem Hotel verbrachten. Von hier unternahmen wir in Kleingruppen Ausflüge nach Jerusalem, in den dortigen Altstadt-Basar der Araber in der *„Via Dolorosa“* oder in die Stadt ans Mittelmeer zum Baden.

Mein einziges Problem war hier, tagsüber genügend Alkohol für den Abend aufzutreiben. Vorgewarnt durch die ersten Erfahrungen mit dem Shabbat, an dem folglich auch keine Läden geöffnet hatten, musste ich mitunter schon zwei Tage im Voraus planen. Meistens

---

(4) ***Sprich: Scha-bat, der Samstag einer jeden Woche. Shabbat gilt von Freitagabend 18.00 Uhr bis Samstagabend, 18.00 Uhr.***

fuhr ich nachmittags mit dem Bus in die City von Tel Aviv, um in einem Kaufhaus oder Supermarkt etwas einzukaufen, da das erheblich preisgünstiger war, als sich im Hotel zu betrinken. Außerdem hätten es dort sämtliche Mitglieder meiner Gruppe mitbekommen.

Doch eines Tages hatte ich auf dem Rückweg irgendwie den falschen Bus erwischt. Jedenfalls kam ich nicht wieder dort an, wo ich eigentlich hin wollte: im Hotel. Es war aber auch wie verhext: sämtliche Straßenschilder waren mit hebräischen oder arabischen Schriftzeichen versehen, die ich natürlich alle nicht entziffern konnte. Leute auf der Straße, die ich fragen konnte, waren entweder des Englischen nicht mächtig oder wussten auch nicht, wo sich das Hotel befand.

Es war ein ziemlicher Irrlauf, bis ich wieder zurückfand. Wäre ich der Sprache mächtig gewesen, wäre es ein Leichtes gewesen, sich zu orientieren: Der Name des Hotels prangte nämlich kilometerweit sichtbar in den Himmel – allerdings nur in hebräischer Schrift.

Auch im Ausland gibt es Probleme

An diesem Abend nahm ich mir vor, noch während meines Aufenthaltes in diesem Land zumindest die Schriftzeichen des hebräischen Alphabets zu lernen, um mich wenigstens ein bisschen orientieren zu können.

Bei unseren Besichtigungen lernten wir viele Orte kennen, die für die sehr religiösen Juden heilig waren. Ihre Kultur schrieb ihnen vor, dass Männer niemals einen solchen heiligen Platz ohne Kopfbedeckung betreten durften. Da die vielen Touristen meistens gar keinen Hut dabei hatten, wurde allen diesen Männern am Eingang eine Kappe aus Pappe aufgesetzt, damit sie den Platz nicht entehrten. Auch mir setzten sie eine solche Kappe auf.

Beim ersten Mal lachten einige aus unserer Gruppe auf und eine Teilnehmerin nahm mir die Kappe wieder ab und reichte sie lächelnd zurück. Für die gläubigen Juden war dies eine Missachtung ihrer Religion sondergleichen. Während um mich herum plötzlich ein Tumult ausbrach, griff ich schnell nach der Kappe, um sie wieder aufzusetzen. Doch es war bereits zu spät. Das Sprachengewirr um mich herum wurde lauter und lauter: meine Gruppe versuchte jetzt auf Deutsch den Israelis klarzumachen, dass ich doch ein Mädchen sei und diese versuchten nun lautstark und auf hebräisch, uns allen den Zugang zu ihrer heiligen Stätte zu verwehren.

Ich wusste nicht, wie ich dies erklären sollte, schon gar nicht auf Hebräisch. So sah ich zu, dass ich Land gewann und verdrückte mich in dem allgemeinen Getümmel. Unseren Bus würde ich schon wiederfinden, das war nicht das Problem. Aber was sollte ich den Anderen aus meiner Gruppe sagen?

Erstaunlicherweise verlor niemand aus unserer Gruppe später, als ich wieder zu ihnen gestoßen war, auch nur ein Wort darüber. Doch für mich hatte dieser Zwischenfall die Konsequenz, dass ich von nun an nicht mr ohne eine Kopfbedeckung auf die Straße ging. Im Basar in Jerusalem hatte ich mir die Woche zuvor von einem Araber einen ledernen Hut andrehen lassen, diesen setzte ich von nun an ständig auf.

Nach den ersten zehn Tagen folgte die 10-tägige Rundfahrt durch Israel. Es war ein faszinierendes Land, aber auch voller Gegensätze. Auch manche Erlebnisse waren einmalig und eindrucksvoll, z.B. die ältere Frau mit der eingebrannten KZ-Nummer im Oberarm, die anhand unserer Unterhaltung mitbekam, dass wir Deutsche waren und uns spontan zu einem Kaffee einlud. Oder die Erkenntnis, dass schon Kinder an jeder Ecke als Soldaten postiert waren und mit einem scharfen Maschinengewehr herumliefen.

Jeden Abend kam unser Bus an einem anderen Ort an, in dem wir Quartier bezogen. Und jeden Abend stellte sich mir das Problem, in der Fremde auf die Schnelle genügend Alkohol aufzutreiben. Doch mit dem untrüglichen Instinkt eines Alkoholabhängigen fand ich auf Anhieb all‘ die dunklen Ecken, in denen Araber auf dem Schwarzmarkt zum Teil auch selbstgebrannten Schnaps anboten. Da ich kein Arabisch verstand, verständigten wir uns mit Händen und Füßen; gerechnet wurde beim Handeln in Dollar, gezahlt stets in israelischen Pfund. Und jeden Abend zog ich mich selig mit einer Flasche Schnaps in mein Hotelzimmer zurück.

Es fiel den anderen in meiner Gruppe trotzdem auf. Naserümpfend wandten sie sich von mir ab; mit so jemandem wollten sie nichts zu tun haben. Es war mir egal, für mich war nur eines wichtig: ausreichend Alkohol zur Verfügung zu haben.

Kurz vor Beginn der Fastenzeit nahte das Pessach-Fest der Juden. In einem Hotel nahmen wir gegen Aufpreis an dem an diesem Tag üblichen, 6-gängigen Festessen, das auch für die Touristen veranstaltet wurde, teil. Für die Juden galt: Noch einmal richtig satt essen und – so wörtlich: - *„An diesem Tage sollst du soviel Wein trinken, bis du nicht mehr stehen kannst"*. Ich nahm das natürlich auch wortwörtlich.

Das Essen interessierte mich nicht besonders, zumal sich herausstellte, dass die Spezialitäten des Hauses lauteten: „Fischauge in Aspik" und Ähnliches. Als mich dann auf meinem Teller die Vorspeise in Form eines Fischauges durch die Sülze anglotzte, hatte ich eigentlich schon gar keinen Appetit mehr. Aber der Rotwein, den man endlos nachgeschenkt bekam, der war genau das Richtige für mich. Ich trank schnell und viel.

Von den Reden, die in Hebräisch vorgetragen und von unserem Dolmetscher übersetzt wurden, bekam ich eigentlich nicht mehr viel mit. Viel wichtiger war für mich stattdessen, dass mein Weinglas stets gut gefüllt war.

Ich weiß nicht mehr genau, wie viel ich getrunken hatte, aber es reichte vermutlich aus, einen Elefanten unter den Tisch sinken zu lassen. Irgendwann hatte jedoch auch ich den Kanal voll und wollte an die frische Luft. Die Beine trugen mich kaum noch, aber irgendwie schaffte ich es, bis zum Strand zu kommen. Völlig benebelt stand ich anschließend mitten in der Nacht am Mittelmeer und horchte den sich brechenden Wellen zu. Das Meer faszinierte mich seit jeher schon und ich verspürte den Drang, jetzt im Ozean baden zu gehen.

Dieser Überlegung folgte augenblicklich die Umsetzung und ich stiefelte ins Wasser – natürlich, ohne mich vorher zu entkleiden. In Sekundenschnelle sogen sich meine Schuhe und meine Kleidung voll Wasser, ich hatte Mühe, die Füße mit den völlig durchnässten Stiefeln vorwärts zu bewegen. Als ich bis zum Bauch im Wasser stand, riss mich die nächste große Welle um. Ich begann zu schwimmen, Richtung offenes Meer. Betrunken, wie ich war, begriff ich nicht die Gefährlichkeit meines Unterfangens; ich dachte mir eigentlich nichts weiter dabei.

Den Anderen aus meiner Gruppe war inzwischen irgendwie aufgefallen, dass ich von der Bildfläche verschwunden war und bereits nichts Gutes ahnend hatten sie sich auf die Suche nach mir begeben.

Plötzlich vernahm ich Stimmen am Ufer, Stimmen, die nach mir riefen. Stimmen, die meinen Namen riefen: „**Be-a-te!**". Bei diesem Namen zuckte ich unwillkürlich zusammen. Nein, das war nicht mein Name, so wollte ich nicht heißen, so konnte ich auch gar nicht heißen. Dies war ein weiblicher Name und ein mir äußerst verhasster obendrein. Dieser Name hatte schon genug Unheil angerichtet; mit diesem Namen wollte ich absolut nichts mehr zu tun haben!

Daher brüllte ich einfach nur zurück: *„Lasst mich in Ruhe!"* und schwamm weiter. Doch damit hatte ich schon preisgegeben, dass ich mich tatsächlich hier im Wasser befand.

Das Schwimmen fiel mir zunehmend schwerer, das Gewicht der nassen Kleidung und mein Trunkenheitsgrad machten mir zu schaffen. Ich prüfte, ob ich mit den Beinen noch Grund unter mir verspüren konnte, aber die Füße glitten ins Leere; stattdessen schluckte ich nur eine Menge Wasser.

Das Stimmengewirr am Ufer wurde allmählich größer, als ich mich einmal umdrehte, bemerkte ich, dass Taschenlampen dort aufblitzten.

Dann ging eigentlich alles ziemlich schnell. Ein paar Männer aus unserer Gruppe waren nur mit Unterhose bekleidet ins Wasser gesprungen und schwammen hinter mir her. Da ich nicht so schnell vorwärts kam wie sie, hatten sie mich bald eingeholt. Ehe ich mich versah, packten sie mich und zerrten mich in Richtung Strand. Ich wehrte mich nicht dagegen, ich bekam inzwischen kaum noch mit, was eigentlich geschah.

Am Strand angekommen, ließen sie mich los und ich fiel erschöpft in den Sand. Alle brüllten durcheinander, wie unverantwortlich das gewesen sei und was alles nun hätte passieren können usw., doch ich war viel zu betrunken, um darauf einzugehen.

Ich kann mich nicht mehr daran erinnern, wie ich zurück ins Hotel und in mein Zimmer gekommen bin. Als ich am nächsten Morgen aufwachte, lag ich in meinem Bett und meine völlig durchnässte und von dem Sand verdreckte Kleidung lag in der Badewanne und zeugte stumm von den Geschehnissen der letzten Nacht.

Mein Beliebtheitsgrad in meiner Gruppe war durch diesen jüngsten Vorfall nicht gerade gestiegen. Offensichtlich war ich nicht nur jemand, der sich sinnlos volllaufen ließ, sondern ich sorgte zudem ständig für Aufregung und für Ärger.

Dennoch wurde die Reise quer durch das Land wie geplant fortgesetzt. Was sollten sie auch machen – sie konnten mich ja schließlich nicht einfach hier irgendwo in der Fremde alleine stehen lassen.

Baden im Toten Meer?

Zwei Tage später erreichten wir das berühmte Tote Meer, dessen Salzgehalt so hoch sein sollte, dass jeder sich im Wasser befindlicher Körper wie ein Korken oben schwimmend dort verbleiben sollte. Der Reiseleiter erklärte uns, dass es ein unvergessliches Erlebnis sei, dort baden zu gehen, und dass wir uns das auf keinen Fall entgehen lassen sollten. Es wurde für mich tatsächlich zu einem unvergesslichen Erlebnis. Denn wie ich es auch drehte und wendete, wenn auch ich diese einmalige Chance wahrnehmen wollte, dann musste ich wohl oder übel einen Badeanzug anziehen. Aber wie? Zwar hatte ich für den Fall der Fälle einen Bikini dabei, aber ich hatte nicht wirklich beabsichtigt, dieses Ungetüm auch tatsächlich anzuziehen. Darüber hinaus gab es nur zwei Umkleidehütten hier am kilometerlangen Steinstrand: eine für die Männer und eine für die Frauen. Doch wir waren nicht die einzigen Besucher hier, auch andere Reisegesellschaften wollten hier baden.

Der Besuch am Toten Meer war einer der Höhepunkte unserer Reise. Ich musste mich nun entscheiden: Auf ein Bad im Toten Meer verzichten und damit jegliche Auseinandersetzung vermeiden oder in den sauren Apfel beißen mich hier in einer der Umkleidekabinen umziehen, mich mit dem verhassten Bikini auseinandersetzen und obendrein noch einen mittleren

Aufstand zu riskieren. Warum nur waren alle noch so banalen Situationen für mich so schwierig?

Mir wurde bewusst, dass ich mich mindestens die nächsten zehn Jahre ärgern würde, wenn ich diese Chance ungenutzt verstreichen lassen würde. Wenn ich nicht genügend Mut aufbringen würde, mich dem Ganzen, was mich erwartete, zu stellen. Also entschloss ich mich, baden zu gehen.

In die Umkleidekabine hinein kam ich noch ungeschoren, indem ich einen Moment abpasste, als dort niemand gerade hinguckte. Schnell schlüpfte ich hinter den Vorhang. Aber ungesehen aus der Kabine wieder herauszukommen, war schon weit schwieriger. In der Zwischenzeit nämlich standen sie davor alle bereits Schlange.

Ich zögerte. Zurück konnte ich sowieso nicht mehr, und die nächsten Stunden hier drinnen zu bleiben, war auch unmöglich. Seufzend warf ich mir das Handtuch über die Schulter und trat nach draußen.

Ein paar Sekunden später setzte das Gejohle ein. Die anderen Mitglieder meiner Gruppe hatten mich entdeckt und zeigten mit den Fingern auf mich.

„Ach, schaut mal: das ist ja doch ein Mädchen! Hätte ich nicht gedacht!"

„Ach nee – Beale, wie wir sie noch nie gesehen haben!"

„Hoho: ein Mädchen! Schaut euch das mal an!"

Das war eben das Schlimme: Jeder konnte nun sehen, dass ich über einen weiblichen Körper verfügte. Dafür schämte ich mich bis in alle Ewigkeit. Und ich widerte mich selbst an.

Durch die lauten Rufe wurden die anderen Reisegruppen auf mich aufmerksam. Doch die Leute verstanden offenbar nicht, was an mir Besonderes sein sollte – sie sahen gerade ja nur eine junge Frau mit kurzen Haaren in einem Bikini - und so starrten sie mich nur verständnislos mit offenen Mündern an, als ob ich Lepra hätte und wichen alle noch ein paar Meter von mir weg.

Ich weiß nicht, ob irgendjemand nachvollziehen kann, wie ich mich dort in diesem Moment fühlte. Dass die Anderen laut lachten und alle mit dem Finger auf mich zeigten, war nur eine Nebenerscheinung. Viel, viel schlimmer war für mich, dass ich meinen eigenen verhassten Körper allen anderen nun zeigen musste.

An diesem Tag nahm ich mir vor, nie, niemals wieder einen Badeanzug oder einen Bikini anzuziehen, ganz egal, in welcher Situation. Ich habe mich bis heute daran gehalten.

In der Zwischenzeit hatte ich gelernt, das hebräische Alphabet ganz gut zu lesen. Nun setzte ich mich mit den Vokabeln der Sprache auseinander und konnte bereits einfache Sätze sprechen und verstehen. Doch hier musste ich entsetzt feststellen, dass es die Israelis mit ihrer Sprache wirklich übertrieben: Nicht nur – wie im Deutschen – in der 3. Person Singular ("er/sie/es") wurde zwischen den Geschlechtern unterschieden, sondern auch z.B. in der ersten und zweiten Person. Wenn ein Mann „ich" sagte, war es ein anderes Wort, als wenn eine Frau dies sagte. Das Gleiche galt bei der Anrede mit „Du". Ich fand das einerseits unmöglich, so eine strikte Trennung zwischen männlich und weiblich auch in der Sprache zu vollziehen, andererseits zog mich die Sprache als solches mit ihren uns fremden Schriftzeichen schon in ihren Bann.

Zu Hause wieder angekommen, musste ich feststellen, dass meine Mutter kein einziges Wort mehr mit mir sprach. Zunächst konnte ich mir nicht erklären, warum, was ich denn nun schon wieder falsch gemacht haben könnte, aber mein Vater gab mir des Rätsels Lösung: Mutter war stinksauer auf mich, weil ich offenbar dem Thorsten, wie er ihr erzählt hatte, eine Postkarte aus Israel geschickt hatte, aber ihr nicht. Dabei stimmte das gar nicht: bereits in der ersten Woche hatte ich eine Karte nach Hause geschickt, erst in der zweiten Woche eine an Thorsten. Doch meine erste Karte war noch gar nicht angekommen.

Mutter glaubte mir natürlich nicht und redete geschlagene zehn Tage kein einziges Wort mit mir und behandelte mich nur wie Luft. Dann kam unerwartet meine Postkarte doch noch an. Ohne weitere Erklärung ging Mutter danach zur Tagesordnung über. Mein Alltag hatte mich wieder.

Eine neue Schule

Das Jahr meines Praktikums ging rasend schnell vorbei. Mit einem Mal war der Juni 1979 gekommen, und es hieß nun, sich erneut bei dieser Fachoberschule schriftlich zu melden. Ich schrieb wiederum eine Bewerbung und legte diesmal die Beurteilung über mein einjähriges, freiwilliges Praktikum in der Kirchengemeinde bei.

Gute vier Wochen später hielt ich die Zusage zur Aufnahme in die 11. Klasse der Fachoberschule für Sozialpädagogik in den Händen. Ich sollte mich am 1. August um 09.00 Uhr im Hauptgebäude, Raum 303 einfinden. Einerseits freute ich mich darüber, dass es diesmal hier geklappt hatte, andererseits hatte ich auch ein mulmiges Gefühl: Eine neue Schule bedeutete, viele neue Menschen kennenzulernen, Mitschüler wie Lehrer. Das bedeutete aber auch, jedem meinen Namen mitteilen zu müssen und damit jedem mein biologisches Geschlecht zu offenbaren. Ich fürchtete mich vor den Reaktionen der Anderen. Ich fürchtete mich davor, wieder nur stets ausgelacht und gedemütigt zu werden. Auch wusste ich nicht so genau, ob sie diese Zusage hier noch aufrechterhalten würden, wenn sie erst mein Aussehen mitbekommen hatten. Schließlich war allein mein Anblick für Andere ja offensichtlich eine Beleidigung oder sogar Zumutung. Am liebsten hätte ich mich für den Rest meines Lebens unter einer Bettdecke nur verkrochen, aber das ging ja nun einmal auch nicht.

Ich konnte es trotzdem nicht verhindern, dass der 1. August näher und näher rückte. Eines Morgens war es dann soweit: Ich musste mich auf den Weg in die neue Schule begeben.

Zu meinem Erstaunen gab es in der neuen Schule auch in der Oberstufe noch einen Klassenverband! Es wurden insgesamt drei elfte Klassen gebildet: Die 11a, in die alle kamen, die direkt nach der 10. Klasse die Schule wechselten, die 11b, in der diejenigen zusammengefasst waren, die die gleichen Voraussetzungen erfüllten, aber schon etwas älter waren und schließlich die 11c, in der diejenigen landeten, die – aus welchem Grund auch immer - mindestens ein Jahr oder länger gar keine Schule besucht hatten. Ich kam daher in die 11c, die hier schnell den Rufnamen „die Chaotenklasse" weg hatte.

Unser Klassenlehrer war ein sog. Junglehrer, gerade frisch von der Uni gekommen. Er fand – wohl aufgrund des geringen Altersunterschiedes zu einigen von uns -, dass wir uns alle mit *„Du"* anreden sollten und stellte sich uns als *„Bodo"* vor.

Nun mussten wir uns der Reihe nach vorstellen. Am liebsten wäre ich geflüchtet, aber das ging natürlich jetzt schlecht. Die Namen der anderen und die Ausführungen, die sie machten, warum sie sich gerade für diese Schule entschieden hatten, bekam ich nur mit halbem Ohr mit:

„Ich heiße Uwe und ich bin hier, weil ich überall, wo ich mich beworben hatte, abgelehnt wurde."

„Ich bin die Kathrin und habe ein paar Jahre gejobbt. Jetzt möchte ich mein Abitur nachholen."

Das war meine Banknachbarin, nun war ich an der Reihe. Ich bemühte mich, einen möglichst unbefangenen Gesichtsausdruck aufzusetzen und setzte an:

„Ich bin hier, weil ich Sozialpädagoge werden möchte." Ich hoffte, es fiele vielleicht niemandem auf, dass ich meinen Namen gar nicht erwähnte.

„Hast du auch einen Namen?", rief Uwe, *„Oder sollen wir dich mit 'Herr zukünftiger Sozialpädagoge' anreden?"*

Allgemeines Lachen. Alles wartete auf eine Antwort.

Ich nahm all meinen Mut zusammen. Einmal musste ich es ja sagen: *„Ich heiße Beate."*

*„**Wie** heißt Du?"*, wollte Bodo wissen.

„Beate Schmidt." Meine Stimme wurde etwas fester.

„Das ist gar kein Junge", flüsterte Uwe, *„Ach, du Scheiße!"*

Ein Raunen ging durch die Reihen. Bodo blätterte verunsichert in seinen Unterlagen, die er mitgebracht hatte. *„Soso"*, murmelte er dabei vor sich hin. Endlich schien er meinen Namen auf seiner Liste gefunden zu haben.

„Beate Schmidt heißt du also", wiederholte er, *„und wann bist du geboren?"*

Offenbar wollte er diese Angabe nur zur Überprüfung haben. Ich nannte ihm das Datum.

Ohne weiteren Kommentar rief Bodo dann den nächsten Schüler auf. Ich überlegte, dass die Chancen für mich hier gar nicht so schlecht standen: Heute Morgen hatte ich die Örtlichkeiten gecheckt und dabei festgestellt, dass hier, im dritten Stock dieses Gebäudeflügels, nur die drei elften Klassen untergebracht waren. Zudem gab es auf diesem Flur eine Herren- und eine Damentoilette. Wenn ich es schaffte, zumindest bei den knapp 100 Personen, die diese drei Klassen ausmachten, so bekannt zu sein, dass niemand mehr daran Anstoß nahm, wenn ich auf die Toilette ging, und wenn ich weiterhin ausschließlich diese hier aufsuchen würde, dann hätte ich doch eine berechtigte Chance, in den nächsten zwei Jahren zumindest hier auf eine Toilette gehen zu können. Doch bis ich überall bekannt war, war es noch ein weiter Weg. Bis dahin hieß es: zukneifen, wenn's geht - oder sich halt wieder auf heftige Auseinandersetzungen einstellen.

Es dauerte noch über 6 Wochen, bis ich hier die Toilette aufsuchen konnte, ohne befürchten zu müssen, dass es größeren Ärger gab. Ab diesem Moment ging ich dann sogar relativ gerne in diese Schule.

Der Unterschied zu anderen Oberstufen war hier lediglich, dass man bestimmte Fächer eben **nicht** abwählen konnte, sondern **alle** bis zum Abitur belegen musste: Deutsch, Englisch, Mathematik, Physik, Geschichte usw. Das einzige Fach jedoch, was mir nun Kummer bereitete, war Mathematik. Jahrelang war ich hier dem Unterricht auf dem Gymnasium nicht mehr gefolgt, hatte stattdessen lieber in den Schulstunden dort Schach gespielt – und nun waren die Lücken viel zu groß, als dass ich dem Mathe-Unterricht noch leicht hätte folgen können. In allen anderen Fächern hatte ich erstaunlicherweise überhaupt keine Probleme, obwohl ich meistens zu Hause nichts weiter dafür tat, weil ich dazu gar keine Zeit hatte.

Doch das Beste war, dass im ersten Jahr dieser Fachoberschule erwartet wurde, dass wir schulbegleitend ein Praktikum in einer sozialpädagogischen Einrichtung machten – was lag da näher, als meinen Praktikantenvertrag mit der Kirchengemeinde um ein weiteres Jahr zu verlängern?

So ging ich nach Schulschluss nachmittags gleich ins Jugendhaus, meistens, ohne vorher erst nach Hause zu gehen. Was sollte ich dort auch? Jemand hatte einmal gesagt: "*Zuhause bist du nicht dort, wo du wohnst, sondern dort, wo du dich geborgen fühlst*". So gesehen, war mein „Zuhause" eindeutig das Jugendhaus! Hier fühlte ich mich nicht nur geborgen, nicht zur geduldet, sondern auch akzeptiert, beachtet und anerkannt. Das tat unendlich gut, war aber leider nur auf diese Räumlichkeiten dort beschränkt.

Diesmal bekam ich von der Gemeinde sogar eine Vergütung für mein Praktikum: 150.- DM monatlich. Das war nur ein Taschengeld, zugegeben, aber es war mehr, als ich bislang zu Hause bekommen hatte. Mein erstes selbstverdientes Geld! Natürlich wurde diese Vergütung nicht bar ausgezahlt; ich musste mir bei einer Bank ein Konto einrichten. Doch auch dieses Unterfangen erwies sich dann schwieriger als gedacht: Name, Ausweis und Aussehen stimmten nach wie vor nicht überein – und manche Banken können mitunter noch pedantischer als Polizisten sein, wie ich enttäuscht feststellen musste.

Bei der dritten Bank endlich hatte ich Glück: dort waren sie bereit, mir ohne weitere Nachweise, dass ich auch die im Ausweis genannte Person war, ein Konto einzurichten. Langsam begann ich mich zu fragen, wozu es eigentlich Personalausweise gab, wenn einem diesen sowieso niemand glaubte.

Meine Eltern verlangten zu meiner Erleichterung nicht, dass ich von den 150,- DM „Verdienst" zu Hause noch groß etwas ablieferte, also konnte ich fast die gesamte Vergütung für mich behalten. Ich setzte sie natürlich ausnahmslos in Zigaretten und Alkohol um. Nach wie vor war meine größte Sorge, dass ich eines späten Abends nach Hause kommen und feststellen könnte, dass ich nicht oder nicht mehr genügend Alkohol besaß. Meine zweite Sorge war, dass meinen Eltern mein Trinkverhalten auffallen könnte, daher versuchte ich, meinen Alkoholkonsum weitgehendst zu verheimlichen. Ich hatte überhaupt keinen Bock auf eine diesbezügliche Auseinandersetzung mit ihnen. Dennoch wunderte es mich, dass sie tatsächlich nichts zu bemerken schienen, denn meine Ausfallerscheinungen z.B. auf Familienfeiern und –festen waren allzu deutliche Hinweise darauf. Vielleicht aber wollten sie auch nichts bemerken, weil – nach Mutters Devise – ja nicht sein konnte, was nicht sein durfte. Und dies war ja schließlich eine *anständige* Familie!

Meine Pflichten in der Schule und im Jugendhaus nahm ich dennoch sehr ernst. Was immer ich auch an Aufgaben übernahm, ich führte sie gewissenhaft – und vor allem nüchtern – aus! Es war mir offenbar wichtig, dass meine Vertrauenswürdigkeit und Zuverlässigkeit nicht in Zweifel gezogen wurden. Auch der Verantwortung, die ich mit der Betreuung der mir anvertrauten Kinder übernahm, wollte ich gerecht werden. Es war mir unvorstellbar, dass ich z.B. eine Kindergruppe im Stich lassen würde, um irgendetwas trinken zu gehen. Das eine schloss das andere einfach aus.

Das Problem nicht erkannt

Als ich dann nach einer erneuten Mitarbeiterschulung, die über einem Wochenende stattfand, eines montagmorgens in den Jugendräumen war, um die Materialien, die wir mitgenommen hatten, wieder auszupacken und dort einzuräumen, erschien plötzlich Frau Ebert auf der Bildfläche, was um diese Tageszeit eher ungewöhnlich war.

„Bitte, komm' doch 'mal mit ins Büro, ich möchte mit dir reden", leitete sie ohne Umschweife das Gespräch ein.

Erwartungsvoll setzte ich mich im Büro ihr gegenüber auf einen Stuhl. *„Was gibt es denn?*", wollte ich wissen.

Sie druckste ein bisschen herum und meinte dann: *„Ich möchte dir sagen, dass du die Kinder- und Jugendarbeit ab heute unverzüglich einzustellen hast. Jedenfalls solange, bis du dich an eine Suchtberatungsstelle gewandt und dich in eine Behandlung für Alkoholabhängige begeben hast.*"

„Was?!" Ich glaubte, nicht richtig gehört zu haben.

„Ja, du hast schon richtig verstanden. In meinen Augen bist du nämlich bereits alkoholabhängig und du wirst hier solange keine Gruppen mehr machen, bis du dich in Behandlung begeben hast."

Das konnte ja wohl nicht wahr sein! Ich und alkoholabhängig! Das war ja geradezu lächerlich! Ich sagte ihr das auch, und das könne ja wohl nur ein Missverständnis oder ein dummer Scherz sein.

„Nein", entgegnete Frau Ebert, *„das ist mein voller Ernst! Jedes Mal, wenn wir wegfahren, bist du als Einzige sturzbetrunken – jeden Abend! Und auch, wenn wir hier irgendetwas nach Feierabend unternehmen, bist du stets betrunken. Immer müssen wir ich irgendwo aufsammeln, immer gibt es deshalb Ärger, und immer ist dein Alkoholkonsum die Ursache. Du hast es doch gar nicht mehr in der Hand, kontrolliert zu trinken. Du kannst doch gar nicht mehr aufhören, zu trinken, selbst, wenn du es wolltest!*"

Das saß erst ‘mal. Im Prinzip traf sie ja den Nagel auf den Kopf, das Dumme war nur, dass ich zu diesem Zeitpunkt über keinerlei Krankheitseinsicht verfügte. Also stritt ich vehement alles ab.

„Klar kann ich aufhören, wenn ich will. Jederzeit sogar!" Ich glaubte sogar selber an meine Worte, ich meinte tatsächlich, jederzeit aufhören zu können – wenn ich nur wollte. Aber ich wollte ja gar nicht, ich sah auch überhaupt keine Veranlassung dazu. Gegen was hätte ich denn auch meine Illusionen, meine „*Traumwelt*“, die ich mir mit Hilfe des Alkohols aufgebaut hatte, eintauschen sollen?

Doch Frau Ebert blieb hart und ließ diesbezüglich nicht mit sich verhandeln. Sie wusste zu genau, dass mir die Gruppenarbeit im Jugendhaus über alles ging und nutzte das – wie ich meinte – schamlos als Druckmittel aus.

Als ich merkte, dass sie unnachgiebig war, fühlte ich mich irgendwie in die Ecke gedrängt. Ich hatte gar keine andere Wahl, als mich zähneknirschend ihrer Forderung zu beugen, bei einer Suchtberatungsstelle anzurufen und dort einen Termin zu vereinbaren. „Notfalls kann ich immer noch so tun, als ob ich hinginge", dachte ich mir. Doch auch hier machte mir Frau Ebert einen Strich durch die Rechnung, so als hätte sie meinen Gedanken erraten.

„Gut, ich habe hier schon eine Adresse in der Stadtmitte herausgesucht, da rufen wir jetzt an. Und ich fahre dann mit", fügte sie hinzu, "*damit du nicht unterwegs abhanden kommst!*"

Also riefen wir dort an und bekamen einen Termin für den kommenden Donnerstagvormittag, 11.00 Uhr.

Anschließend fragte ich sie, was es denn ihrer Meinung nach für einen Sinn haben soll, dass ich jetzt vorläufig keine Gruppen mehr machen dürfe. Ob das eine Strafe sei und ob sie denn schon ein einziges Mal erlebt hätte, dass ich meine Aufgaben hier nicht ganz ordnungsgemäß erledigt hätte.

Sie gab mir Recht: „*Stimmt, einer Arbeit bist du hier stets pflichtbewusst nachgekommen. Also gut, die Gruppen kannst du weitermachen, wenn du mit mir zu dieser Beratungsstelle gehst. Wir treffen uns dann am Donnerstag um 10.00 Uhr und fahren anschließend gemeinsam in die Stadt.*"

Uff! Ich atmete auf: Wenigstens die Gruppen konnte ich weitermachen, das war die Hauptsache. Alles andere würde sich schon finden, meinte ich.

Suchtberatung

Am folgenden Donnerstag fand ich mich tatsächlich Punkt 10.00 Uhr ein und wir fuhren in die Stadt. Ein bisschen mulmig war mir dann auf der Fahrt dorthin doch zumute. Was würde mich dort erwarten? So war es auch kein Wunder, dass ich mit zunehmender Fahrtstrecke immer stiller wurde.

Kaum dort angekommen, unternahm ich den ersten "Fluchtversuch", indem ich versuchte, mich heimlich zu verdrücken, als Frau Ebert sich dort dem Klingelknopf zuwandte. Doch sie hatte mich unerwartet schnell am "Wickel" und schob mich durch den Eingang.

Keine zehn Minuten später saßen wir einem Mann gegenüber, der sich uns als ein Herr Singen vorstellte. Dieser hörte sich den Grund unseres Kommens an und bemerkte wahrscheinlich recht schnell, dass ich nicht gerade freiwillig dort saß. Mein Anliegen war sowieso, so schnell wie möglich dort wieder wegzukommen, aber das sagte ich natürlich nicht.

Herr Singen war auch der Auffassung, dass es wenig Sinn mache, wenn mich Frau Ebert hierher begleiten würde, aber diese fürchtete wohl, ich würde dann gar nicht mehr dort erscheinen und bestand darauf, mich zumindest die ersten Male zu begleiten. Missmutig ergab ich mich in mein Schicksal.

Herr Singen stellte mir dann so furchtbar tiefsinnige Frage wie z.B., was ich meinte, warum ich wohl zur Flasche greifen würde. Ich zuckte nur mit den Schultern und verharmloste die ganze Sache auch ziemlich, indem ich beispielsweise auf die Frage nach der Menge meines Alkoholkonsums munter drauflos log. Nach unten verfälscht, versteht sich.

In der dritten Sitzung dann kam er auf mein Äußeres zu sprechen. Warum ich denn nicht wie eine Frau aussehen würde, wollte er wissen. Ich fauchte ihn sogleich an, was er denn damit meinte. Er erklärte, dass ich mich ja wohl bewusst wie ein Mann kleiden würde und dass dies ja nun mal nicht normal sei. Er sagte tatsächlich „*nicht normal*", womit er mich natürlich nur wieder in eine Verteidigungsposition brachte.

Was er sich eigentlich einbildete, konterte ich lautstark, seine Auffassung von der Einkategorisierung von Menschen als allgemeingültige zu erklären usw. Ich wurde wütend, ich fühlte mich nicht nur völlig unverstanden, sondern auch angegriffen.

„Kann es sein, dass Sie Frauen allgemein hassen?", fragte er mich daraufhin unverblümt.

Mir reichte es allmählich. Um die ganze Sache abzukürzen, erklärte ich kurzerhand: "*Sie haben Recht!*", stand auf und - ging. Ich ging einfach raus und war auch durch nichts und niemanden mehr dazu zu bewegen, jemals wieder diese Räumlichkeiten zu betreten; auch Frau Ebert konnte mich nicht mehr dazu bringen.

Dabei hasste ich Frauen keineswegs – und schon gar nicht "allgemein"! Was ich abgrundtief hasste, war die Tatsache, dass ***ich*** in einem weiblichen Körper gefangen war – aber das schien niemand verstehen zu können! Oder ich war einfach nicht in der Lage, das ausreichend zu erklären.

So war diese "Suchtberatung", zu der mich Frau Ebert gedrängt hatte, schon nach drei Terminen wieder beendet. Wir redeten nicht weiter darüber, sie schien offenbar auch gemerkt zu haben, dass dies nicht von großem Erfolg gekrönt war. Fortan lief wieder alles seinen alten Gang. Und ich trank weiter wie bisher, nur, dass ich jetzt vorsichtiger geworden war. Nicht etwa, dass ich nun weniger trank, ganz im Gegenteil sogar, aber ich passte fortan mehr auf, dass es nicht allzu oft und nicht sofort jedem auffiel. Mit anderen Worten: Ich trank noch mehr heimlich.

Auf zum Abitur

Meine Schwester hatte mittlerweile längst das Abitur in der Tasche und stand vor der Berufswahl. Meinen schockierten Eltern erklärte sie, dass sie gar nicht studieren, sondern eine Lehre als Pferdewirtin absolvieren wollte. Sie hatte nun einmal viel lieber mit Tieren zu tun, als in irgendeiner Uni graue Theorie zu büffeln. Meine Mutter redete sich Fusseln an den Mund, doch es half nichts: Meine Schwester blieb einfach stur bei ihrer Meinung, hatte sogar eine Lehrstelle in Niedersachsen gefunden und wollte nun auch noch ausziehen.

Mit ihrem Auszug änderte sich schlagartig die Stimmung bei uns zu Hause. Mutter wurde mir gegenüber etwas freundlicher, etwas umgänglicher, wie ich irritiert feststellte. Sie fragte plötzlich nach, ob ich am Sonntag etwas unternehmen wollte und wenn ja, was oder ob wir nicht einmal gemeinsam ins Kino gehen wollten. Es sah ganz so aus, als mache sie sich Sorgen, dass auch ich ausziehen könnte. Damit hätte auch das letzte Kind das Haus verlassen.

Wäre es nach mir gegangen, hätte ich ja schon längstens das Weite gesucht, aber von 150,- DM im Monat kann man nun einmal nicht existieren und schon gar keine Miete bezahlen. Also blieb mir zunächst gar nichts anderes übrig, als weiter zu Hause auszuharren und zu hoffen, bald die Ausbildung abgeschlossen zu haben.

Diese ging zügig vonstatten. Nach dem Jahr mit dem schulbegleitenden Praktikum kam ich in die 12. Klasse, aber ehrenamtlich arbeitete ich natürlich im Jugendhaus weiterhin wie bisher. Um nichts in der Welt hätte ich das aufgegeben. Doch der Wegfall der Praktikantenvergütung machte mir nun zu schaffen - wovon sollte ich nun den Alkohol finanzieren? Das Taschengeld, das ich von meinen Eltern bekam, reichte bei weitem dazu nicht aus. Mir blieb gar nichts anderes übrig, als zusätzlich noch ein- bis zweimal in der Woche einen Schülerjob anzunehmen. Im Lager eines Buchladens packte ich kistenweise Bücher aus, etikettierte sie und räumte sie anschließend in die Regale ein.

Ich fand diesen Job stinklangweilig und hätte mir beim besten Willen nicht vorstellen können, so etwas zum Beispiel den Rest meines Lebens tagein, tagaus zu tun. Dennoch gab es ja Tausende von Leuten, die solche und ähnliche stupiden Arbeiten – teilweise sogar am Fließband - jahrzehntelang durchhielten. Um wie viel interessanter war da die Tätigkeit im Jugendhaus!

Diese Erkenntnis spornte mich nur noch mehr an, die Schule mit einem guten Abschluss zu verlassen. Wie gesagt, außer mit Mathematik hatte ich gar keine Probleme. Doch es half nichts, ich musste mir von einem anderen Jugendmitarbeiter den mathematischen Stoff der letzten fünf Jahre im Schnellverfahren aneignen, um hier mithalten zu können. Ich verstand auch gar nicht, wozu ich solchen Kram wie Integral- und Differential-Berechnung überhaupt jemals gebrauchen sollte. Schließlich strebten wir doch alle eine Ausbildung als Sozialpädagoge und nicht als Mathematiker an.

Ich büffelte Mathematik also regelrecht. Der nachzuholende Stoff war immens, doch ich schaffte es immerhin, in Mathe auf eine „Drei" zu kommen. Meine Eltern waren alles andere als zufrieden: Warum das nicht –

wie die anderen Fächer auch – eine „Eins" wäre, wollten sie wissen. Für mich jedoch war die Tatsache, ganz ohne zu mogeln hier von einer "Sechs" auf eine "Drei" zu kommen, schon eine Leistung!

Mein Lieblingsfach hingegen war Deutsch. Abgesehen davon, dass ich inzwischen einen Perfektionismus an den Tag gelegt hatte, was die deutsche Sprache betraf, so schrieb ich auch sehr gerne. Oftmals außerhalb des Unterrichts, schrieb ich eigene Kurzgeschichten, Essays und Anderes. Nur so, ganz ohne ein Ziel damit zu verfolgen. Mir machte das kreative Schreiben einfach Spaß. Leider wollte es nie jemand lesen und so landete alles immer nur in meiner Schublade.

Im Juni 1981 schließlich war es soweit: Das Abitur stand vor der Tür. Ein bisschen hatte ich schon ein schlechtes Gewissen, weil ich – außer für Mathematik – für kein Fach extra gelernt hatte. Dazu ließ mir die Arbeit im Jugendhaus gar keine Zeit. Aber ich musste es halt darauf ankommen lassen.

Doch zu meiner Überraschung waren die Aufgaben der Abiturprüfung nicht allzu schwer; eigentlich fielen sie mir eher leicht. Das Schreiben der Klausurarbeiten ging zügig vonstatten und nach einer weiteren Woche des Wartens stand fest, dass ich das Abitur mit dem zweitbesten Zeugnis dieser Jahrgangsstufe bestanden hatte. Lediglich diese „Drei" in Mathematik drückte meine Durchschnittsnote auf insgesamt 2,0 herunter.

Mit diesem Abschluss hätte ich mir quasi aussuchen können, wo und was ich studieren wollte, doch mein Ziel war nach wie vor Sozialpädagogik, also suchte ich entsprechende Hochschulen heraus. Ich hatte keine bestimmte Stadt im Auge, aber eines jedoch stand fest: Weit weg von zu Hause, damit ich endlich hier herauskam! Und eine Großstadt sollte es sein: ich war ein Großstadtkind, ich war gebrandmarkt und liebte daher die Anonymität, die (nur) eine Großstadt bieten konnte.

Also bewarb ich mich in Hamburg, in München und in Berlin. Doch Hamburg riss mich nicht so unbedingt vom Hocker, schon weil ich meinte, dass es da noch öfter regnen würde. München war zwar schön weit weg, aber dort hockte bereits mein Bruder. Und – ehrlich gesagt – konnte ich den Bayern und ihrem Dialekt auch nicht so unbedingt viel abgewinnen. Und Berlin hörte sich gut an, bot aber den Nachteil, dass die komplette Verwandtschaft meiner Mutter (immerhin ihre zwölf Geschwister samt ihren Familien) dort ja wohnte und die Gefahr nicht gerade klein war, dass Mutter deshalb öfter ‘mal dorthin fuhr.

Eine neue Stadt mit neuer Hoffnung

Die Berliner Hochschule antwortete als Erste. Ich wäre angenommen und könne vorbeikommen und mich dort immatrikulieren. Als ich meinen Eltern erklärte, wo ich zu studieren beabsichtigte, mischte sich zu meiner Überraschung zum ersten Mal mein Vater ein:

„*Du wirst NICHT in Berlin studieren*", erklärte er, "*ich zahle doch kein Zimmer in einer anderen Stadt, wenn du genauso gut hier wohnen kannst!*"

"*Aber sicher werde ich in Berlin studieren*", erwiderte ich erstaunt. Dass mein Vater sich hier unerwartet einmischte, war neu und ungewöhnlich.

Plötzlich schlug er mit der Faust auf den Tisch, so dass die Tassen auf den Untertellern schepperten. *„Solange du deine Füße unter meinen Tisch streckst, tust du, was wir dir sagen!"* Seine Stimme nahm einen bedrohlichen Tonfall an.

Das war eben die Misere: alt genug zum Ausziehen war ich mit meinen 22 Jahren ja nun wirklich, aber ich hatte noch kein eigenes Einkommen. Trotzdem war ich felsenfest entschlossen, nicht nachzugeben, auf alle Fälle darauf zu beharren, fortzuziehen.

Mein Vater kam noch ein paar Mal mit diesem Argument, aber schließlich sah er ein, dass ich nicht davon abzubringen war, auszuziehen.

Drei Tage später war ich unterwegs nach Berlin.

Die Stadt gefiel mir gut, vor allem ihre Größe und die damit verbundene Anonymität. Und weiter weg von zu Hause ging es nun wirklich nicht mehr. Das Einzige, was nervte, war, dass Mutter es sich nicht nehmen ließ, mit nach Berlin zu fahren. Um mir zu helfen, wie sie meinte. Doch ich wollte ihre „Hilfe“ gar nicht, ich hätte liebend gerne darauf verzichtet!

Ich immatrikulierte mich an der dortigen Fachhochschule für Sozialpädagogik und begab mich dann anschließend auf Zimmersuche. Doch das war leichter gesagt als getan. Außer mir suchten noch Tausende anderer Erstsemester eine bezahlbare Unterkunft. Vor der Vermittlungsstelle des Studentenwerks trafen wir uns teilweise.

„Und?", fragte mich eine angehende Studentin, als ich nach langer Wartezeit aus dem Zimmer kam, *"Hast du eine Unterkunft bekommen?"*

"*Nee*", antwortete ich, *"seit Wochen ist alles bereits vergeben."*

Sie zog die Augenbrauen hoch. *„Und wo, bitte, sollen wir übernachten? In der U-Bahn vielleicht?"*

Ich zuckte nur mit den Schultern und ging. Denn in der Zwischenzeit hatte ich in Erfahrung gebracht, dass manche Studentenwohnheime ihre Zimmer nicht über das Studentenwerk, sondern direkt an vorstellige Studenten vermieteten. Also klapperte ich ein Studentenwohnheim nach dem anderen ab und sagte dort mein Sprüchlein auf. Mutter kam stets mit, was mir schon peinlich war, wenn ich mich vorstellte: 22 Jahre alt und hat seine Mutter dabei!

Doch überall zuckte man nur mit den Schultern und bedauerte mit unterschiedlichen Begründungen, kein Zimmer mehr vermieten zu können. Im dritten Wohnheim im Stadtteil Zehlendorf jedoch machte der Verwalter einen brachialen Fehler: Um mich abzuwimmeln, argumentierte er: *„Tut mir leid, aber wegen der Gleichberechtigung können wir Zimmer in diesem Semester nur noch an Mädchen vergeben!*".

Mutter sprang sofort auf. "*Aber das **ist** doch ein Mädchen*", rief sie laut und schubste mich weiter nach vorne. "*Das **ist** doch ein Mädchen! Dann können Sie ihr ja das Zimmer geben!*"

Der Verwalter starrte mich sprachlos und mit großen Augen an. In dem Augenblick wünschte ich mir, der Erdboden würde sich auftun und mich verschlingen. Doch ich zuckte nur mit den Schultern und blickte schnell zu Boden. Nein, ich war **kein** Mädchen! Ich brachte es einfach nicht fertig, so etwas von mir zu behaupten. Eher hätte ich mir die Zunge abgebissen.

Mir waren solche Situationen schon immer äußerst unangenehm: ich mochte mein biologisches Geschlecht nicht preisgeben; wenn es dennoch bekannt wurde, schämte ich mich abgrundtief dafür.

In diesem Fall jedoch hatte mir mein „Anderssein" doch auf kuriose Art immerhin zu einem Zimmer jetzt in einem Studentenwohnheim verholfen. Es befand sich in einer Wohnung mit insgesamt sechs Zimmern, war knapp acht Quadratmeter klein, kostete 120,- DM Miete im Monat und zum ersten Oktober war es bezugsbereit. Ich unterschrieb den Vertrag.

Mein erstes eigenes Zimmer – weit weg von Mutter! Ich war selig. Endlich konnte ich nun aufatmen und ihrer tyrannischen Alleinherrschaft entgehen!

Ich stellte in Berlin noch einen Antrag auf BAföG, dann kehrte ich erst einmal nach Düsseldorf zurück, um meinen Auszug vorzubereiten.

Dieser Auszug bedeutete gleichzeitig auch Abschied – Abschied von der mir liebgewonnenen Arbeit mit den Kindern! Im Grunde genommen konnte ich mir überhaupt nicht vorstellen, wie es sein würde, wenn ich nicht mehr täglich ins Jugendhaus gehen würde. Hätte ich in der Nähe studiert, wäre ich ganz sicher jeden Tag dort wieder hingegangen. Nicht zuletzt auch, um einen endgültigen Schlussstrich unter diese Arbeit zu ziehen, hatte ich mich entschlossen, mir meinen Studienplatz so weit weg wie möglich zu suchen. Mir war schon klar, dass ich nicht bis an mein Lebensende Praktika in der Kinder- und Jugendarbeit durchführen konnte.

Es wurde ein sehr trauriger Abschied. Ich hing an den Kindern und wollte nicht gehen, sie hingen an mir und wollten auch, dass ich bliebe. Und ich wollte mich nicht von Frau Ebert trennen, dem einzigen Menschen, der mich bislang auch als Mensch behandelt und einfach so akzeptiert hatte, wie ich war. Ich bemerkte zum ersten Mal in meinem jungen Leben richtigen Neid: auf die anderen Jugend-Mitarbeiter, die bleiben konnten, weil sie eben nicht zum Studium wegzogen.

Aber es half alles nichts: der Herbst rückte näher und damit der Zeitpunkt des Umzugs. Viele persönliche Dinge nahm ich nicht mit, die meisten erinnerten mich nur an irgendetwas aus der Jugendarbeit. Und ich wollte doch einen Neubeginn machen, einfach noch einmal alles von vorne beginnen. So passten meine wenigen Habseligkeiten alle in meinen großen Tramper-Rucksack. Mit diesem Rucksack und meiner Gitarre unter dem Arm traf ich mit dem Zug am 20.09.1981 am Bahnhof Zoo ein.

Ich bemerkte nicht, dass ich erneut einer Illusion erlegen war: dass ich versuchte, mit dem Wechsel des Wohnortes vor meinen Problemen davonzulaufen. Doch meine Probleme nahm ich alle mit.

Berlin

Die ersten zehn Tage in meiner neuen Heimat konnte ich bei einer Tante in Spandau übernachten, dann hieß es: Einzug ins Studentenwohnheim im Süden Berlins. Ich versorgte mich mit dem Nötigsten, was man für einen winzigen Ein-Personen-Haushalt so braucht: zwei Töpfe, zwei Teller, etwas Besteck usw.

Mein Zimmer war gar nicht 'mal so übel: Es war so winzig, dass man vom Bett aus bequem alles erreichen konnte: den Schrank, den Schreibtisch, das Sideboard und die Tür. Aber das Beste, wie gesagt, war, dass Mutter weit weg war; alles andere war eigentlich zweitrangig. Ich genoss meine neue Freiheit nicht nur, ich begoss sie auch. Schließlich musste diese Freiheit ja irgendwie gefeiert werden. Hatte ich früher oft schon ein schlechtes Gewissen gehabt, wenn ich trank, so fiel dieses hier weg: Ich kannte hier niemanden, ich war auch keinem Rechenschaft schuldig. So kam schon am frühen Nachmittag die Flasche auf den Tisch, abends fiel ich dann regelmäßig betrunken ins Bett.

Am ersten Tag in der Hochschule richteten Studenten der älteren Semester im Hörsaal ein gemeinsames Frühstück für die Neuankömmlinge aus, damit wir die Möglichkeit erhielten, uns und auch den Ablauf an der Hochschule kennenzulernen. Neu war für mich z.B., dass man sich seinen Stundenplan selber zusammenbasteln musste. Es folgte auch eine Führung durch die Bibliothek und andere Räumlichkeiten, doch ich bekam kaum noch etwas davon mit. Ich hatte inzwischen ein ganz anderes Problem: Ich musste dringend auf die Toilette.

Was für Andere eine alltägliche Nebensache ist, war für mich stets der Beginn einer mittleren Katastrophe. Wenn ich auf die Damentoilette gegangen wäre, hätte es mit an Sicherheit grenzender Wahrscheinlichkeit wieder Tumulte gegeben. Doch wenn ich kurzerhand die Herrentoilette benutzt und dort jemanden getroffen hätte, der später meinen Namen erfahren hätte – wie hätte ich das dann erklären sollen? Ich wusste ja nicht, wer hier auch zum ersten Semester gehörte und wer nicht.

Ich entschied mich für gar keine Toilette. Meine Blase schmerzte schon, als ich den Rückzug antrat und ins Wohnheim fuhr, um dort pinkeln zu gehen. Um es vorweg zu nehmen: Ich nahm mir an diesem Tag vor, das gesamte Studium durchzuziehen, ohne einmal in all' den Jahren die Toilette in der Hochschule aufsuchen zu müssen – und es ist mir gelungen! Diese ständigen Auseinandersetzungen hätten meine Nerven einfach nicht mehr verkraftet. Wie sehr wünschte ich mir, wenigstens wie ein normaler Mann im Stehen pinkeln zu können, dann hätte ich meine Blase einfach notfalls an irgendeinem Baum erleichtern können. Aber so musste ich zusehen, möglichst viele Seminare in die Abendstunden zu legen; zumindest im Winter, wenn es früh dunkel wurde, konnte ich mich so hinter dem Parkplatz ins Gebüsch schleichen und dort irgendwo urinieren. Es war manchmal verdammt kalt, aber es war immer noch besser, als den Druck auf die Blase und den damit verbundenen Schmerz weiterhin stundenlang aushalten zu müssen.

Niemals hätte ich es zugegeben, doch ich fühlte mich in der ersten Zeit in Berlin sehr einsam. Es war einfach niemand da, mit dem man sich einmal verabreden oder unterhalten konnte. Meine Mitbewohner im Studentenwohnheim gehörten ausnahmslos wohl zu einem Clan, offenbar Perser, nahm ich an und sie sprachen kein

Wort Deutsch (oder wollten es auch nicht sprechen) und – das hatte ich inzwischen mitbekommen – waren gar nicht erfreut darüber, dass sich nun doch wieder ein Deutscher dort eingenistet hatte.

Im Gegenteil, meine Mitbewohner versuchten mit allen Mitteln, mich irgendwie zu vergraulen. Wenn ich das Haus verließ, warfen sie mir aus dem 5. Stockwerk leere Glasflaschen hinterher, so dass ich mich bald nur noch im Morgengrauen hinaus oder herein traute. In die Küche dort ließen sie mich schon lange nicht mehr. Und wenn sie mitbekamen, dass sich in der Waschküche im Keller meine Wäsche im Trockner befand, hielten sie das Programm an, warfen die Wäsche auf den Boden und leerten die Abfalleimer darüber. Ich hatte keine Chance, mich dagegen zu wehren: Ich war der einzige Deutsche in diesem Wohnheim und damit ihr erklärter Feind. Dabei war ich alles andere als ein Patriot!

Ich wollte einfach nur in Ruhe gelassen werden, doch täglich gab es neue Reibereien und Anfeindungen, die ich über mich ergehen lassen musste. Irgendwie hatte ich mir meine „Freiheit" ja anders vorgestellt. Meinen Kummer darüber ertränkte ich mit Alkohol.

Etwa zwei Wochen später gingen die Vorlesungen los. Dem voran war eine sogenannte Koordinierungs-Veranstaltung gestellt, bei dem wir Studenten uns selbst darauf einigen sollten, überfüllte Seminare mit unterbelegten Seminaren auszugleichen. Dazu wurden alle Studenten eines Semesters in den Hörsaal gebeten; wer nicht kam, flog gleich aus den überbelegten Vorlesungen hinaus. Der Rest musste sich irgendwie gütlich darüber einigen, wer freiwillig die Vorlesung wechselte.

Dazu wurde jeder Name auf der jeweiligen Liste laut vorgelesen. Der Betreffende musste dann zwingende Gründe angeben, warum er nicht wechseln konnte, z.B. weil er ein Kind zu versorgen hat und deshalb nicht nachmittags kann oder Ähnliches.

Unweigerlich kam, was kommen musste: Auch mein Name wurde irgendwann laut aufgerufen. Es klang für mich wie ein Schuss aus einem Gewehr:

„Beate Schmidt!"

Was sollte ich tun? Wenn ich mich nicht meldete, galt ich als abwesend und flog automatisch aus jeder Vorlesung hinaus. Ich entschloss mich, mich zu erkennen zu geben:

„Hier", erklärte ich halblaut.

Prompt kam die Rückfrage: *„Wo?"*

Ich stand auf. *„Hier"*, wiederholte ich verunsichert.

Schlagartig wurde es mucksmäuschenstill im Hörsaal. Alle starrten mich an. Von dem Koordinator kam die erste Reaktion: *"Für jemand anderen anwesend zu sein, gilt nicht! Wenn Beate nicht anwesend ist, muss sie 'raus aus dem Kurs!"*

*"Ich - **bin** – Beate – Schmidt!"*, wiederholte ich wiederum, diesmal betonte ich jedoch jede Silbe einzeln. Hoffentlich bemerkte niemand, dass ich rot im Gesicht wurde, weil mir solche Situationen stets äußerst unangenehm waren.

Das Schweigen hielt an. Tapfer blieb ich stehen und wartete die nächste Reaktion der Anderen ab. Das lange Schweigen war meine "Strafe" für mein Anderssein.

Nach einigen Sekunden, die mir fast wie eine halbe Ewigkeit vorkamen, kamen die ersten, mir nur allzu gut bekannten Zwischenrufe:

"Das gibt's doch gar nicht!"

"Mensch, der hat ja 'nen Sprung in der Schüssel!"

"Au weia!"

"Haha - selten so gelacht!"

Und Ähnliches. Leicht genervt verdrehte ich jetzt die Augen und starrte an die Decke. Ich versuchte, mir den Anschein zu geben, als ob mich das alles völlig unberührt ließe, doch in Wahrheit war genau das Gegenteil der Fall: Ich hätte weiß Gott etwas darum gegeben, jetzt nicht wieder „am Pranger" zu stehen, ganz *NORMAL* wie alle Anderen sein zu können. Wie ich meinen verfluchten Vornamen hasste!

Den meisten Kommilitonen in diesem Raum wurde ich auf diese Weise bekannt gemacht. Doch da waren ja auch noch die Dozenten und Professoren, die meinen Namen erst noch kennenlernen mussten. Diese Aussicht war für mich alles andere als erfreulich.

Manu

Drei Tage später saß ich mittags in der Cafeteria der Hochschule herum und rührte gedankenverloren in meinem Kaffee, als sich unvermutet eine Mitstudentin zu mir setzte.

"*Tag*", begrüßte sie mich, "*ich heiße Manuela – und du?*"

Ich sah kaum auf. "*Anders*", knurrte ich nur.

Ich hatte es mir schon lange abgewöhnt, jedem gleich meinen Namen auf die Nase zu binden. Zudem musste ich erst einmal herausfinden, ob sie mich für einen Mann oder – nachdem ich ja nun einigen schon bekannt war – für eine Frau hielt.

"*Oh, Verzeihung*", erwiderte sie, "*sind wir heute morgen mit dem falschen Bein aufgestanden?*"

Ich schaute sie an. Es tat mir irgendwie auch leid, dass ich manchmal die Leute so vor den Kopf stieß.

„*Rate meinen Namen doch 'mal*", entgegnete ich daher einfach. Irgendwie musste ich erst herausfinden, welchem Geschlecht sie mich zuordnete.

„*Woher soll ich das denn wissen?*", fragte sie. „*Es gibt Tausende von Vornamen. Annette vielleicht oder Martina*?"

Sieh an, sie wusste bereits, dass ich eine Frau war! Dann konnte ich ihr meinen richtigen Namen ja auch verraten.

„*Nee, Beate heiße ich*", murmelte ich kaum hörbar.

Außer mir ging es wohl noch anderen Studenten so, dass sie von weit her kamen und niemanden in dieser Stadt kannten. Deshalb wurden sogenannte Stadtteiltreffen organisiert, bei denen sich in einer Studentenkneipe diejenigen trafen, die im gleichen Stadtteil wohnten. Ich ging hin, um wenigstens einmal in der Woche mit jemandem reden zu können, obwohl ich ja befürchtete, dass das Problem mit der Toilette mir einen Strich durch die Rechnung machen würde.

Aber in diesen Studentenkneipen gab es günstig Bier und außerdem kannte ich sonst niemanden hier in der Stadt, also ging ich dann doch hin. Doch dank meiner schwachen Blase ließ der Gang zur Toilette und somit das Unvermeidbare nicht lange auf sich warten.

Wie immer blickte ich mich zunächst suchend um. Keine Toilette zu sehen. Das war gut, somit konnte nicht jeder von jedem Platz aus beobachten, wer auf welches Klo ging. Ich stand also auf und ging in den Flur, doch auch hier Fehlanzeige. Leicht verwundert fragte ich nun doch die Bedienung nach den Örtlichkeiten und erhielt dann zur Auskunft, dass sich diese im Keller befinden würden. Aber man bräuchte einen Schlüssel dafür, dieser wäre aber gerade nicht da, so dass demnach schon jemand unten wäre.

Ich ging die Treppe runter in den Keller. In einem Raum voller Bücher und Kisten fand ich schließlich die einzige Toilette: Mitten im Raum stehend. Außerdem hielten sich in diesem Raum zwei Studenten auf, die sich offenbar hier durch die Bücher wühlten.

Ich räusperte mich. Die beiden blickten auf. *„Ist was?",* fragte der eine.

„Ja, ich muss mal pinkeln", erwiderte ich.

„Geh' nur, das stört uns nicht"; erwiderte der andere Student, und beide vertieften sich wieder in ihre Bücher.

Also, das konnte nun wirklich keiner von mir verlangen, dass ich mir jetzt hier vor diesen Typen die Hosen runterzog! Wahrscheinlich hielten sie mich eh für einen Jungen, der im Stehen pinkeln würde, dann wäre das Ganze ja noch irgendwie angegangen, aber so? Ich war jedenfalls nicht gewillt, den Anwesenden auf diese Art unfreiwillig mein biologisches Geschlecht zu offenbaren.

Ziemlich wütend verließ ich die Gaststätte und versuchte nun mein Glück irgendwo draußen. Vielleicht fand sich ja ein Gebüsch oder Ähnliches. Doch da dieses Lokal in einer belebten Straße lag, gelang es mir jedoch erst nach einer ganzen Weile, etwas dafür halbwegs Geeignetes zu finden.

Erst nach einer knappen halben Stunde saß ich wieder in der Kneipe auf meinem Platz. *„Ach, wir dachten schon, du wärest gegangen"*, sprach mich einer meiner Kommilitonen an, *"so auf 'Französisch', ohne zu zahlen."*

Ich beschloss, in diese Kneipe nicht mehr mitzukommen. Kein Klo war ja fast noch schlimmer als das falsche Klo.

Kennenlernen

Etwa zwei Wochen später klingelte bei uns im Studentenwohnheim das Telefon. Es war eigentlich ein Wunder, dass die anderen Bewohner mich ausnahmsweise einmal ans Telefon holten und telefonieren ließen. Sonst waren sie nur darauf bedacht, ins Ausland zu telefonieren und zu versuchen, mir die Gebühren dafür aufzubrummen.

"*Hallo*", tönte es aus dem Hörer, *"hier ist Manu. Ich bin gerade am Rathaus Steglitz und wollte fragen, ob du noch Lust hast, mit mir ein Bier trinken zu gehen."*

Ich war etwas überrascht. *Wer* war am Telefon? Eine Manu? Schon mal gehört, den Namen, aber ich konnte im Moment nicht das passende Gesicht dazu zuordnen. Zu viele Namen waren es zu Beginn dieses Semesters, die ich neu gehört hatte, um sie alle gleich behalten zu können. Aber dass es jemand aus unserem Semester war, war sicher, denn auf dem Stadtteiltreffen ging eine Liste herum, in die alle Anwesenden ihre Namen und Telefonnummern geschrieben hatten.

Aber es war mir auch egal, wer dort war, allein die Worte „ein Bier trinken gehen" reichten aus, mich mit *„aber ja doch, gerne!"* antworten zu lassen. Diese Manu erklärte sodann, sie würde am U-Bahnhof auf mich warten und ich nahm den nächsten Bus, der Richtung Rathaus Steglitz fuhr. Eine knappe halbe Stunde später kam ich an.

Unterwegs grübelte ich die ganze Zeit, wer denn wohl diese ominöse 'Manu' sein könnte. War es diese Mitstudentin, die ich in der Bibliothek letztens über den Haufen gerannt hatte? Aber nein, sie hieß doch Andrea, soweit ich mich erinnern konnte. Oder meine Namensvetterin, die auch "Schmidt" hieß? Aber hatte diese nicht einen starken bayerischen Akzent? Ich wusste es nicht mehr genau und ließ mich einfach überraschen.

Als ich auf den Bahnsteig trat, sah ich sie schon von Weitem dort stehen: Es war die Kommilitonin, die mich in den ersten Tagen in der Cafeteria angesprochen hatte und der ich auf die Frage nach meinem Namen nur ein "*Anders*" geknurrt hatte.

Aber Manu schien mir deshalb nicht mehr böse zu sein. Sie sagte nur, sie freue sich, dass ich gekommen wäre und sie würde hier in der Nähe eine Kneipe kennen, die nicht allzu teuer war. Und schon marschierten wir los.

Ich hatte schon zuvor einiges getrunken, was meine Zunge ziemlich lockerte und als sie dann fragte, woher ich käme und was mich hierher verschlagen hätte, erzählte ich ihr ganz freimütig von der Kinder- und Jugendarbeit, von der ich mich nun trennen musste und auf diese Weise einen Schlussstrich darunter gezogen hätte. Nach wie vor war ich der Überzeugung, dass dies der einzige Grund meines Wohnortwechsels gewesen war.

Aber auch Manu erzählte von sich, dass sie aus Süddeutschland käme und dass es ihre Zweitausbildung sei, weil ihre erzkonservativen Eltern sie nicht Sozialarbeiterin hatten werden lassen, ehe sie nicht eine "anständige" Ausbildung vorweisen konnte. Notgedrungen hatte sie daher vorher Bankkauffrau gelernt.

Ich musste unwillkürlich lachen. Ich empfand auch meine Eltern als erzkonservativ, aber so bescheuert wie ihre waren sie nun auch wieder nicht. Sozialpädagoge war doch ein Beruf wie jeder andere auch!

Wir stellten fest, dass wir sogar der gleiche Jahrgang waren, altersmäßig gerade mal sechs Wochen auseinander. Und an diesem Abend hatte ich sogar Glück: In diesem Lokal waren die Toiletten auf dem Flur und es gelang mir mehrmals, unerkannt auf der Herrentoilette zu verschwinden, ohne Aufsehen zu erregen. Ich musste nur aufpassen, dass Manu nicht auf die Idee kam, plötzlich mitkommen zu wollen, wenn ich sagte, ich müsse 'mal. Denn die anderen Frauen hatten meist die seltsame Angewohnheit, stets zu zweit auf die Toilette zu gehen. Bis heute habe ich nicht herausfinden können, wieso eigentlich.

Manu erzählte mir, dass sie auch Schwierigkeiten hatte, eine Unterkunft zu finden und dass sie jetzt vorübergehend erst einmal in einem leeren Zimmer in einem Altersheim untergekommen sei. Auch das fand ich zunächst witzig: Mit 22 Jahren in einem Altersheim zu wohnen! Da stellte sich heraus, dass das Altersheim ganz in der Nähe meines Studentenwohnheimes lag, nur wenige Bushaltestellen voneinander entfernt. Wir hatten also fast den gleichen Heimweg.

Als wir dann später zusammen im Bus saßen und nach Hause fuhren, verabredeten wir, dass wir uns doch öfter treffen könnten, wenn wir schon mal so nah beieinander wohnen würden. Ich hatte nichts dagegen, zumal sie ja offenbar auch einem Bierchen nicht abgeneigt war.

Es war schon spät, wir fuhren mit dem Nachtbus und vermutlich ist Manu anschließend zu Hause ins Bett gegangen. Ich hingegen holte erst mal eine Flasche unter dem Bett hervor und setzte sie für einen langen, tiefen Zug an den Hals.

Als Student(in)

Ich wollte versuchen, mich allmählich in Berlin einzuleben. Unter den Kommilitonen wurden Arbeitsgruppen für Referate gebildet und ich trug mich auch in mehrere Gruppen ein. Hauptsächlich, um Mit-Studenten kennenzulernen, denn wenn ich ehrlich war, schrieb ich meine Referate lieber allein. Erstens ging das wesentlich schneller, denn so musste ich mich nicht für jedes Thema x-mal mit den anderen Studenten erst verabreden und zweitens arbeitete ich sowieso lieber alleine. Aber ich wollte nicht wieder als Einzelgänger gelten und so tat ich, was die Anderen auch taten und auch von mir erwarteten.

Insgeheim erhoffte ich mir auch einen höheren Bekanntheitsgrad im Semester. Je mehr Leute mich kannten, desto größer war die Chance, nicht überall nur *unangenehm* aufzufallen. Und unter "kennen" verstand ich eigentlich mehr, als nur meinen Namen bzw. mein Geschlecht zu wissen. Irgendwie hatte ich das dumpfe Gefühl, auch eine Persönlichkeit zu haben. Ich dachte, dass es irgendetwas geben musste, das meine Person ausmachte, irgendetwas, das über die Identitätsprobleme hinausragte. Ich hoffte es zumindest. Vielleicht war ich *ANDERS* als alle Anderen, aber auch ich hatte Wünsche und Träume, Ziele und Vorstellungen. Auch ich freute mich, wenn mir etwas gut gelang und ärgerte mich, wenn etwas schief lief. So gesehen, unterschied ich mich eigentlich nicht von meinen Mitstudenten, nur von meinem Äußeren her.

Einer meiner Träume war zum Beispiel, endlich auch motorisiert zu sein! Alle Anderen in meinem Alter hatten schon seit Jahren den Führerschein, aber da meine Eltern ihn nicht finanzieren und – wie halt viele andere Eltern - mir zum 18.Geburtstag quasi hatten schenken können, besaß ich immer noch keinen. Bisher hatte ich nicht einmal ein Mofa oder etwas Ähnliches gehabt, dabei wünschte ich mir schon sehr, motorisiert zu sein. Am allerliebsten wäre ich Motorrad gefahren, das vermittelte mir irgendwie auch ein Gefühl von Unabhängigkeit und vielleicht auch ein wenig Freiheit. Jedenfalls mehr und auch anders, als es uns diese bekannte Zigarettenwerbung, die überall auf diesen Werbeplakaten, meist in Zusammenhang mit einem Motorrad, zu sehen war, vorgaukeln wollte.

Ich erinnerte mich daran, dass mir in Düsseldorf ein anderer Jugend-Mitarbeiter – nachdem ich ihm meine Begeisterung für Motorräder gestanden hatte – einmal angeboten hatte, eine Runde auf seinem Motorrad zu drehen. Begeistert nahm ich dieses Angebot auf der Stelle an und schwang mich ohne groß nachzudenken auf den Fahrersitz. Es war herrlich, so durch die Straßen zu düsen, der Fahrtwind wehte mir um die Nase und trug meine Gedanken mit sich fort. Motorradfahren war einfacher, als ich es mir vorgestellt hatte, aber es war genauso schön, wie erwartet!

Anschließend allerdings gab es ein Heidenspektakel und zwar von Frau Ebert. Sie hatte nämlich mitbekommen, dass ich ohne Führerschein auf einem Motorrad gefahren war – direkt vor dem Jugendhaus und noch dazu ohne Sturzhelm. Sie hielt mir eine Standpauke, die sich gewaschen hatte, erzählte etwas von einer Vorbildfunktion, die ich den Kindern und Jugendlichen gegenüber hier hätte usw.

Dabei übersah sie jedoch, dass auch ich nur ein "gewöhnlicher Jugendlicher" war, dass auch ich den für dieses Alter sehr typischen Drang hatte, alles auszuprobieren, ohne groß über die Folgen nachzudenken. Dass auch ich mit meinen damals 17 Jahren noch kein Erwachsener im eigentlichen Sinne war.

Die Tatsache, in der neuen Umgebung hier in Berlin doch auf mich allein gestellt zu sein und eigene Entscheidungen treffen zu müssen bzw. zu können, ließ bei mir den Wunsch nach einem fahrbaren Untersatz wieder stärker werden. Kurzum: Ein Führerschein musste her! Aber der war teuer für einen Studenten, der von BAföG lebte.

Doch ich wollte es versuchen. Ich schränkte alles ein, was sich irgendwie einschränken ließ. Essen war mir noch nie sehr wichtig und es war mir auch egal, ob ich wochenlang lediglich Quark auf dem Brot aß oder nicht. Busfahrten wurden meistens durch Radtouren ersetzt. Nach und nach wurden meinerseits alle Ausgaben gestrichen, die nicht unbedingt notwendig waren. Ausgenommen war natürlich der Alkohol, denn der war – aus meiner Sicht zumindest – sogar lebensnotwendig. Aber ich sattelte wieder um auf das Allerbilligste, was ich finden konnte, den Vermouth für nur 2,98 DM die Flasche. Es war inzwischen eh nicht mehr wichtig, dass es wenigstens halbwegs nach irgendetwas schmeckte, sondern ich zielte nur noch auf die Rauschwirkung und auf meine damit verbundene „Traumwelt“ ab.

Trotz meines Alkoholkonsums gelang es mir auf diese Art, jeden Monat von dem eh schon knappen Geld noch einen Betrag zurückzulegen. Es hieß, dass man etwa soviele Fahrstunden benötigen würde, wie man Jahre alt ist und so rechnete ich mir aus, dass ich mit meinen nun 22 Jahren mit Prüfungsgebühren etc. etwa 2.000,- DM bräuchte, wenn ich die Führerscheine der Klassen I (Motorrad) und III (Auto) machen wollte. 560,- DM dafür hatte ich inzwischen schon zusammen.

Studentenwohnheim versus Altersheim

Manu und ich besuchten uns öfter gegenseitig. Allerdings ging mir ihr Altersheim, in dem sie wohnte, schon gehörig auf den Senkel, denn es herrschten dort Zustände wie vor 100 Jahren: So war zum Beispiel „Herrenbesuch“ für die weiblichen Bewohner nach 22.00 Uhr strengstens verboten. Über die Einhaltung solcher vorsintflutlicher Vorschriften wachten nicht nur ein meiner Meinung nach ziemlich beschränkter Hauswart, sondern erstaunlicherweise auch die anderen Bewohner alle.

So ließ denn auch das Unvermeidliche nicht allzu lange auf sich warten: eines schönen Samstagabends saßen wir bei ihr vor dem Fernseher und schauten uns einen Film an, als plötzlich jemand wie blöde gegen die Wohnungstür hämmerte. Abgesehen davon, dass wir wegen des unvermutet einsetzenden Lärms fast einen Herzanfall bekommen hatten, konnte es nur sein, dass irgendetwas Schreckliches passiert war, ein Feuer vielleicht oder Ähnliches. Manu raste also zur Tür und öffnete diese. Es war aber kein Feueralarm, sondern draußen stand der Hauswart und brüllte herum, dass ihm gemeldet worden sei, Manu hätte Herrenbesuch und es sei schon nach 22.00 Uhr! Mit diesen Worten stieß er Manu einfach beiseite, stürmte er an ihr vorbei und raste in die Wohnung hinein.

So etwas in dieser Art hatte ich eigentlich schon kommen sehen und es war diesem aufgebrachten Mann in diesem Moment sicher nicht zu erklären, dass ich kein „Herrenbesuch“ war. Ich zog es deshalb vor, das Weite zu suchen, ehe dem Neandertaler womöglich noch einfiel, seine Keule zu schwingen.

Diese Begebenheit hatte zur Folge, dass wir die Abende doch lieber in meinem Zimmer im Studentenwohnheim verbrachten, wenn es dort auch sehr beengt war, denn acht Quadratmeter sind nun als alles andere als sehr geräumig zu bezeichnen. Aber immerhin wütete hier kein herrischer Hausmeister. Auch die Küche und die Gemeinschaftsräume konnten wir nicht benutzen, meine Mitbewohner schlossen mich kurzerhand von deren Benutzung aus.

Was ich an Manu heimlich ziemlich bewunderte, war ihr Selbstbewusstsein, mit dem sie mit den Dingen des täglichen Lebens umging. Wenn ich ehrlich bin, hatte ich schon kurz nach meiner Ankunft in Berlin entsetzt festgestellt, dass ich nicht nur völlig unselbständig war, sondern mir selbst auch so rein gar nichts zutraute. Nicht einmal, am Gemüsestand nach dem Preis der Kartoffeln zu fragen, wenn diese nicht ausgezeichnet waren, geschweige denn einmal etwas umzutauschen, wenn ich etwas Defektes erworben hatte. Mutter hatte hier wahrlich ganze Arbeit geleistet!

So konnte es jedoch nicht weitergehen, beschloss ich und ich fing an, heimlich mein Selbstbewusstsein und die Selbstsicherheit zu trainieren. So übte ich zum Beispiel, wenn ich vorhatte, in einem Geschäft nach etwas Bestimmtem zu fragen, heimlich zu Hause vor einem Spiegel, versuchte, das, was ich sagen wollte, vorzuformulieren und überlegte, was an eventuellen Reaktionen dann kommen könnte.

Mit jeder Woche, die verging, feilte ich ein bisschen mehr daran herum, mir etwas zuzutrauen, wenn es auch nur Kleinigkeiten waren. Sicher ging das alles nicht von heute auf morgen und die Unsicherheit überwog anfangs noch sehr oft, aber ich hatte bereits auch kleinere „Erfolge“ erzielt und das spornte mich noch mehr an. Langsam aber sicher begann ich mich auch zu fragen, was Mutter mit ihrer Erziehung zur völligen Unselbständigkeit eigentlich bezweckt hatte? Ich dachte oft an meine Schwester, der es nun sicherlich auch nicht anders erging.

Keinerlei Mangel an Selbstbewusstsein hatte ich jedoch erstaunlicherweise in den Seminaren. Zwischenfragen zu stellen machte mir kaum etwas aus, auch, wenn man dafür manchmal durch den ganzen Raum bzw. Hörsaal brüllen musste. Oder Referate vorzutragen, auch etwas, mit dem andere Kommilitonen offenbar wesentlich mehr Schwierigkeiten hatten als ich. Dieser Hochschulbereich war aber leider auch schon der einzige, der mir keinerlei Schwierigkeiten diesbezüglich bereitete.

Alltag in Berlin

Der Winter verging und es wurde allmählich Frühling. Obwohl ich schon etliche Leute im Studium kennengelernt hatte, fühlte ich mich meistens immer noch ziemlich einsam. Meistens bedeutet, dass ich in den Zeiten, in denen ich mich mit Manu traf, erstaunlicherweise weniger wehmütig an "meine" Kinder dachte als zu den anderen Zeiten. Ich merkte sogar, dass ich mich jedesmal auf unser Treffen freute. Im zweiten Semester bemühten wir uns, fast alle Seminare zusammen zu besuchen, was mitunter gar nicht so einfach war, da wir jedesmal durch diese dämliche Koordinierungsveranstaltung durch mussten.

Es tat gut, nicht mehr im ersten Semester zu sein, dadurch waren wir nicht mehr die "Neuen", die Erstsemester und andere Studenten rückten nun an unsere Stelle. Die Einrichtungen der Hochschule waren uns längst geläufig, die Abläufe dort sowie die Dozenten und Professoren waren uns bekannt, wenn auch noch längst nicht alle persönlich. Aber es hatte sich bereits herumgesprochen, dass es für die in einem Jahr anstehenden Zwischenprüfungen mitunter besser sei, bei bestimmten Profs ein Seminar zu belegen, weil diese angeblich gerne Studenten, die eben nicht bei ihnen belegt hatten, oft durch die Prüfung fallen lassen sollten. Und so bemühten wir beide uns, die geeignetsten Seminare zu finden und zu belegen.

Ohne, dass ich es bewusst wahrgenommen hätte, hatte ich inzwischen zu Manu eine Art Beziehung aufgebaut. Wir machten fast alles gemeinsam: nicht nur die Seminare, sondern auch fast unsere gesamte Freizeitgestaltung. Wir hatten auch festgestellt, dass wir beide in vielen Dingen den gleichen Geschmack hatten: beim Essen genauso wie beim Fernseh-Programm. Ich fühlte mich einfach wohl in ihrer Gegenwart und ihr ging es vermutlich genauso. In ihrer Gegenwart achtete ich nun auch darauf, weniger und nicht jeden Abend zu trinken. Doch dann, kaum einen Monat später, eröffnete mir Manu von einem Tag auf den anderen, dass sie nun umziehen würde. Sie halte es in diesem komischen Altersheim einfach nicht mehr aus und habe sich eine kleine Wohnung gesucht.

„*Ja, aber wohin ziehst du denn?*", wollte ich wissen.

„*Ich habe eine nette Wohnung in Neukölln gefunden.*"

Es traf mich wie ein Keulenschlag. Neukölln – das war auch fast am anderen Ende der Stadt! Für mich war klar, dass mit dem Umzug auch unsere Beziehung enden würde, denn wir würden uns dann wegen der räumlichen Trennung nicht mehr täglich sehen können.

An diesem Abend trank ich dann zum ersten Mal nach längerer Zeit wieder. Es war für mich die einzige Möglichkeit, diese Enttäuschung jetzt zu verarbeiten, andere Wege hatte ich bisher nicht kennengelernt. Und es sollte auch nicht bei diesem einen Mal bleiben. Denn Irgendwie hatte ich nur das Gefühl, durch sie gezwungenermaßen „trockengelegt!" worden zu sein. Und da der Zwang, der dahintersteckte, nun ja auch nicht mehr gegeben war, wie ich glaubte, hielt mich auch nichts mehr davon ab, wieder mehr zu trinken.

„*Aber wir können doch weiterhin befreundet sein*", entgegnete Manu meinen Befürchtungen, „*wir können uns weiterhin täglich sehen. Es gibt doch U-Bahn und Bus! Und in der Hochschule sehen wir uns ja auch immer.*"

Trotzdem: wer würde schon täglich über eine Stunde fahren, nur um den Abend gemeinsam zu verbringen? Ich zweifelte stark an dieser Theorie.

In den folgenden Wochen war Manu mit dem Umzug beschäftigt. Ich schaute mir ihre kleine Wohnung an – aber ich fand sie nicht so toll. Sie lag im Hinterhof,

Quergebäude, Erdgeschoß und war ein sehr, sehr dunkler und kalter Altbau. Aber sie hatte doch einen entscheidenden Vorteil: In ihr konnte Manu tun und lassen, was sie wollte – ohne einem durchgeknallten Hauswart Rechenschaft ablegen zu müssen!

Ich half ihr beim Renovieren. Sie hatte sich ausgerechnet eine rote Blümchentapete für die Küche ausgesucht. Ich hatte noch nie tapeziert, aber dachte auch, dass dies nicht allzu schwierig sein könne.

Schwierig war aber allein schon die Tatsache, dass wir keine so hohe Leiter hatten, um überhaupt oben an die Wände ranzukommen. Und natürlich beide absolut keine Erfahrung im Tapezieren. Wir brauchten für die kleine Küche den ganzen Tag und das Ergebnis – na ja, vorsichtig ausgedrückt könnte man sagen, dass das Ergebnis erahnen ließ, dass hier keine Fachleute am Werk waren. Trotzdem waren wir mächtig stolz auf unser Werk.

Viele Möbel hatte Manu noch nicht und so mietete sie einen VW-Bus, um ihre Habseligkeiten nach Neukölln zu bringen. Wieder ärgerte es mich, dass ich immer noch keinen Führerschein besaß, um ein Auto fahren zu dürfen und wieder kam der Wunsch hoch, das so schnell wie möglich nachzuholen.

Dann war die kleine Wohnung eingerichtet. Etwas spartanisch zwar, weil noch eine Menge Möbel fehlten, aber immerhin. Manu meinte, dass sie die Möbel nach und nach von ihren Eltern aus Süddeutschland rüberholen wollte.

„*Warum willst du denn jetzt extra wieder nach Hause fahren?*“, fragte Manu dann am kommenden Wochenende, als ich abends Anstalten machte, aufzubrechen, um zur U-Bahn zu gehen. „*Bleibe doch einfach über Nacht hier, dann können wir morgen auch noch was zusammen machen.*“

Verblüfft schaute ich Manu an. Die Idee war eigentlich gar nicht mal so schlecht. In der Wohnung standen sowohl ihr Bett als auch eine Couch, die man zum Schlafen ausziehen konnte. Warum also nicht einfach dableiben und sich die dämliche stundenlange Hin- und Her-Fahrerei schenken?

Ich stimmte zu. Wir bezogen daraufhin einmal Bettzeug neu und fertig war die Schlafstätte. Bett und Couch standen so nebeneinander, dass die Kopfenden in einem 90-Grad-Winkel aneinander stießen. Als wir abends ins Bett gingen, konnten wir uns daher noch gemütlich unterhalten, ohne durch den ganzen Raum schreien zu müssen.

„*Gib mir mal eine Hand*“, forderte Manu mich plötzlich auf.

„*Wie – eine Hand?*“, fragte ich verblüfft zurück.

„*Na ja, ich strecke meine Hand aus und du deine und in der Mitte treffen wir uns*“, erwiderte sie.

Ziemlich verunsichert wegen dieses ungewöhnlichen Wunsches streckte ich meine Hand im Dunkeln aus. Manu ergriff sie und hielt sie fest.

„*Wenn du magst, dann können wir so einschlafen*“, schlug sie vor.

Ich war irritiert. Ich begriff nicht, was sie damit bezweckte. Aber ich musste überrascht feststellen, dass es alles andere als unangenehm war, im Dunkeln ihre Hand zu halten. Es war ein ganz merkwürdiges, fast „warmes“ Gefühl, das sich bei mir ausbreitete. Und es war doch eher angenehm.

Von diesem Tag an schliefen wir, wenn wir gemeinsam übernachteten, immer Hand in Hand ein. Nach und nach überwand ich meine Scheu vor der neuen Situation und es wurde schon so etwas wie ein abendliches „Ritual“.

Zum Führerschein

Meine Befürchtungen, dass wir uns jetzt durch Manus Umzug weniger sehen würden als vorher, erwiesen sich als unbegründet. Manu hatte sich dann eine Waschmaschine zugelegt und bestand sogar darauf, meine Wäsche zu waschen, da ich die Waschküche in unserem Studentenwohnheim ja nicht mitbenutzen konnte. Sie schleppte die Wäsche sogar von Zehlendorf nach Neukölln und in gewaschenem Zustand wieder zurück. Zwar erklärte ich ihr hundertmal, dass sie das nicht tun müsse, aber sie bestand darauf, das Waschen mache ihr nun einmal Spaß.

Der Sommer kam und mit ihm der Zeitpunkt, dass ich genügend gespart hatte, um endlich den heiß ersehnten Führerschein machen zu können. Natürlich wollte ich in erster Linie den Führerschein Klasse 3, also fürs Auto machen, aber andererseits träumte ich auch immer noch von einem Motorrad, aber hierfür benötigte ich die Klasse 1. Ich entschied mich jetzt, Nägel mit Köpfen zu machen und beide Führerscheine in einem Durchgang zu erwerben.

Ich begann, mich nach Fahrschulen umzuschauen, die in der Nähe meines Wohnortes waren. Gleich in der Nähe der Hochschule war auch eine, die überall in der Stadt Werbung machte. Ich ging hin und erkundigte mich nach deren Preisen. Die Frau am Empfang leierte ihr auswendig gelerntes Sprüchlein herunter, so schnell, dass man kaum mitbekam, was sie eigentlich im Einzelnen sagte. Dann fragte ich, wann denn die Fahrstunden stattfinden würden.

„*Das ist gar kein Problem*“, sabbelte sie weiter, „*Du reichst uns einfach deinen Stundenplan rein und dann finden wir schon was*“.

In gleichen Moment war diese Fahrschule für mich gestorben. Ich wusste, dass ich mit meinen fast 23 Jahren doch jünger aussah, als ich tatsächlich war, aber – vielleicht gerade deshalb – ich mochte es nicht, wie ein 15-jähriger Schuljunge behandelt zu werden! Denn erstens ging ich nicht mehr zu Schule und zweitens konnte ich es auf den Tod nicht ausstehen, einfach ungefragt geduzt zu werden.

In der zweiten Fahrschule hatte ich schon mehr Glück. Die Frau nahm sich ausreichend Zeit für eine umfassende Beratung, schrieb mir alle Gebühren, die auf mich zukamen, genau auf (vorausgesetzt, ich bestand die Prüfungen alle auf Anhieb) und hier hatte ich auch nicht das Gefühl, wie ein unmündiges Kind behandelt zu werden. Ich unterschrieb einen Vertrag.

Als ich aus der Fahrschule trat, hörte ich das stets unter die Haut gehende Quietschen von Bremsen eines

PKWs, kurz darauf einen dumpfen Schlag und ich sah einen roten Rock mit zwei Beinen dran durch die Luft segeln.

Ein PKW hatte die rote Ampel missachtet und auf dem Fußgängerübergang eine Frau erfasst und durch die Luft geschleudert. Mir ging es nicht anders als den übrigen Passanten: Entsetzt starrte ich auf den Unfallort und konnte kaum fassen, was ich soeben gesehen hatte. In diesem Augenblick überlegte ich ernsthaft, ob ich wieder kehrtmachen und den soeben abgeschlossenen Fahrschul-Vertrag annullieren sollte.

Ich tat es nicht. Aber ich hoffte inständig, dass mir so etwas – wenn ich erst Auto oder Motorrad selber fuhr – nie passieren möge!

Schon in der kommenden Woche sollte meine praktische Ausbildung beginnen. Man hatte mir gesagt, dass Herr Pfeiffer, mein Fahrlehrer, mich am Studentenwohnheim abholen würde, wenn ich davor an der Straße stand. Es kam, wie es kommen musste: Herr Pfeiffer fand mich nicht, weil er natürlich nach einer „Frau Schmidt" Ausschau hielt und nur einen jungen Mann am Straßenrand stehen sah.

Nachdem das Fahrschulauto zum verabredeten Zeitpunkt schon das vierte Mal in der Straße wendete und langsam am Wohnheim vorbeifuhr, war mit klar, dass das mein Fahrlehrer sein musste. Aber alle meine Versuche, ihn zu stoppen, scheiterten, weil der Fahrer stets abwinkte und den Kopf schüttelte. Schließlich wusste ich mir nicht mehr anders zu helfen und stellte mich mit ausgebreiteten Armen vor sein Auto, um ihn zum Anhalten zu zwingen.

Das „Missverständnis“ war dann schnell geklärt und mir war klar, dass ich heute Abend wieder einmal der Gesprächsstoff in einer Familie sein würde. Aber das war mir in dem Augenblick egal, Hauptsache, ich konnte erst einmal auf dem Fahrersitz Platz nehmen.

Ein Auto zu fahren war überhaupt nicht schwierig, stellte ich kurz darauf fest. Gut, ich musste noch ein Gefühl dafür bekommen, wann in die einzelnen Gänge geschaltet wird, aber das würde ich sicherlich in der Fahrschule auch noch lernen. Enttäuscht war ich hingegen, als ich das erste Mal das Motorrad sah: man hatte mir nur gesagt, dass die Fahrstunden auf einer 600er BMW erfolgen würden, nicht aber, dass es sich dabei gar nicht um eine Solo-Maschine handelte, sondern um ein Gespann (mit Beiwagen)! Darüber war ich nicht sehr erfreut, ich wollte schon auf einem „richtigen“ Motorrad, das auch mit Schräglage gelenkt wird, lernen!

„Kann man nicht vielleicht den Beiwagen irgendwie abschrauben?“, frage ich hoffnungsvoll.

„Wie stellen Sie sich das vor?? Das dauert mehrere Stunden, ich kann das unmöglich jedesmal an- und wieder abschrauben!“, erwiderte der Fahrlehrer. Es half nichts, ich musste mich damit abfinden, auf einem Motorrad mit Beiwagen zu lernen, die Verträge waren ja alle bereits unterschrieben.

Die Ausbildung ging zügig vonstatten. Mein Fahrlehrer war ein gelassener Mensch und griff wirklich nur dann ein, wenn es sich einmal nicht vermeiden ließ. Am meisten aber war ihm ein Dorn im Auge, dass er mich ab und zu erwischte, dass ich doch etwas schneller, als an der Stelle erlaubt, fuhr.

„Noch einmal und ich lasse Sie eine halbe Stunde durch den verkehrsberuhigten Bereich fahren!“, drohte er mir. Und ich war schlau genug, zu verstehen, dass er das ernst meinte.

Die theoretische Ausbildung hingegen machte mir gar keine Probleme, ich verstand auch nicht, wie man da denn alles falsch ankreuzen konnte, wenn man einmal die richtigen Antworten wusste.

Aber am besten gefielen mir natürlich die Stunden mit dem Motorrad, selbst wenn es ein Gespann war. Schnell hatte ich begriffen, wie die Sache mit den Schaltungen funktionierte, auch, wenn beim Motorrad alles genau umgekehrt war als beim Auto. Und nach sechs Wochen Ausbildung war es dann endlich so weit: Mein Fahrlehrer meldete mich zur Prüfung an.

Die Prüfstellen wurden im Losverfahren vergeben und ich bekam einen Termin am 30. August morgens um 8.00 Uhr in Berlin-Charlottenburg.

„Irgendwas wird bestimmt passieren“, jammerte ich Manu vor, *„ich weiß das genau! Weil wir doch übermorgen mit dem Auto in Urlaub fahren wollen*“.

„Nichts wird passieren, du wirst schon sehen“, versuchte Manu mich zu beruhigen. Wir hatten vorletzte Woche auf dem Gebrauchtwagenmarkt einen 12 Jahre alten Taunus für 500,- DM erworben, TÜV neu. Mit diesem Auto wollten wir in den Semesterferien zum Zelten nach Holland fahren, ans Meer.

„Und doch wird etwas schiefgehen“, unkte ich. *„Schließlich fallen fast 50 Prozent aller Bewerber beim ersten Mal durch die Prüfung. Wahrscheinlich hab ich ausgerechnet mitten in der Prüfung einen Auffahrunfall*

oder so was!". In Gedanken malte ich mir schon alle möglichen und unmöglichen Pannen aus, die einen während einer Prüfung treffen können.

Doch es half alles nichts, der 30. August nahte und ich fuhr mit meinem Fahrlehrer zur TÜV-Stelle, wo die Prüfung stattfand.

Mit sechs weiteren Bewerbern aus anderen Fahrschulen wurde ich erst in einen Raum geführt, in dem die theoretische Prüfung abgelegt werden sollte. Obwohl ich im Gegensatz zu den Anderen zwei verschiedene Fragebogen ausfüllen musste, weil es ja auch zwei Klassen waren, in denen ich geprüft wurde, gab ich meine Bögen als Erster ab und wartete dann draußen auf dem Flur.

Mein Fahrlehrer kam zehn Minuten später zu mir: „*Zwei Fehlerpunkte beim Motorrad-Fragebogen*" grinste er mich an. „*Was um alles in der Welt haben Sie denn da angekreuzt?*".

Ich zuckte mit den Schultern. Da zwei Fehlerpunkte durchaus im Rahmen des Akzeptablen waren, war es mir ehrlich gesagt auch vollkommen egal. Was jetzt kam, war viel aufregender: die beiden praktischen Prüfungen.

Zuerst die Prüfung in der Klasse 1, also Motorrad. Ich musste – wie in der Fahrschule geübt – auf dem Hof mit dem Gespann jede Menge Achten fahren und auch Gefahrenbremsungen machen, dann ging es noch eine Viertelstunde raus auf die Straße. Entgegen meinen Befürchtungen passierte gar nichts Unvorhergesehenes und als ich wieder auf den Hof vom TÜV einbog, meinte mein Fahrlehrer nur, Klasse 1 hätte ich nun schon bestanden, jetzt ginge es weiter mit dem Auto.

„Na, klasse", dachte ich bei mir, *„wahrscheinlich bestehe ich Klasse 1 und falle bei Klasse 3 jetzt durch"*. Aber ich sagte nichts und zwängte mich mit meiner Motorrad-Kluft ins Auto. Kaum hatte ich den Wagen gestartet, als auch schon die Tute losging, mit der angezeigt wird, dass der Fahrlehrer eingegriffen und auf seine Pedale getreten hat. Irritiert schaute ich mich um.

„Och, nicht drum kümmern", meinte Herr Pfeiffer achselzuckend, *„das Ding hat einen Wackelkontakt!"*. Das „Ding" sprang während der Prüfungsfahrt alle 5 Minuten an, bei jeder Unebenheit, über die ich fuhr, bis der Prüfer völlig genervt bat, es doch abzuschalten. Ziemlich verunsichert wegen dieser technischen Probleme tat ich doch mein Bestes und mein Blick klebte förmlich am Tachometer: nur nicht schneller fahren als erlaubt ...

Eine halbe Stunde später fuhren wir wieder auf den Hof, der Prüfer unterschrieb den Führerschein, gab ihn mir und meinte nur *„Herzlichen Glückwunsch!"*. Ich hatte bestanden – alle beiden Klassen! Ich konnte es gar nicht fassen: In dem Moment hätte ich die ganze Welt umarmen können.

Wir brachten die beiden Fahrzeuge zurück zur Fahrschule, dann verabschiedete ich mich von meinem Fahrlehrer und fuhr ins Studentenwohnheim. Alle Welt sollte heute erfahren, dass ich beide Prüfungen bestanden hatte und jetzt endlich, endlich auch fahren durfte! Alle Welt? Bei genauerem Überlegen fand sich nur eine einzige Person, die ich anrufen konnte und das war

Manu. Sonst kannte ich hier eigentlich niemanden näher.

Aber dieser Erfolg musste gefeiert werden, soviel stand fest. Wenn auch keiner zum Feiern gerade da war, so hinderte mich das nicht daran, trotzdem eine Flasche aufzumachen und mit mir selber anzustoßen. An diesem Tag leistete ich mir sogar eine Flasche Sekt, bevor ich den Vermouth öffnete ...

Urlaub in Holland im Zelt

Wir fuhren tatsächlich einen Tag später zusammen in Urlaub. Ziel war Holland, an der See wollten wir zelten und Urlaub machen. Wir hatten ein Zweimannzelt dabei, na ja, als Studenten verfügten wir nicht gerade über viel Bargeld. Nach Holland war es weit und da wir fast direkt an Düsseldorf vorbei kamen, nutzten wir die Gelegenheit und fuhren bei meinen Eltern vorbei. Dort konnten wir dann eine Nacht übernachten, bevor es weiterging und zudem noch einiges an Campingzubehör wie Stühle oder so uns ausleihen. Außerdem wollte ich meine Eltern damit überraschen, dass ich nun einen Führerschein besaß. Wo mir meine Mutter doch nie etwas zutraute. Ich wollte einfach nur mal zeigen, dass ich durchaus auch alleine etwas auf die Reihe bekam.

Allerdings hätte ich mir denken können, dass es ein himmelweiter Unterschied für meine Mutter war, ob sie am Steuer saß oder ich. Von nun an war es so, dass sie stets, wenn sie auf dem Beifahrersitz saß, natürlich alles besser wusste und von dort direkte Anweisungen gab, wann man zu bremsen, zu schalten oder den Fahrstreifen zu wechseln hatte. Mit Worten und wie schon immer auch mit Gesten machte sie genaue Vorschriften, was man wann zu tun hatte. Weil ja ihrer Meinung nach alle Anderen außer sie selber zu dämlich zum Autofahren waren. Dabei machte sie selbst die haarsträubendsten Fehler beim Fahren – aber das durfte ja niemand sagen oder gar bemängeln. Dann wäre die Hölle los gewesen.

Heilfroh, dass wir gleich darauf wieder einen Abgang machen konnten, fuhren Manu und ich weiter an die Nordsee. Es war trotz der beengten Verhältnisse in dem winzigen Zelt eine recht schöne Zeit. Vor allem, da wir uns unterwegs Orte zum campen aussuchten, die nicht vom Tourismus überschwemmt waren. Manchmal waren wir ganz alleine auf einem Campingplatz.

Zugegeben, die Abende waren reichlich kurz, weil wir auch keine Lampen oder so etwas hatten; wenn es dunkel wurde, blieb uns gar nichts anderes übrig, als in den Schlafsack zu schlüpfen, aber trotzdem war es irgendwie gemütlich.

Viel zu schnell waren die zwei Wochen Urlaub um und es hieß wieder zurück nach Berlin. Noch in Holland jedoch verreckte uns das Getriebe unseres alten Vehikels. Es ließ sich kein Gang mehr einlegen außer dem Vierten. Ausschließlich im vierten Gang fuhren wir zunächst einmal nach Düsseldorf zurück. Dort mussten wir ja die geliehenen Sachen wieder abliefern. Meinen Eltern war es absolut nicht recht, dass wir mit diesem alten, kaputten Auto noch weiter nach Berlin fahren wollten, zumal durch die Transitstrecke der DDR, aber wir ließen uns davon nicht abbringen. Wo bitte steht denn geschrieben, dass ein Auto auch über mehrere Gänge verfügen muss? Mein Vater meinte zu uns noch trocken, mit dem Ding würde er nicht mal rückwärts bis zur Bäckerei fahren (die im selben Haus untergebracht war), aber wir hatten da weniger Bedenken, wir waren jung und voller Tatendrang, da war uns das alles nicht so wichtig. Jedoch bestanden meine Eltern darauf, dass wenigstens ein gebrauchtes anderes Getriebe eingebaut wurde. Sie übernahmen sogar die Kosten dafür in Höhe von mehreren Hundert DM. Das hat mich ja doch gewundert.

Auf Wohnungssuche

Wieder zurück in Berlin begann der Alltag wieder. Unter Alltag fiel bei mir auch der Aufenthalt in diesem Studentenwohnheim, der sich zunehmend immer schwieriger gestaltete. Meine Mitbewohner ließen mich inzwischen gar nicht mehr in die Küche, die sie voll in Beschlag genommen hatten, und somit auch nicht mehr an den Kühlschrank. Ich hatte eigentlich nur noch die 8 qm im eigenen Zimmer zur Verfügung. Ich beschloss, mich nach einer anderen Unterkunft umzusehen.

Dies war jedoch alles andere als einfach. Für Studenten sowieso, da diese ja über wenig Geld verfügten. Aber mir war schon klar, dass es für mich besonders schwierig werden würde. Sah ich doch optisch anders aus, als man von einer Frau in meinem Alter erwartete. Wie also sollte ich es schaffen, eine kleine, eigene, bezahlbare Wohnung zu bekommen? Zumal ich auch keinerlei Rücklagen hatte, die ich als Kaution oder Ablösung einsetzen konnte, was zu dieser Zeit gang und gäbe war. Ich versuchte es trotzdem.

Die Angebote, die ich bekam, spotteten zum Teil jeder Beschreibung. So inserierte ein „Vermieter“ einen Wohnraum an der Heidelberger Straße, direkt die Mauer vor der Tür. Dieser „Wohnraum“ entpuppte sich als fensterloser Kellerraum ohne Gas-, Strom- oder Wasseranschluss. Dafür kalkweiße Wände mit unzähligen freiliegenden Rohren, die durch den Keller liefen. Keine Heizung, nichts. Und dafür wollte er noch 400 DM im Monat haben! Das war eine Frechheit, fand ich, aber die Wohnungsmarktlage war dermaßen angespannt in den 80er Jahren, dass sogar versucht wurde, Garagen und Kellerräume als Wohnraum zu vermieten.

In einem anderen Fall war jemand bereit, ein Zimmer in seiner Wohnung günstig zur Verfügung zu stellen, wenn ich dafür seine Betreuung 24 Std. am Tag übernehmen würde. Abwesenheitszeiten aus der Wohnung müssten natürlich stets vorher abgesprochen werden, schließlich sei er schwer pflegebedürftig. Als ich am Telefon erwiderte, ich würde gar keinen Job suchen, sondern nur eine Wohnung, wurde er ausfallend, beschimpfte mich und knallte dann den Hörer auf die Gabel.

In der Tat war es nicht einfach, bezahlbaren Wohnraum zu finden. Dafür fand ich – eher durch Zufall – einen Job. Jemand, der nach einer Schädigung der Wirbelsäule nicht mehr seinen Kopf wenden und damit auch nicht mehr Auto fahren konnte, suchte jemanden als Fahrer. Genauer gesagt: unbedingt eine weibliche

Person. Warum – ich hatte keine Ahnung, aber ich stellte mich mal vor.

Mehrmals versicherte ich ihm, dass ich wirklich weiblichen Geschlechts war, bis er mir das allmählich auch glaubte. Offenbar hatte sich auch niemand anderer bei ihm gemeldet, also bekam ich den Job. Er stellte das Auto und fortan fuhr ich als Chauffeur den Herrn durch halb Lichtenrade, wo er wohnte. Das machte ich gerne, Auto fahren, das machte mir Spaß. Das einzige, was mich daran störte, war, dass Auto fahren und Alkohol nun einmal nicht zusammen passten. Beides trennte ich strikt voneinander, ich habe niemals betrunken ein Auto gesteuert, so seltsam das vielleicht jetzt auch klingen mag.

Mein Führerschein war mir teuer genug, um ihn nicht leichtfertig aufs Spiel zu setzen. Zudem hatte ich keinerlei Interesse, daran Schuld zu sein, dass jemand womöglich zu Schaden kam. Auch konnte ich absolut nicht nachvollziehen, dass Andere es fertig brachten, nach dem Genuss von Alkohol noch selber zu fahren. Sogar Manu fuhr nach einem Bier noch Auto, wofür ich dann absolut kein Verständnis hatte. Dabei merkte ich überhaupt nicht, dass ich mir mit meiner Einstellung eine Art „Sicherheit" für meinen Führerschein einbaute. Da ich es längst nicht mehr in der Hand hatte, mit dem Trinken aufzuhören, wenn ich einmal angefangen hatte, war es für mich wirklich das Beste, das Fahren und den Alkohol strikt voneinander zu trennen.

Nähe zulassen?

Die Beziehung zu Manu war, seitdem wir zusammen unseren Urlaub verbrachten, eher enger geworden. Und noch etwas hatte sich verändert: wir schliefen nun seit kurzem zusammen in einem Bett, nicht mehr im 90-Grad-Winkel zueinander, wenn wir gemeinsam übernachteten. War zwar etwas eng, wie ich fand, aber auch nicht gerade unangenehm.

Eines Abends, als wir im Bett lagen, fing Manu plötzlich an, mich zu streicheln. Ich erstarrte schier. Das war etwas, womit ich nun überhaupt nicht gerechnet hatte. Nicht, dass es mir sehr unangenehm gewesen wäre – aber ich hatte in/seit meiner Kindheit nun einmal gelernt und erfahren, dass Nähe stets auch Gefahr für mich bedeutete! Dementsprechend gingen bei mir sämtliche inneren Alarmsirenen natürlich auf rot.

„Ich traue mich nicht“, flüsterte Manu und hielt inne. *„Ich mich schon gleich gar nicht“*, dachte ich bei mir und versteifte mich noch mehr, falls das überhaupt noch möglich war. Aber Manu überwand ihre Scheu und machte einfach weiter. Zu diesem Zeitpunkt konnte ich noch nicht darauf reagieren, aber ich machte immerhin an diesem Abend die Erfahrung, dass Nähe keineswegs immer Gefahr bedeuten muss, sondern auch angenehm sein kann.

Allerdings musste ich mir aufgrund dieses Erlebnisses selber noch einmal die Frage stellen, ob es sein konnte, dass ich vielleicht doch lesbisch wäre. Dies würde zumindest erklären, warum ich nicht wie Andere in meinem Alter laufend Männerbekanntschaften hatte. Aber diesen Gedanken verwarf ich bald wieder, denn ich sah das mit Manu eher als eine Ausnahmesituation an. Jedenfalls war es bei mir keineswegs so, dass ich auf Frauen irgendwie gestanden hätte. Eher wurde mir klar, dass ich ganz unbewusst jegliche Art von aufkeimender Sexualität, so gut es halt ging, unterdrückte. Ich konnte irgendwie *gar nicht* mit Sexualität umgehen.

Die Nähe zu Manu veränderte einiges in meinem Leben. Ich teilte innerlich meine Empfindungen in mehrere verschiedene Stufen ein: Das Zusammensein an sich hatte eine untergeordnete Bedeutung als das Berühren z.B. durch Halten der Hand; dies war eine Steigerung. Das Schönste jedoch war das gemeinsame Erleben von Sexualität, wobei ich jedoch stets die Rolle des Mannes übernahm. Zwar konnte ich Manu nur mit der Hand befriedigen, aber mir reichte das erst mal. Hauptsache, ich musste NICHT die Rolle der Frau übernehmen.

Doch Manu versuchte, mich dazu zu überreden, auch einmal die Rolle der Frau zu übernehmen. Sie verstand überhaupt nicht, dass ich das gar nicht wollte. Schon der Gedanke, irgendetwas da unten einzuführen, schreckte mich ab. Es war so typisch weiblich, damit wollte ich absolut nichts zu tun haben! Außerdem würde es mir nur noch mehr bewusst machen, dass ich weibliche Geschlechtsorgane hatte – und diese waren mir sowieso verhasst, da eben weiblich.

Da ich Manu nicht wie ein Mann befriedigen konnte, suchten wir nach einer Lösung für unser Problem. Nach Hilfsmitteln, die mir ermöglichen könnten, wie ein Mann zu agieren. Wir wussten, dass es sowas gab. Allerdings nur in einschlägigen Sex-Shops und weder Manu noch ich trauten uns da rein. Dabei wollten wir erst mal nur einen sogenannten Katalog besorgen, um mal zu schauen, was es denn so für Hilfsmittel gibt. Im Einkaufszentrum Zehlendorf gab es einen solchen Sex-Shop, im Untergeschoss, das hatten wir schon mal gesehen. Also fuhren wir in die Stadtmitte.

Eine geschlagene Stunde standen wir dem Eingang gegenüber und keiner von uns traute sich hinein. Manu meinte, das wäre für mich einfacher, wo ich doch sowieso wie ein Mann aussehen würde und ausschließlich Männer solche Shops aufsuchen würden, aber sie hatte nicht mit meinem geringen Selbstwertgefühl gerechnet. Der Besuch von Sexshops war bis jetzt bei meinen heimlichen Trainingseinheiten zur Stärkung des Selbstwertgefühls noch nicht vorgekommen.

Schließlich, nach langer, langer Zeit fasste sich Manu dann doch ein Herz, ging in den Laden rein und kam mit einem Katalog wieder raus. Ich bewunderte sie dafür heimlich. Ich würde ja heute noch davor stehen …

Zu Hause angekommen studierten wir gemeinsam diesen Katalog. Wir staunten, was es da so alles gab. Auch für unser „Problem“ gab es mehrere Lösungen, allerdings waren diese nicht gerade billig. Es war ganz erstaunlich, wie man offenbar mit Plastik-Artikeln Geld verdienen konnte, wenn man sie nur als Sex-Artikel anpries. Und die Beschreibungen dazu – ehrlich gesagt glaubte ich kein Wort von dem, was da stand. Vor allem nicht diese Zitate aus angeblichen Kundenzuschriften.

Wir entschieden uns für eine Gummihose, an der ein Kunstpenis angebracht war. Mit dieser Hose, hieß es, könnte eine weibliche Person die männliche Rolle übernehmen. Auch, wenn sie selber natürlich nichts davon hatte, das war mir schon klar, aber darum ging es mir ja auch gar nicht. Allerdings gab es diese Hose in der preisgünstigeren Version nur ausschließlich in schwarz, aber es hätte auch grün oder türkis sein können – die Farbe war uns eigentlich völlig egal.

Wenigstens konnte man alles neutral bestellen, so dass kein Absender auf dem Paket stand, falls Nachbarn es in die Hand bekamen. Wir bestellten so ein Ding also und warteten ab.

Etwa eine Woche später kam ein Päckchen ins Haus. Es enthielt die bestellte Hose und noch etliche weitere Werbezettel. Gleich am selben Abend wollten wir das natürlich ausprobieren. Ich zog die Hose an. Das heißt, ich versuchte es. Aber da besagte Hose sehr eng und ausgerechnet aus Gummi war, ich aber über ziemlich viele Haare an den Beinen verfüge, hatte ich so meine Probleme damit. Die Haare verfingen sich ständig in dem Gummi, so dass ich die Hose kaum hoch bekam, weil andauernd irgendetwas eingeklemmt war. Es tat schlicht und einfach weh, diese Hose anzuziehen.

Irgendwann hatte ich es aber dann doch geschafft. Zugegeben, es sah ziemlich bescheuert aus, aber ich wollte ja auch auf keine Modenschau damit. Zudem entpuppte sich der Kunstpenis als ziemlich dick, so dass Manu Probleme hatte, ihn einzuführen. Irgendwie entfaltete sich alles als viel schwieriger, als wir dachten. Und als ich dann mal pinkeln musste, hatte ich ein wirkliches Problem: ich bekam diese blöde Hose nicht mehr runter ...

Wir hatten uns das irgendwie einfacher vorgestellt, als es in Wirklichkeit war. Aber wenn man die komische Hose von dem Plastikstück abschnitt, dann konnte man wenigstens den schwarzen Kunstpenis einigermaßen verwenden, fanden wir.

Neue „alte" Probleme

Das dritte Semester neigte sich dem Ende zu und damit auch das Grundstudium. Es gab ein paar Prüfungen, die aber nicht sonderlich schwierig waren und dann befanden wir uns auf einmal im sogenannten Hauptstudium. Aus *„allgemeiner Medizin"* wurde *Psychiatrie* und diverse Gesetzesbücher wie z.B. das Sozialhilfe-Gesetz waren fortan unsere ständigen Begleiter. Dazu kamen mehrwöchige Praktika in verschiedenen Einrichtungen – und ich hatte wieder einmal neue Probleme. D.h. „neu" waren sie keineswegs, es waren die altbekannten Probleme, aber ich hätte wirklich gerne auf sie verzichtet!

War ich in der Hochschule inzwischen zumindest in unserem Semester recht gut bekannt, so traf ich nun auf andere Personengruppen, die zum Beispiel am ersten Tag eine Frau erwarteten. Die Reaktionen nach versuchter Klärung der Situation reichten von *„Ich glaube, Sie sind hier falsch!"* bis *„Aha – verstehe!"*.

Nichts verstanden sie, rein gar nichts, aber es redete niemand darüber. Zumindest mit mir nicht. Hinter vorgehaltener Hand vermutlich schon.

Auch hier versuchte ich, möglichst zu vermeiden, tagsüber eine Toilette aufzusuchen, was mitunter recht schwierig und, wenn ich die mir hochgradig verhassten Tage hatte, schier unmöglich war. So sorgte ich manchmal mehrmals am Tag bei etlichen Leuten für reichlich Gesprächsstoff zu Hause („*Stell dir mal vor, bei uns arbeitet einer, der geht auf die Damentoilette!*"). Es kotzte mich schon ziemlich an. Warum musste alles immer so furchtbar schwierig sein für mich? Andere hatten doch auch keine Probleme damit! Aber was ich auch anstellte, ich kam ständig in die Zwickmühle, entweder jemanden vor, im oder auf dem Klo zu treffen, der mein Geschlecht kannte (wie sollte ich das erklären, wenn ich von vorneherein auf das Männerklo ging?) oder auf der „richtigen" Toilette zu sein und fremde Frauen dort anzutreffen, die darauf dann reagierten, einen vermeintlichen Mann zu sehen. Ich fing allmählich an, auch den Toilettengang an sich regelrecht zu hassen.

Einmal, auf dem Weg nach Hause, musste ich so dringend auf die Toilette, dass ich es nicht mehr ausgehalten habe. Ich verließ die U-Bahn zwei Stationen früher, weil ich wusste, dass dort ein Schild „WC" hing. Hier kannte mich (hoffentlich) niemand und ich raste mit letzter Kraft auf das Männerpissoir – da traf mich dort der Schlag: Ein einzelner Raum, ringsum eine Pinkelrinne – sonst nichts! Keine Tür, keine Toilette, nur diese Pinkelrinne. An der standen mehrere Männer und glotzen mich bloß stumm an, weil ich regungslos in der Mitte stehen blieb. Und der Druck auf meine Blase war so stark, dass mir schier schon die Tränen in die Augen schossen.

Erfreulich waren im Gegensatz zu den täglichen Kämpfen um den Zutritt zu einer Toilette die Stunden, die ich mit Manu zusammen verbrachte. Zum ersten Mal genoss ich es, mit jemandem zusammen zu sein. Das irritierte mich anfangs, ich war es gewohnt, stets alles alleine zu machen, aber ich musste feststellen, dass es viel schöner war, nicht *alles* alleine machen zu müssen.

Das Studium an sich fiel mir nicht schwer, ich kam mühelos mit und machte alle Scheine, die man pro Semester benötigte. Manu und ich hatten jetzt viele Seminare zusammen und manchmal entschlossen wir uns auch, das ein oder andere Seminar zu schwänzen und stattdessen lieber in die Mensa zu gehen oder ähnliches. Mitunter war dies auch ziemlich frustrierend für die Dozenten, wenn auch nicht von uns beabsichtigt. So kamen wir eines Tages eh schon zu spät zum Psychologie-Seminar, das uns aber inhaltlich zur Zeit eh nicht gerade vom Hocker riss bei dieser Dozentin. Und während der eine, am Seminarraum angekommen, schon die Tür aufriss, meinte der andere von uns: *„Oder sollen wir doch lieber in die Mensa gehen?“* – Klapp, Tür wieder zu und weg waren wir. Das war natürlich alles im gesamten Seminarraum zu hören, wie wir anschließend noch lachend feststellten.

Trotzdem musste man natürlich darauf achten, nicht zu oft abwesend zu sein, zumal einige Dozenten darauf sehr verärgert reagierten und einem anschließend das

Abtestat[5] verweigerten. Wenn das passierte, musste man das gesamte Seminar wiederholen und darauf waren wir weniger erpicht.

Unsere Beziehung zueinander intensivierte sich in dieser Zeit mehr und mehr. Oft fuhr ich zu Manu in ihre Wohnung und übernachtete auch dort, da ich mich bei mir im Studentenwohnheim ja kaum noch aufhalten konnte. Und eines Tages gelang es mir sogar, eine bezahlbare Wohnung zu finden. Sie lag im gleichen Bezirk wie das Wohnheim, nur wesentlich näher zur Hochschule, man konnte zu Fuß sogar ins Stadtzentrum laufen. Es war eine 1-Zimmer-Wohnung für bezahlbare Miete. Allerdings benötigte man dafür einen Wohnberechtigungsschein, den ich mir aber schon längst besorgt hatte, da ich als Student Anspruch auf einen solchen Schein hatte.

Kleine „Verkleidung“

Jetzt musste ich nur noch das Kunststück fertig bringen, die Wohnung bei den vielen Mitbewerbern auch zu bekommen. Dass dies nicht gerade einfach werden würde, war mir schon klar. Welcher Vermieter würde mir, einer jungen Studentin, die aussah wie ein Mann, schon eine Wohnung vermieten? Aber ich wollte sie unbedingt

---

(5) Zu Beginn eines Seminars wurde von jedem Dozenten in ein Heft ein Antestat und zum Ende des Seminars ein Abtestat eingetragen, das bescheinigen sollte, das der Student, dem das Heft gehörte, die vorgeschriebenen Seminare auch besucht hatte.

haben, sie war regelrecht wie für mich gemacht. Dazu musste man natürlich bei der Vermieterin persönlich vorsprechen.

Ich sprach mit Manu darüber. „*Du musst dich einfach nur femininer kleiden!*“, meinte sie.

„*Wie jetzt – ich soll mir einen Rock anziehen?!*“ Dieser Vorschlag erschien mir regelrecht absurd.

„*Nein, das nicht gerade“*, erwiderte Manu, „*ich meine nur, du solltest dir vielleicht eine Handtasche besorgen oder so. Und eine enge Bluse anziehen, damit man sieht, dass du Brust hast. Und diese vielleicht einmal NICHT abbinden!*“

Ich schluckte. Aber im Grunde hatte sie recht. Ich konnte ja unmöglich als Mann durchgehen, da alle meine Papiere auf einen weiblichen Namen ausgestellt waren. Aber vielleicht konnte ich doch einmal ausnahmsweise als Frau auftreten, wenn auch der kurze Haarschnitt jetzt nicht so passte. Es war ja nur für ein einziges Mal.

Manu lieh mir eine Handtasche und andere weibliche Accessoires aus. Ich kam mir wieder vor, als wenn ich zum Karneval ginge.

„*Mach auch mal kleinere Schritte, keine Frau läuft so wie du!*“, forderte Manu. Wünsche hatte sie! Wenn sie dachte, dass ich jetzt auch noch Schuhe mit Absatz anziehen würde, dann hätte sie sich aber getäuscht – so weit würde ich niemals gehen!

Aber darauf bestand sie nicht, zumal sie auch nicht wie ich Schuhgröße 43 hatte. Manu stattete mich, soweit es halt ging, halbwegs als Frau aus. Ich sah dann zwar immer noch nicht gerade „weiblich“ aus, aber bei genauerem Hinsehen konnte man zumindest erahnen, dass da auch kein Mann im Outfit steckte. So ausgestattet machte ich mich auf den Weg zu der Vermieterin.

Besagte Vermieterin entpuppte sich dann zu meinem Schrecken als ein regelrechter „Hausdrachen". Eine nur keifende und über alles schimpfende, alte Frau, der nicht einmal das Haus gehörte, sondern die nur die Verwaltung für ihre Freundin machte, die in Hamburg im Villenviertel wohnte und offenbar nur viel Geld scheffeln wollte. Am meisten legte sie Wert auf genügsame Mieter, die keinerlei Forderungen stellten, wie ich schnell mitbekam. Ich war der letzte Bewerber auf ihrer Liste – alle Vorherigen hatte sie schon gestrichen, weil sie nicht ihren „Ansprüchen" genügten, wie sie mir dann erzählte.

Ich disponierte schnell um, weil ich unbedingt diese kleine Wohnung haben wollte. Ich schilderte ihr ausführlich meine Situation im Studentenwohnheim (konnte jetzt auch nicht schaden, hier noch ein wenig zu übertreiben), lamentierte, wie schwierig zurzeit gerade für Studenten die Situation am Wohnungsmarkt sei und klagte im Allgemeinen darüber, dass manche Mieter ja wegen jeder Kleinigkeit gleich irgendwelche Gerichte beschäftigen würden, wie unmöglich ich das fände und so weiter. Nach einer guten Stunde hatte ich sie überzeugt, dass ich der gewünschte Mieter sei – oder besser: Mieterin. Kaum wieder zu Hause, zog ich meine „Verkleidung" wieder aus. Ich war heilfroh, nicht ständig so rumlaufen zu müssen!

Viele persönliche Dinge besaß ich nicht, viel passte ja auch nicht in das winzige Zimmer im Studentenwohnheim, also mietete ich mir einen Pritschenwagen bei einer günstigen Autovermietung und mit Manus Hilfe schaffte ich meine paar Sächelchen in Tüten und Kartons in die neue Wohnung. Eine Fuhre mit dem kleinen Pritschenwagen reichte da vollkommen aus.

Leer sah es in der neuen Wohnung aus. Sehr leer, da es nicht einmal einen Stuhl oder Schrank gab. Lediglich ein Hochbett war eingebaut, für das ich auch noch eine Abstandszahlung von 400 DM leisten musste. Zudem die zu hinterlegende Kaution in Höhe von 3 Monatsmieten – jetzt war ich erst mal pleite und hatte kein Geld mehr für Möbel.

Von meinem BAföG konnte ich keine großen Sprünge machen, soviel stand schon einmal fest. Also rief ich meine Eltern an und fragte nach, ob sie mir vielleicht wegen ein paar Möbeln behilflich sein könnten. Eigentlich hatte ich ja gehofft, sie würden etwas Geld rüberschieben, aber Mutter war der Meinung, dass die alten Möbel aus meinem Jugendzimmer von damals ausreichen würden und sie würden sich ein Transportfahrzeug suchen und diese Möbel nach Berlin bringen. Zähneknirschend gab ich nach. Lieber alte Möbel als gar keine.

Aber das Schönste war: endlich ein eigenes Reich! Keiner mehr, der einem sagte, was man zu tun oder zu lassen hatte, keinen Streit mehr um Telefonrechnungen, Küchenbenutzung etc. Niemand, der sich einmischen konnte, man konnte einfach die Tür hinter sich zumachen und basta: Welche Freiheit! Für 30 DM erstand ich noch einen gebrauchten Kühlschrank und für 70 DM eine kleine Waschmaschine, sogenannte „weiße Ware“, die mir dann auch für wenig Geld geliefert wurden.

Meine Eltern kamen in der nächsten Woche tatsächlich wie angekündigt und brachten meine alten Möbel. Natürlich konnte ich diese nicht so hinstellen, wie ich es gerne gehabt hätte: wo was hinkam, das entschied alles alleine meine Mutter, aber es war mir egal: wenn sie weg war, konnte ich ja alles umstellen! Ja, die Wohnung war winzig, die Küche beispielsweise so klein, dass da nicht 2 Personen gleichzeitig hineingepasst hätten. Aber egal – es war *mein* Reich, mein eigenes und bislang auch das größte, das ich jemals zur Verfügung hatte.

Auch Manu fühlte sich bei mir jetzt wohl. Das war eine Erleichterung, so konnten wir mal bei ihr, mal bei mir zusammen übernachten, je nachdem, in welchem Stadtteil wir uns gerade aufhielten. Wir übernachteten gemeinsam, wann immer sich die Gelegenheit dazu bot.

Hauptstudium

Die Koordinierungsveranstaltung im Herbst für das vierte Semester, den Beginn unseres Hauptstudiums, lag gerade einmal drei Tage hinter uns, als ich Post vom BAföG-Amt erhielt: Meine Schwester hatte ihre Ausbildung nun beendet und deshalb wurde mir das BAföG gestrichen. Ich hatte keine Ahnung, was das Eine mit dem Anderen zu tun haben sollte, aber Tatsache war, dass ich nun kein BAföG, keine Förderung, mehr erhielt. Hätte ich das nur drei Tage vorher gewusst, hätte ich die Seminare so legen können, dass mindestens ein freier Tag dabei rausgesprungen wäre, an dem ich einen Job hätte annehmen können – aber so blieb eigentlich jetzt nur noch die Möglichkeit, sonntags oder nachts einen Job zu suchen. Jetzt war guter Rat teuer, denn ohne Geld konnte auch ich nicht existieren.

Ich suchte und fand einen Job: nachts die Tageszeitungen austragen. Für 5,75 DM pro Stunde (Nacht- und Sonntagszulage schon eingerechnet) trug ich fortan nachts Zeitungen aus, als sogenannter „Springer", d.h. als schneller Ersatz, falls sich jemand der fest angestellten Austräger kurzfristig krank meldete.

Dies bedeutete aber auch, dass ich keine feste Tour, sondern immer wieder eine andere Tour zugeteilt bekam. Straßen, die ich nicht kannte, Häuser, in denen ich noch nie war, eine unmögliche und teilweise sogar falsche Hausnummerierung trieben mich manchmal schier zur Verzweiflung. Eigentlich sollten alle Zeitungen bis sechs Uhr früh zugestellt sein, aber weil ich die jeweiligen Touren oftmals erst mühsam zusammenstellen musste, wurde ich meistens erst gegen acht Uhr fertig.

Wenn sich Empfänger beschwerten, weil ihre Zeitung zu spät oder beschädigt ankam, dann fand ich für jede Beschwerde in der nächsten Nacht einen rosa Zettel vor. Dieser besagte, dass mir die Kosten für die betreffende Zeitung vom Aushilfslohn wieder abgezogen wurden. Besonders fies fand ich es, wenn es regnete und die Empfänger sich beschwerten, dass die Zeitung stellenweise nass war – als wenn ich für den Regen etwas gekonnt hätte! Abgezogen wurde mir der Preis eines Exemplars bei Beschwerde trotzdem.

Einmal, bei Schnee im Winter, verlor ich sogar noch einen Handschuh nachts – was im Endeffekt bedeutete, dass ich zu guter Letzt sogar noch drauf gezahlt hatte, als ich neue Handschuhe kaufen musste.

„Mensch, wirf den ganzen Mist doch einfach in die nächste Mülltonne!“, riet mir Manu einmal, *„und dann gehe einfach wieder nach Hause. Merkt doch kein Mensch!“* Von wegen – die Beschwerden würden sich am nächsten Tag stapeln und zudem fuhr der Chef jede Nacht mit seinem Käfer hinter allen her, um zu sehen, ob sie auch schnell genug rannten…

Das war schon eine harte Zeit: da ich nachts zwischen Mitternacht und zwei Uhr raus musste – je nach Entfernung des Einsatzortes -, aber irgendwann ja auch einmal schlafen musste, sah ich mich gezwungen, spätestens um 20.00 Uhr ins Bett zu gehen, damit ich nachts bei den Zeitungs-Abwurfstellen antraben konnte. Nur schlief ich einfach nicht um 20.00 Uhr ein, ganz gleich, wie viele Schafe ich auch zählte. Für Manu war diese Zeit auch belastend, denn sie hatte natürlich keine Lust, so früh ins Bett zu gehen und blieb noch stundenlang auf. Kam ich gegen 8 Uhr morgens von meiner Zeitungstour zurück, dann hätte ich eigentlich schon im ersten Früh-Seminar sitzen müssen.

Eine Erleichterung der Situation kam erst, als die ersten Block-Praktika im Studium vorgesehen waren. Zwei dieser Praktika mussten absolviert werden, jeweils 3 Monate am Stück und diese wurden sogar bezahlt. Gut, 300 DM im Monat waren nicht die Welt, aber immerhin musste ich dann nicht jede Nacht durch die Dunkelheit rennen und wieder Zeitungen verteilen.

Die Block-Praktika:

Im Jugendamt

Mein erstes Blockpraktikum verbrachte ich in einem Jugendamt, für das zweite war der Einsatz im Sozialdienst eines Krankenhauses vorgesehen. Die Plätze in den Praktika wurden im Losverfahren verteilt und ich hatte halt Jugendamt und Krankenhaus gezogen. Den Einsatz im Jugendamt empfand ich ziemlich langweilig. Meistens musste man dort Familienmitglieder aufsuchen, die sich in Scheidung befanden und in dem Bezirk wohnten und – sofern es um Fragen des Sorgerechtes für die Kinder ging - für die Gerichte einen Bericht dann fertigen, in dem sich zu dem Sorgerecht geäußert wurde. Allerdings fielen sämtliche Berichte dort positiv aus, denn man hätte schon Zeuge von Kindesvernachlässigung werden müssen, um anders zu urteilen. Da aber alle Beteiligten stets ihre Schokoladenseite zeigten, wenn jemand „vom Amt" kam, lauteten nahezu sämtliche Berichte gleich.

Interessanter war da schon die Betreuung von Alleinerziehenden, die von sich aus um Unterstützung für die Kinder gebeten hatten. Dort ging man mindestens einmal die Woche hin und schaute nach dem Rechten. Manche waren da echt ziemlich schräg drauf, obwohl das Jugendamt in einem sogenannten „gut bürgerlichen" Bezirk lag. In anderen Bezirken wie z.B. Kreuzberg oder Neukölln soll es um einiges turbulenter zugegangen sein, hieß es.

Einmal war ich bei einer jungen Mutter, die zwei Kleinkinder, die noch nicht laufen konnten, bei sich hatte. In der Mitte ihres Fußbodens befand sich allerdings ein nicht gerade kleines Loch, in das meiner Meinung nach durchaus ein Kleinkind hätte hineinfallen können. Dieses Loch deckte die Mutter mit einem alten, stinkenden Putzlappen nur notdürftig ab.

„*Oh, möchten Sie vielleicht einen Kaffee?*“, fragte mich die Mutter gleich nach der Ankunft. Erfreut nickte ich: ein nettes Angebot und Kaffee trank ich schon immer gerne.

Daraufhin nahm die Mutter eine benutze Tasse, den Putzlappen, der das Loch im Boden abdeckte und wischte die Tasse mit diesem Putzlappen aus. Er hinterließ schwarze, undefinierbare Schlieren, wie ich feststellen konnte, als sie mir die Tasse hinstellte. Dann füllte sie dort den Kaffee ein.

Das war bei weitem nicht das Ekeligste, was ich gesehen habe, aber es gab mir einen ersten Einblick in die Lebensweise anderer Personen, die mir bisher fremd war. Offenbar war vieles, das unsereins als selbstverständlich voraussetzte, bei anderen Leuten ganz und gar nicht selbstverständlich. Übrigens, den Kaffee dort hatte ich dann nicht getrunken, dazu konnte ich mich dann doch nicht überwinden.

Überhaupt stellte ich langsam fest, dass die im Studium uns geschilderten Fälle über Familien, in denen sich die Sozialarbeiter praktisch die Klinke in die Hand gaben, keineswegs allesamt erfunden waren, wie ich zunächst vermutete. Es gab sie tatsächlich, diese Familien, wo der Vater kriminell war, die Mutter Alkoholikerin, die Kinder behindert, neurotisch oder gar psychotisch und so weiter. Die ihre Miete nicht bezahlen wollten oder konnten, die Kinder nicht versorgten und alles Geld ausschließlich in Alkohol umsetzten. Allerdings traf bei weitem nicht bei allen Familien alles auf einmal zu, die meisten hatten „nur“ ein oder zwei Probleme, bei denen sie Hilfe benötigten. Man versuchte, zu helfen, so gut es ging, obwohl bei vielen Personen von vorne herein schon klar zu sein schien, dass das alles vergebliche Liebesmüh‘ war. Bei einigen Leuten hatte man auch schon den Eindruck, dass sie es „toll“ fanden, dass sich ‘mal irgendjemand um sie kümmerte. Offenbar hatten sie sonst niemanden, der ihnen etwas Aufmerksamkeit schenkte. Ich fand das ziemlich traurig.

Im Krankenhaus

Das zweite Blockpraktikum, das sich an das Jugendamt anschloss, war das Praktikum im Sozialdienst eines Krankenhauses. Erst wusste ich eigentlich selber gar nicht, wofür im Krankenhaus denn ein Sozialarbeiter gebraucht würde. Aber schnell stellte sich heraus, dass dort ziemlich viel Arbeit anfiel. Zunächst musste man sich um sämtliche Patienten kümmern, die eine sogenannte Anschlussheilbehandlung verordnet bekamen. Irgendwer musste ja den Papierkram erledigen, die entsprechenden Plätze suchen und bestellen, die Reise organisieren und so weiter. Denn die Patienten befanden sich im Krankenhaus und hatten dort oftmals nicht einmal ein Telefon.

Darüber hinaus war der Sozialarbeiter der Ansprechpartner für sämtliche Unfallopfer. Sei es, dass noch ein Haustier unversorgt in der Wohnung war oder andere Sachen, die keinen Aufschub duldeten. Und letztendlich wurde vom Sozialdienst auch erwartet, dass er Kontakt zu allen Patienten aufnahm, die mit Alkoholproblemen eingeliefert wurden, wobei am häufigsten auf deren Krankenblatt die Diagnose „Pro-Delirium“ stand. Was man darunter genau verstand, war mir nicht so klar, aber die Arbeit mit den Alkoholkranken sagte mir eigentlich gar nicht zu. Vermutlich deshalb, weil ich Angst hatte, selber dort einkategorisiert zu werden. Natürlich bin ich niemals angetrunken zur Arbeit oder zu einem Seminar erschienen, auch der Genuss von Alkohol während der Arbeitszeit war bei mir tabu – aber nach Feierabend, da holte ich alles nach, was ich glaubte, tagsüber versäumt zu haben. Ich war kein Spiegeltrinker, sondern ich hatte den Kontrollverlust, d.h. einmal angefangen, hatte ich es nicht mehr in der Hand, aufzuhören. Ich *musste* weitertrinken, bis mich irgendetwas (meistens Bewusstlosigkeit) daran hinderte, weiterzumachen. Heute glaube ich, dass der Körper dann eine Art „Notbremse“ zieht, damit man nicht noch an einer Alkoholvergiftung eingeht. Nach dem ausgeschlafenen Rausch stand ich am nächsten Morgen immer wieder wie gewohnt am Arbeitsplatz und das Spielchen ging von neuem los: tagsüber nüchtern und abends ziemlich besoffen. In unserer Ausbildung erfuhren wir, dass Alkoholkranke die meisten Fehlzeiten am Arbeitsplatz hätten. Ich hingegen wies jedoch keinerlei Fehlzeiten auf. Also konnte ich auch nicht alkoholkrank sein, war meine logische Schlussfolgerung. Damit war für mich die Angelegenheit auch erledigt.

Ich hatte im Krankenhaus noch zwei Kolleginnen, war aber dem Leiter des Sozialdienstes, Herrn Seevers, zugeteilt worden. Dann aber passierte, womit niemand gerechnet hatte: ich war gerade erst zwei Wochen dort, als die Nachricht kam, dass Herr S. an einer schweren Krankheit litte und im gleichen Krankenhaus stationär aufgenommen worden war. Nach wenigen Stunden stand fest, dass mit einer baldigen Genesung nicht zu rechnen sei und Herr S. sicherlich mehrere Monate ausfallen würde.

Nun war guter Rat teuer, denn er war ja mein Anleiter und stand jetzt nicht mehr zur Verfügung. Bei einem Besuch am Krankenbett sagte mir Herr Seevers, eigentlich müsste man jetzt mein Praktikum abbrechen. Aber wenn ich mir das zutrauen würde, nach so kurzer Zeit der Einarbeitung, dass ich selbständig die Arbeit weiterführen würde, dann hätte er jetzt natürlich auch nichts dagegen.

Ich hatte ebenfalls nichts dagegen. Ich traute mir das auch zu. Ich arbeitete sowieso viel lieber alleine als in Grüppchen. Und ich dachte, dass ich bereits genügend Infos über die anfallenden Arbeiten hatte, um diese zu erledigen. Also stimmte ich zu.

Ich gab mir in den folgenden Monaten wirklich Mühe, den Anforderungen gerecht zu werden und erntete auch viel Lob dafür. Als das Ende meines Praktikums nahte, sagte er mir, dass er mich im Berufspraktikum später nach dem Diplom gerne wiedersehen würde. Noch nie hätten sie so gute Erfahrungen mit Block-Praktikanten gemacht. Und falls dann eine Stelle danach gerade frei würde, würden sie mich auch bevorzugt einstellen! Das klang doch schon gar nicht mal so schlecht, fand ich.

Prüfungen

Ab dem fünften Semester konnte man es sich langsam nicht mehr leisten, nach Lust und Laune den Seminaren fernzubleiben. So langsam steuerte man auf die Hauptprüfungen am Ende des sechsten Semesters zu und jetzt hieß es wirklich aufpassen, mitschreiben und vor allem anwesend sein. Zumal auch noch eine Diplomarbeit anstand, die zum Ende des sechsten Semesters abgegeben werden musste. Darüber hinaus musste man noch verdammt gut aufpassen, bei welchem Prof man welche Seminare belegte, denn immer noch war es so, dass in den Prüfungen manche Profs diejenigen Studenten, die nicht an den von ihnen persönlich durchgeführten Seminaren teilnehmen konnten, mit Vorliebe in Prüfungen dann durchfallen ließen. Natürlich hatte niemand Lust, das ganze letzte Semester deshalb dann zu wiederholen.

Ich erinnerte mich noch an meine Zwischenprüfung in Medizin, die bei mir nicht so glänzend ausfiel, weil ich das Pech hatte, bei einem anderen Dozenten die Seminare zu haben als bei diesem Herrn Prof. Dr. Leisson. Es konnten eben nicht alle Studenten beim selben Dozenten hocken, die Anzahl der Plätze in den Seminaren war sehr begrenzt.

In Erwartung, dass ich das gefragt werden würde, was wir auch im Hörsaal zu hören bekommen hatten, ging ich seinerzeit in die Zwischenprüfung im Fach Medizin. Dort saß also u.a. dieser Herr Prof. Dr. Leisson und fragte mich tatsächlich zuerst: *„Dann erzählen Sie mir mal: wie genau sieht ein Tuberkel-Bazillus aus?"*. Erstaunt sah ich ihn an – ich hatte keine Ahnung, denn ich hatte bis dato noch nie einen gesehen. Woher sollte ich also wissen, wie so ein Ding aussah?

Mir fiel aber noch ein, dass man uns immer gesagt hatte, in Prüfungen niemals eine Antwort schuldig zu bleiben: es sei besser, *irgendetwas* zu sagen als überhaupt nichts! Wer jetzt aber antwortete, dies sei nicht Gegenstand des Unterrichts gewesen, der bekam natürlich vorgehalten, das sei eben das sogenannte *„Eigenstudium"*. Ich überlegte also, was nun hier beim Tuberkel-Bazillus denn noch so machbar war, als eine andere Dozentin sich einschaltete: *„Also wissen Sie, Herr Kollege, das weiß ja nicht einmal ich!"*. Daraufhin meinte dieser selbstgefällige Prof: *„**Sie** müssen das ja auch nicht wissen, sondern der Prüfling!"*

Jetzt war guter Rat teuer, denn ich hatte wirklich keinen blassen Schimmer, was er hören wollte, aber stumm bleiben wollte ich auch nicht und deshalb meinte ich schließlich schulterzuckend: *„Na ja, wie sieht so ein Bazillus schon aus? Er hat blaue Puschen an, ein rotes Mützchen auf und einen weißen Schal um!"*

Das war es dann auch mit meiner Medizin-Prüfung, im selben Moment war ich mit einem „Mangelhaft" dort durchgefallen. In der Zwischenprüfung war das nicht so schlimm, weil andere Fächer ein *Mangelhaft* ausgleichen konnten, in der Hauptprüfung sollte man sich so etwas nach Möglichkeit jedoch nicht antun.

Ein Kommilitone von mir, der ebenfalls dort unter den gleichen Bedingungen beim selben Prof gelandet war, war bekannt dafür, dass er unwahrscheinlich schüchtern dem weiblichen Geschlecht gegenüber war. Wenn ihn nur eine Frau ansprach, wurde er schon puterrot. Und dieser Kommilitone flog durch die Medizin-Prüfung, weil dieser Prof. Leisson ihn natürlich aufforderte, die weiblichen Geschlechtsorgane detailliert zu schildern. Außer einem ellenlangen Stottern hatte er nicht viel herausbekommen und der arme Kerl stotterte immer noch mit hochrotem Gesicht, als er aus dem Prüfungsraum dann wieder herauskam.

Solche Sachen waren wirklich gemein, aber man konnte nichts dagegen machen. Und wenn ein Professor einen Studenten in Medizin durchrasseln lassen wollte, dann konnte er Millionen von Fragen stellen, die keiner von uns beantworten konnte, denn wir studierten ja schließlich nicht Medizin, sondern Sozialpädagogik.

Die Diplomarbeit

Diese Diplomarbeit, die am Ende des Hauptstudiums abgegeben werden musste, hatte es ebenfalls in sich. Je nach zuständigem Professor waren die Anforderungen doch sehr unterschiedlich, aber es musste eine eigenständige und gebundene Arbeit mit mindestens 80 Seiten sein. Manche Dozenten forderten auch mindestens 150 Seiten, aber dies war eher die Ausnahme, weil die meisten offenbar keine Lust hatten, so ellenlange Diplomarbeiten zu lesen.

Wir bekamen ein Thema und eine während der Vorlesungen laufende Betreuung einer Person oder Kleingruppe zu diesem Thema zugewiesen sowie auch eine Supervision. Mein Thema fand sich im Bereich „Heim-Erziehung“ wieder und ich bekam einen Pyromanen zugeteilt, der jetzt mit 18 Jahren aus dem Heim gerade entlassen war und den ich ein Jahr lang zu betreuen hatte – und möglichst zu verhindern, dass er in dieser Zeit wieder irgendetwas anzündete ...

Da ich der einzige Student war, der mit dem Thema „Heimerziehung“ etwas zu tun hatte, bekam ich auch keine Gruppen-, sondern eine Einzel-Supervision. Es war eben gerade kein anderer Kommilitone mit einem ähnlichen Thema befasst.

Eigentlich hätte man schon im fünften Semester mit der Diplomarbeit mal anfangen sollen, denn eine solche Arbeit schreibt sich nicht mal eben an einem Wochenende. Aber wie alle anderen ließ ich mir auch erst einmal Zeit damit, es wird sich schon irgendwie finden, dachte ich.

Manu hatte bei einem anderen Prof Unterricht und bekam ein Thema in einer Nervenheilanstalt zugewiesen. Klang auch recht interessant, aber sie hatte sich ausgerechnet bei diesem Prof. Dr. Leisson eingetragen – wohl aus Sicherheitsgründen, nahm ich an.

Mein Pyromane hieß Alexander, wohnte in einer sehr einfach eingerichteten kleinen Wohnung in einem Hinterhof in Schöneberg und hatte wohl einen ziemlich niedrigen Intelligenzquotienten: Er konnte sich stundenlang mit dem Preisausschreiben einer Firma beschäftigen, bis er herausgefunden hatte, welche zwei Buchstaben dort im Lösungswort fehlten, (obwohl man das Lösungs-Wort eigentlich schon wusste, wenn man nur 'mal die Überschrift gelesen hatte) und schrieb dann alles auf eine Postkarte in dem festen Glauben, es würden nicht viele an diesem Preisausschreiben teilnehmen, weil es so schwierig gewesen sei. Bei diesem Probanden lernte ich erst einmal, was es heißt, Geduld zu haben. Die Supervisiorin wies mich darauf hin, dass nicht andere, sondern *ich* häufig ungeduldig wurde. So waren wir auf einer Behörde, einen Ausweis für ihn dort abholen und er brauchte geschlagene fünf Minuten, um allein seinen Namen in das Formular dann zu kritzeln. Der Sachbearbeiter dort hatte wohl schon mehrere solcher Leute erlebt, aber ich bekam da schier eine Krise, weil dieser Typ echt nichts auf die Reihe bekam, nicht einmal, seinen Namen ins richtige Feld zu schreiben.

Ich versuchte, ihn in eine bestehende kirchliche Jugendgruppe dort einzuführen, aber Alexander machte mir einen Strich durch die Rechnung, indem er erklärte, er wolle dies nicht und basta. Er blieb lieber alleine. Andererseits aber auch wieder nicht, denn er lud mich sonntags zu einer Kahnfahrt auf der Havel ein. Irgendwoher hatte er wohl so einen alten Ruderkahn und ich zog dann mit ihm auch am Wochenende los.

Da mein genaues Thema der Diplomarbeit die Zeit direkt nach der Heimentlassung war, machte ich mir zwischendurch Notizen, was ich mit Alexander so erlebte. Die Superversion fand ich ebenfalls äußerst hilfreich.

Doch als das sechste Semester begann, hatte ich immer noch kein Wort zu meiner Diplomarbeit geschrieben. Ist ja noch ausreichend Zeit, dachte ich bei mir und verlängerte zum x-ten Male die zu diesem Thema aus den Bibliotheken ausgeliehenen Bücher, ohne bislang auch nur einen einzigen Blick hineingeworfen zu haben.

Aber Mitte des sechsten Semesters musste ich dann doch endlich damit anfangen, da ja alles auch noch gebunden werden musste vor der Abgabe.

Es gab seinerzeit noch keine Computer, kein Internet oder irgendetwas, das hätte hilfreich dafür sein können. Ich hatte nur eine alte Reise-Schreibmaschine zur Verfügung und ein einziger Tippfehler auf einer Seite und man durfte die ganze Seite noch einmal tippen – fehlerfrei natürlich! Leider hatte diese Maschine auch noch die dumme Angewohnheit, das Ende der Seite nicht anzuzeigen. Bis man mitbekam, dass die letzten zwei Zeilen deswegen bereits schon wieder völlig schief getippt waren, da die ganze Seite wieder rausgerutscht war, hatte es immer gedauert. Unzählige Male musste ich allein deshalb dann alles noch einmal tippen …

Die Bücher zu dem Thema, die ich aus Büchereien geliehen hatte, brachte ich alle ungelesen zurück: mir war es zu aufwendig und zeitintensiv, das auch noch alles erst zu lesen. Ich schrieb einfach drauflos, was ich alles sagen und loswerden wollte zu diesem Thema, nachdem ich mir erst einmal eine Gliederung erstellt hatte. Zumindest mit dem Schreiben und Formulieren in der deutschen Sprache hatte ich ja noch nie Probleme.

Schon mein Titel sollte etwas Aufmerksamkeit erregen, fand ich. Eigentlich war mein Titel klar vorgegeben, doch ich änderte ihn so ab in der Schreibweise, dass ein anderer Sinn dabei herauskam. Dazu zeichnete ich auf der Titel-Seite noch eine dazu passende Grafik. Im Grunde sagte das schon fast die Hälfte des Inhalts meiner Diplomarbeit aus und das kam offenbar bei meinem Dozenten auch recht gut an. Obwohl ich meine Arbeit als Letzter am Stichtag mit knapp 90 Seiten endlich abgab, hatte ich mir doch ein "Gut" dafür dann eingehandelt.

Es folgten dann die Haupt-Prüfungen und letztendlich standen sowohl Manu als auch ich mit dem Diplom in der Hand da. Sehr gut, jetzt kam nur noch das eine Jahr Berufspraktikum, das noch nicht voll bezahlt wurde und nur der staatlichen Anerkennung diente. Danach waren wir dann fertig mit allem.

„*Muss ich diese Ekeldinger denn wirklich immer mitwaschen??*" – Es war jedes Mal dasselbe: ich saß in der Badewanne, Manu war anwesend und ich hoffte immer noch, dass diese verhassten Brüste endlich von alleine vielleicht absterben würden oder so etwas. „*Selbstverständlich!*", brüllte Manu zurück und ich ergab mich wieder in mein Schicksal …

Das Berufs-Anerkennungsjahr

Für dieses Berufs-Anerkennungsjahr wandte ich mich wieder an das Krankenhaus und hier an Herrn Seevers – hatte er doch damals gesagt, dass er gerne mich dort wiedersehen würde! Ich wurde auch sofort angenommen und fing dort mein Anerkennungsjahr an.

Natürlich in der Hoffnung, danach eine Stelle dort zu bekommen, erwähnte doch Herr Seevers gleich zu Beginn, dass nun tatsächlich eine neue Stelle in Kürze dort vorgesehen war!

Gleichzeitig erwarb ich dann auch ein gebrauchtes Motorrad (eine Solo-Maschine natürlich!) und war nun endlich auch motorisiert! Auf meine „Suzuki" war ich ganz stolz und mit dem Motorrad konnte ich nun auch jeden Tag zur Arbeit fahren. Dies tat ich auch im Winter, ich hatte ja auch kein anderes Gefährt, obwohl es bei Eisglätte und Schnee hochgefährlich war mit dem Motorrad. Aber trotz teilweise eisiger Verhältnisse bin ich nicht ein einziges Mal damit gestürzt! Dafür aber mehrmals unterwegs fast erfroren auf der Maschine, denn die z.B. als „polar-fähig" gepriesenen super-teuren Handschuhe verhinderten keineswegs, dass die Finger bereits nach zehn Minuten Fahrt so eiskalt und steif vor Kälte waren, dass man die Maschine kaum damit noch bedienen oder steuern konnte.

Ich hatte noch diese zwei Kolleginnen dort im Krankenhaus, die ich vom letzten Praktikum ja schon kannte und die bereits jahrelang dort arbeiteten und miteinander befreundet waren. Oft gingen sie im Sommer nach der Arbeit noch in das Eiscafé, das in der Nähe des Krankenhauses lag und ich bemühte mich, Anschluss zu den beiden zu finden, es waren schließlich meine Kolleginnen. Jedoch wollten sie nie, dass ich einmal zum Eis-Café mitkam oder so; als ich dies eines Tages dann doch 'mal von alleine aus machte und ebenfalls dorthin ging, um ein Eis zu essen und mich dann damit einfach an ihren Tisch setzte, sprachen sie kein einziges Wort mit mir, sondern standen einfach nur auf und setzten sich demonstrativ an einen anderen Tisch. Na, dann eben nicht: wer nicht will, der hat halt schon!

Tatsächlich kam Herr Seevers eines Tages mit Infos für die neu einzurichtende Stelle an – und ich bewarb mich sofort darauf! Sagte man uns zu Beginn des Studiums, wir könnten uns nach Abschluss aussuchen, in welchem Bereich wir arbeiten möchten, sah es sechs Semester später bereits ganz anders aus: es gab kaum irgendwo freie Stellen für Sozialpädagogen! Umso erfreulicher, dass es hier offenbar doch jetzt ganz gut für mich aussah! Zumal es nur noch einer internen Bestätigung bedürfe, wie Herr Seevers ausführte.

Dann bekam ich jedoch zwei Wochen später das Amtsblatt zufällig in die Finger und sah, dass die neue Stelle im Krankenhaus nun offiziell ausgeschrieben wurde – wieso das? Es wurde mir doch gesagt, es würde nur noch intern jetzt geklärt? Und dass es bereits sicher sei, dass ich diese Stelle bekäme! Ich sprach Herrn Seevers darauf an. Erst druckste er nur eine Weile herum und dann meinte er: Doch, ja, es gäbe da jetzt ein Problem …

Ich wollte Genaueres wissen und ließ mich jetzt auch nicht mit irgendwelchen Floskeln abwimmeln. Schließlich rückte er raus mit der Sprache: meine beiden Kolleginnen wollten nicht, dass ich dort dauerhaft arbeiten würde, sie wären dagegen und drohten, dass im Falle einer Anstellung von mir sie beide dort sofort kündigen würden!

Komisch: mir gegenüber hatten sie gar nichts diesbezüglich erwähnt – was sollte das Ganze denn jetzt? Ich ging direkt rüber zu deren Zimmer und stellte sie zur Rede. Ich wollte einfach nur wissen, was denn los war.

Sie sagten mir dann klipp und klar, dass sie mit jemandem wie mir nicht zusammen arbeiten würden, da sie mich (wörtlich!) für „plemplem“ hielten, da ja kein Mensch auf der Welt so ‘rumlaufen würde wie ich! Ich wäre ja *„nicht mehr normal“*, gehörte eigentlich weggesperrt in die Psychiatrie und mit solchen Leuten wie mir möchten sie rein gar nichts zu tun haben, auch nicht beruflich. Ich sei ja „gemeingefährlich“ mit meinem Aussehen und vermutlich auch kriminell und so weiter … Mir blieb in dem Moment echt erst mal die Spucke weg. Dermaßen gemein hatte mir noch niemand gesagt, dass er mit mir nichts zu tun haben will! Jedenfalls erklärten sie mir dann noch, dass sie schon dafür sorgen würden, dass ich diese Stelle *auf keinen Fall* bekäme!

Ich war mehr als enttäuscht, erklärte das auch Herrn Seevers, aber er meinte nur, da könne man halt nichts machen: Wenn die beiden Frauen das nicht wollten, dann ginge es eben nicht, es täte ihm ja auch leid, aber da könne er auch nichts mehr machen. Ich fand diese Art, so abserviert zu werden, allerdings doch ziemlich gemein. Als ob er das soeben erst mitbekommen hätte!

Herr Seevers besorgte mir dann noch einen kleinen Job bei einer ihm bekannten kleinen Krankenpflege-Stelle, wohl, weil er mir gegenüber ein schlechtes Gewissen hatte. Dort allerdings flog ich kurz vor Ende der Probezeit gleich wieder raus: mit *„Leuten, die so* *rumlaufen*" wollten sie dort dann auch nichts zu tun haben ...

Berufs-Bewerbungen

Um nun überhaupt nach dem Anerkennungsjahr irgendetwas zu finden, bewarb ich mich jetzt bei allen offenen Stellen, die ich finden konnte, vorzugsweise in der Kinder- und Jugendarbeit. Alle Bewerbungen erfolgten in weiser Voraussicht natürlich OHNE irgendein Foto von mir.

Ich kam nahezu überall sofort ins Vorstellungsgespräch aufgrund meiner guten Bewertungen und der doch guten Abschlüsse. Ich war ungebunden, hatte keine Familie und auch keine Haustiere zu versorgen, war also flexibel, auch bei den Arbeitszeiten, aber dennoch wollte mich niemand einstellen. Überall bekam ich unmittelbar nach dem Vorstellungsgespräch schriftlich eine Absage. Meistens ohne Nennung eines Grundes, schließlich bestand ich aber dann darauf, mir auch den Grund für die Absage zu nennen. Auch hier hörte ich dann nur, mein Aussehen sei ja „*gemeingefährlich*" und dass man „*so etwas wie Sie ja nicht auf die Menschheit loslassen dürfe!*", und „*schon gar nicht auf Kinder*" etc.

Es war mehr als frustrierend, all die Absagen. Sollten denn alle Mühen und die ganze Ausbildung vergebens gewesen sein? Nur, weil ich mich weigerte, mich sichtbar als Frau zu kleiden? Und das in der angeblich „ach so toleranten" Stadt Berlin! Aber offenbar war alles vergebliche Mühe!

Es half nichts: ich hatte ab Ende September keinen Job, somit kein Einkommen mehr und musste mich erst einmal arbeitslos auf dem Arbeitsamt melden – zu einem Amt: davor graute mir auch! Zu Recht, wie sich dann auch zeigte: die Türen zu den Sachbearbeitern dort waren nur nach Aufruf und auch nur einmalig zu öffnen, damit nicht jeder Antragsteller überall reinrennen konnte. Ich musste erst ein paar Stunden auf dem Flur hocken und warten, dann wurde mein Name aufgerufen. Zögernd stand ich auf und ging zur genannten Tür 207. Ich machte sie auf und trat ein, aber noch bevor ich überhaupt einen einzigen Ton sagen konnte, flog ich auch schon wieder raus: Sie hatten offenbar eine junge Frau erwartet und sahen aber augenfällig nur einen jungen Mann. Hinter jeder Tür standen demnach gleich irgendwelche Sicherheitsleute, die mich auch sofort ergriffen und wieder mit Schwung nach draußen beförderten: auf dem Flur landete ich dann auf allen Vieren. So war das also, wenn man sich arbeitslos melden wollte: fast genauso wie damals bei der Ausweiskontrolle in der Disko! Irgendwie wiederholte sich alles irgendwann.

Es gab auch keine Chance, das irgendwie aufzuklären oder einen zweiten Anlauf zu nehmen: ich galt hier jetzt als abwesend, da bereits der nächste Name für dieses Zimmer aufgerufen wurde. War ja mal wieder grandios gelaufen hier!

An der Pforte unten ließ ich mir einen Termin für die Woche drauf geben und beim zweiten Mal war ich aber schlauer als beim ersten Mal: schon in dem Moment, als ich durch die Tür ging, rief ich laut mehrmals meinen

Namen aus. Diesen mir verhassten Namen, den ich nie hören und schon gar nie mehr aussprechen wollte! Ich wusste, dass mich alle Anderen, die im Flur auf ihren Aufruf warteten, anstarrten deshalb, aber offenbar ging es hier ja nicht anders.

Diesmal kam ich sogar bis zum Schreibtisch des Sachbearbeiters und stellte hier nun meinen Antrag auf Arbeitslosengeld ab dem 1.10.1985. Geld bekam ich zunächst jedoch nicht, wie sich später herausstellte, sondern erst ab 1. Dez.., obwohl ich ja am 28.09. dort vorsprach, ab Oktober beantragt hatte und bereits durch den 1. Vorfall in der Woche zuvor schon viel Zeit verloren hatte. Doch sie schrieben auf meinen schriftlichen Einwand hin einfach, ich sei eben erst Ende November (!) dort erschienen, um einen Antrag zu stellen und verweigerten mir so einfach die Zahlungen für die ersten beiden Monate. Es war eine glatte Leistungsverwiegerung, denn ganz sicher waren weder das Datum meines Auftauchens dort sowie auch sämtliche Unterlagen von ganz alleine mit einem falschen Datum versehen worden! Aber ich wusste seinerzeit nicht, wie ich mich dagegen hätte wehren können, schließlich war ich kein Anwalt und kannte auch niemanden, der mir das hätte sagen können.

So ließ ich einfach alles laufen – irgendwie würde es schon weitergehen und wenn ich wieder nachts durch die Straßen hätte rennen und überall Zeitungen austragen müssen.

Das Kreuz meldet sich

Bereits mit etwa zehn Jahren hörte ich das erste Mal die sozialkritischen Lieder von Reinhard Mey und ich fand sie spontan alle sehr gut. Inzwischen hatte ich mir jede Schallplatte, die von ihm erschien, gekauft. Besonders das Lied *„Kaspar Hauser“*, das sich auf einer der Schallplatten befand, sprach mich nun an: Auch er war „anders“ als alle Anderen, auch er wurde ja nur angegafft, schikaniert und überall weggejagt - bis er letztendlich ermordet wurde. Manchmal dachte ich, ich wäre vielleicht ein zweiter *„Kaspar Hauser“* ...

Unerwartet fand ich dann dicht bei meiner Wohnadresse zufällig einen Job in einem Zeitungsladen. Es war einfach zu lernen, was dort anfiel und in kürzester Zeit organisierte ich den Laden bereits selbstständig. Weil dort auch eine Lotto-Annahmestelle war, man Lottoscheine aber nicht annehmen durfte, ohne einen Kurs bei der Lotto-Gesellschaft erst zu absolvieren, besuchte ich auch noch diesen Kurs dort. Ein Abschluss-Zeugnis für diesen Kurs bekam ich jedoch als Einzige nicht ausgehändigt, so wie alle anderen 19 Teilnehmer. Warum nicht, habe ich bis heute nicht erfahren.

Hier in diesem Zeitungsladen passierte es dann: beim Anheben eines dicken Stapels Zeitschriften spürte ich plötzlich einen stechenden Schmerz im Kreuz und konnte mich dann einfach nicht mehr bewegen. Hexenschuss, nahm ich an, jedoch stellte sich nach längerer Zeit dann heraus, dass dies offenbar keineswegs die Ursache war: bei mir war ein Bein kürzer als das andere und dadurch hatte sich im Laufe der Jahre die ganze

Hüfte und mit ihr die Wirbelsäule auch verschoben, erklärten mir die Ärzte.

Anfangs von Orthopäde zu Orthopäde geschickt, die aber auch nichts machen konnten, als mir ständig nur Schmerzmittel und –spritzen zu verabreichen, landete ich, da sich gar nichts besserte, sondern sich alles eher immer mehr und mehr verschlechterte und zu chronischen Schmerzen führte dann, irgendwann in der sogenannten Schmerztherapie. Aber auch hier gab es nur verschiedene Schmerzmittel, die ich alle schon jahrelang erfolglos getestet hatte.

Der erste Computer/ erste Arbeitsstelle

Im selben Jahr gab es bei „Aldi“ einen sog. Heim-Computer: einen „C-16“ (Vorläufer vom legendären „Commodore-64“), der allerdings (außer der Sprache „Basic“) so gut wie nichts konnte. Dennoch interessierte mich diese neue Technik, ich besorgte mir dort so einen Computer und fing mit diesem Gerät an, in die Welt des Programmierens einzusteigen. Und diese Welt zog mich dermaßen in ihren Bann, dass ich mir fortan monatlich alle Zeitschriften, Computer betreffend, zulegte und las, was alleine ein ziemlich teurer Spaß jeden Monat war.

Kurz danach kamen die ersten „Personal-Computer“ auf den Markt: Ein Computer mit zwei 5¼-Zoll-Laufwerken (Festplatten waren damals noch nicht erfunden!) und ich musste unbedingt so ein großes Ding haben – er kostete fast so viel wie ein Kleinwagen!

Aber der Rechner zog mich regelrecht in seinen Bann: inzwischen umgestiegen auf eine bessere Programmier-Sprache (*„Pascal“*), zog ich alle Neuerungen in diesem Bereich wie Luft auf, fasziniert von den Möglichkeiten, die sich dadurch ergaben, dass man eigene Programme damit erstellen konnte.

Etwa anderthalb Jahre jobbte ich in diesem Zeitungs-Laden für ein paar DM von morgens 8 Uhr bis abends 18 Uhr, als mir plötzlich ein Brief vom Arbeitsamt ins Haus flatterte: mir wurde eine ABM-Stelle vorgeschlagen, bei der ich mich bewerben sollte.

Ehrlich gesagt war mir damals noch nicht ganz klar, welche Stellen als „ABM“ ausgeschrieben wurden: nämlich diejenigen, zu denen sonst keiner (mehr) hin wollte ... Aber mir wäre das auch egal gewesen: Da ich immer keine Anstellung hatte, stellte ich mich dort vor.

Es ging dort um Obdachlosen- und Haftentlassenen-Hilfe: nicht gerade die beliebteste Klientel. Viel lieber hätte ich ja wieder irgendetwas mit Kindern gemacht, aber dort wollte mich ja keiner.

Das Ganze fand sogar an einem der bekanntesten Wahrzeichen Berlins in Charlottenburg statt und war ebenfalls kirchlich organisiert. Aber besser als nichts und hier war man auch gar nicht so abgeneigt, mit mir einen 1-jährigen Arbeitsvertrag zu machen – ich unterschrieb und fing dort dann an.

Die dortige Chefin war eine engagierte, liebenswürdige Frau, die aber offensichtlich auch ihre Probleme hatte: sie brachte mindestens 200 Kilo zu viel auf die Waage, die gute Frau Kohn.

Wie alle drei Kollegen dort hatte auch ich an zwei Tagen der Woche Sprechzeiten in diesem Wahrzeichen als Anlaufstelle für Obdachlose abzuhalten und bekam ein Haus in Kreuzberg zugewiesen, in denen einfache Wohnungen zur Unterbringung und Betreuung von Haftentlassenen angemietet waren. Diese hatte ich an den anderen Tagen zu betreuen. Donnertags abends war dann Treffen und Austausch aller Beschäftigten. Ich fing an mit der Arbeit; zwei meiner Kollegen waren ganz o.k., einer hielt sich grundsätzlich für etwas Besseres und weigerte sich von Beginn an, mit mir zu reden – es war mir egal, ich fand diesen Typen eh nicht gerade sympathisch.

Schnell stellte sich auch heraus, dass diese Haftentlassenen oft große psychische Probleme hatten: es gab dort wirklich immer viel zu tun. Aber immerhin wurde diese Arbeit nun bezahlt!

Der ABM-Vertrag galt immer nur ein Jahr und konnte dann wieder um ein Jahr verlängert werden: eine feste Anstellung war das nicht, aber ich verlängerte den Vertrag dann dennoch nach dem ersten Jahr.

Meine Chefin war sehr freundlich zu mir, schenkte mir zum Geburtstag sogar eine Glückwunsch-Karte, auf welcher stand, dass sie mir baldmöglichst den Job wünschte, den ich auch verdient hätte. Das fand ich sehr nett, deshalb hob ich mir diese Karte erst einmal auf.

Jedoch bekam sie irgendwie (mehr oder weniger zufällig) dann auch mit, dass ich offenbar doch abends ein Alkohol-Problem hatte – obwohl ich weiterhin immer zum Dienst nüchtern erschien und dort auch immer nüchtern blieb. Ich trank ja immer erst nach der Arbeit! Eines Tages bestellte sie mich zu sich nach Hause.

Sie erklärte mir klipp und klar, dass sie nun mit mir zu einem Arzt ginge und eine Einweisung in ein Krankenhaus für mich holen würde, wo ich einen Entzug machen sollte.

Nur widerwillig ging ich mit. Bei der Ärztin erzählte sie lang und breit, warum sie der Meinung sei, dass ihre Kollegin doch dringend einen Entzug machen müsste, während ich nur daneben saß und keinen Ton sagte. Bis die Ärztin zum Schluss meinte: *„Alles schön und gut, aber wo ist denn Ihre Kollegin – warum haben sie sie denn nicht gleich mitgebracht?“*.

Frau Kohn fiel fast die Kinnlade runter, aber mir war das alles ja nur sehr gut bekannt, einfach gar nicht wahrgenommen zu werden. Zum Schluss, nach einer endlosen Diskussion, hielt ich dann auf einmal so einen Einweisungs-Schein in der Hand und meine Chefin ließ es sich auch nicht nehmen, direkt in passenden Einrichtungen anzurufen und mich dort anzumelden.

Drei Wochen musste ich mich in diesem Krankenhaus aufhalten, um auszuschließen, dass noch irgendetwas nach dem Absetzen von Alkohol passieren würde. Morgens vor dem Frühstück sollten wir z.B. alle zum Joggen dort antreten, aber ich kam schon gar nicht erst in die Umkleide-Räume hinein. Sofort kreischte eine Frau los *„Das hier ist die Damen-Umkleide!!“*, während ich daraufhin nur gelangweilt antworte *„Das will ich doch hoffen!“*. Ich hatte längst keinen Bock mehr, mich dauernd für irgendeinen Mist entschuldigen zu müssen.

Theater deswegen gab es dennoch fast überall dann, ich war es einfach nur noch inzwischen leid. Dann wollten sie mich unbedingt in die Frauen-Gruppe dort stecken: eine Gruppe für alle Frauen, die z.B. von ihren Ehegatten nicht gut behandelt wurden. Ich hatte keinen blassen Schimmer, was ich denn dort hätte sollen, also fragte ich erst mal nach, ob sie denn auch eine Männer-Gruppe hätten ...? Hatten sie nicht. Da ich aber nicht akzeptieren konnte, eine Frau zu sein, weigerte ich mich, in diese Gruppe zu gehen, daraufhin wurde mir mit sofortiger Entlassung und anderen Konsequenzen gedroht.

Zum Besuch dieser Gruppe daher genötigt, ging ich zwar einmal hin, hörte denen aber keine Sekunde zu, sondern las dort ganz bewusst und auch provokativ meine neueste PC-Zeitschrift – daraufhin flog ich achtkantig aus der Gruppe wieder raus, was mir aber sehr gelegen kam.

In dieser Klinik kam allerdings niemand auf die Idee, jemals die Leute, die dort zum Entzug hockten, nach den *Gründen* zu fragen, *warum* sie denn eigentlich zur Flasche griffen. Sämtliche Berufsgruppen (vom Müllmann bis zum Professor) waren dort vertreten und sicherlich hatte jeder einen anderen Grund, zu trinken, aber niemand dort versuchte, diesen zu ergründen. Stattdessen wurde nur versucht, alle zu nötigen, irgendeiner Gruppe von den „Anonymen Alkoholikern“ beizutreten. Ein einziges Mal ging ich auch zu einer Gruppe abends, kam dort aber nicht über den Begrüßungs-Satz „Ich heiße soundso und bin wohl auch alkoholkrank“ hinaus, da ich nach Nennung meines Namens nur laut ausgelacht wurde, alle mit dem Finger auf mich zeigten, nur noch blöde Bemerkungen losließen und mir fortan auch keine Sekunde mehr etwas glaubten.

Natürlich sah ich nicht ein, irgendwo noch einmal dort hinzugehen, nur, nur um mich wieder nur auslachen und blöde anmachen zu lassen und weigerte mich fortan einfach, diese Gruppen erneut zu besuchen. Auch das interessierte niemanden in der Klinik.

So kam, wie es kommen musste und auch vorherzusehen war: fast alle, die nach ihren drei Wochen Aufenthalt dort entlassen wurden, wurden sofort wieder rückfällig – schon weil sich an den Umständen und der Lebenssituation für sie ja überhaupt nichts geändert hatte.

Auch ich sah danach überhaupt keinen Grund, nun trocken gelegt, auf meine „Traumwelt“, die mir jeder Rausch bescherte, ersatzlos zu verzichten – gegen was hätte ich denn diese für mich so wichtige Traumwelt auch eintauschen sollen? Gegen die Realität, in der ich nirgendwo eine Chance sah, irgendwie bestehen zu können? Sicherlich nicht! So fing auch ich sofort wieder an, erneut zur Flasche zu greifen.

DIE WENDE

An einem Tag kurz danach ging ich wieder einmal abends (direkt nach einer Veranstaltung zum Kirchentag) mit meiner Vorgesetzten mit zu ihr nach Hause und weil es bereits spät abends war, wie so oft abends leider auch schon wieder ziemlich betrunken. Ich selbst habe an diesen Abend gar keine Erinnerung mehr, aber sie erzählte mir später, ich sei auf dem Zebrastreifen nach einem erneuten Angriff von Jugendlichen zu Boden gegangen, hätte dann dort gelegen, in den Himmel gestarrt und nur noch gestammelt (und geheult): *„Mein Gott, dann hilf mir doch – ich **KANN** einfach nicht mehr!“*

Natürlich war es mir mehr als nur unangenehm, als sie mir später dies berichtete, aber es entsprach auch der Wahrheit: ich konnte jetzt wirklich nicht mehr! Ich ertrug diese ewigen Ausgrenzungen, diese ständigen Anfeindungen und Missachtungen, diese fortwährenden Demütigungen, Beleidigungen und auch Körperverletzungen überall einfach nicht mehr und auch mein zunehmender Alkoholkonsum machte mir allmählich zu schaffen. Ich sah keine Chance mehr auf eine Besserung in meinem Leben, ich war jetzt 27 Jahre alt und wusste nun einfach nicht mehr ein oder aus.

Frau Kohn, die übrigens meinen Kollegen *nicht* erzählt hatte, weshalb ich in einer Klinik war und deshalb auch wochenlang im Dienst ausfiel, machte daraufhin „kurzen Prozess“ und schleppte mich einfach zu ihrem ehemaligen Psychologen, der ihr selbst wohl so gut 10 oder 15 Jahre zuvor einmal geholfen hatte, wie sie mir später erzählte.

Dieser Psychologe (Herr Dehrend) arbeitete in einer Klinik, war nur 1,65m klein und obwohl ich weder einen Überweisungsschein für ihn hatte oder sonst etwas in dieser Richtung, erklärte er mir, nachdem ich ihm vorgestellt wurde, dass ich einmal pro Woche bei ihm dann auftauchen sollte, er könne mir eventuell helfen.

Dies tat ich auch, aber so ganz konnte ich nicht nachvollziehen, was ich eigentlich dort sollte: die Unterhaltungen dort waren ganz normal, er fragte mich vieles aus meinem Leben, weiter passierte da aber zunächst nichts. Jedoch, nach ein paar Wochen, fing er plötzlich an, mich ziemlich zu provozieren:

In jedem Satz betonte er auf einmal, dass ich doch eine Frau sei, redete mich ständig nur mit „*Muttchen*“ an und solche Sachen und trieb mich damit dann regelrecht auf die Palme. Als ich irgendwann deshalb schließlich richtig wütend wurde, brüllte ich ihn einfach nur kurz an: „*Verdammt - ich **BIN** aber keine Frau!!*“

Als Antwort kam nur ein knappes „*Na – endlich!*“ von ihm. Wie er mir später erklärte, war es ihm wichtig, dass ich selber das Problem klar benannte. Und dann gab er mir erst einmal jede Menge Informationen mit: viele Broschüren, Artikel und alles und er verriet mir, dass die offizielle Bezeichnung dafür, dass jemand sich im falschen Körper gefangen fühle, „*Transsexualität*“ hieße und es sogar seit kurzem nun ein eigenes, sogenanntes „*Transsexuellen-Gesetz*“ („*TSG*“)[(6)], inzwischen in Deutschland dafür gäbe.

***(6)** Das deutsche Transsexuellengesetz (TSG) wurde im Jahre 1980, mit Wirkung ab 1. Januar 1981, unter dem Titel „Gesetz über die Änderung der Vornamen und die Feststellung der Geschlechtszugehörigkeit in besonderen Fällen (Transsexuellengesetz – TSG)“ verabschiedet. (...) Es ermöglicht Menschen, rechtlich in ihrem von ihrem bei der Geburt festgestellten Geschlecht abweichenden Geschlecht anerkannt zu werden [aus „Wikipedia“ entnommen].*

Darin stünde, dass man zwar jetzt einen Antrag auf Namens- und Geschlechts-Änderung stellen durfte, aber nur, wenn man mindestens 25 Jahre alt war und sich bereits entschieden hatte, ob man dann auch Operationen zur Geschlechts-Anpassung vornehmen lassen würde. Offenbar hatte er sich bereits gut vorbereitet.

Das mit dem Mindestalter von 25 Jahren fand ich jetzt aber erst mal echt gemein: es war ja nun wirklich kein „Zuckerschlecken", die gesamte Kindheit, Jugend und auch den Beginn des Erwachsenen-Lebens im falschen Körper verbringen zu müssen! Wie stellten sich das diejenigen, die so ein Gesetz auf den Weg gebracht hatten, eigentlich vor?! Unfassbar! Zumindest war ich bereits 27 Jahre alt, also war das hier nun alles kein Hinderungsgrund mehr.

Ich nahm den ganzen Stapel Broschüren mit nach Hause und las darin. Erstaunlich: so etwas gab es anscheinend auch in Deutschland, nicht nur in Amerika! Jedoch offenbar fast alle mit umgekehrtem Vorzeichen: Leute, die als Mann auf die Welt kamen und sich aber als Frau fühlten – und das konnte ich immer noch nicht nachvollziehen! Da stand auch, es gäbe zur Zeit (1985) in Deutschland etwa 5.000 Betroffene (bei über 80 Mio. Einwohnern), aber nur gerade einmal 5% von denen waren sogenannte „Frau-zu-Mann-Transsexuelle": als Frau geboren und können aber nur als Mann leben - und ich war offenbar einer davon.

Bei den Broschüren waren auch Lebensberichte von Betroffenen dabei, aus Magazinen wie z.B. „*Der Spiegel*" ausgeschnitten, in denen diese aus ihrem Leben berichteten. Irgendwie las ich dort genau das, was ich selbst immer erlebt hatte: totale Orientierungslosigkeit ab der Pubertät, ständige Missachtung und Ausgrenzung von allem sowie Gewalt gegen diese Personen bis hin zur völligen Selbstaufgabe. Wenn auch meist nur recht kurz gefasst dort alles beschrieben war, so kam mir alles doch sehr, sehr bekannt vor!

Sollte es wirklich so sein, dass es außer mir noch Andere gab, die genauso wie ich empfanden?? Das erzeugte zunächst einmal etwas Hoffnung: ich war vielleicht doch nicht ganz alleine mit dieser Problematik!

Aber den Namen „*Transsexualität*“ dafür fand ich gänzlich daneben: die Tatsache, im falschen Körper zu stecken, hatte doch absolut gar nichts mit Sexualität zu tun – aber diese Bezeichnung suggerierte dies einfach!

Völlig unpassend, wie ich fand. Aber immerhin hatte ich jetzt einen Namen dafür, was mit mir nicht stimmte! Ich konnte es jetzt benennen, wenn ich auch die Bezeichnung dafür mehr als unmöglich fand.

Der lange Weg zum Mann

Wir schrieben noch das Jahr 1986 und seit fast fünf Jahren gab es dieses Gesetz nun schon – ich musste unbedingt jetzt mehr darüber erfahren! Aber leider ließ sich dieses „*TSG*“ in keiner Bibliothek auftreiben, nicht einmal in einer Hochschule! Na gut, hörte ich mir also an, was der Psychologe noch alles darüber wusste …

Dort erfuhr ich dann, dass es laut „TSG“ die sog. „*kleine Lösung*“ gab (nur die Änderung des Vornamens) und die „*große Lösung*“, also mit Operationen, in denen versucht würde, den Körper an das Empfinden anzupassen. Man musste sich für einen der beiden Wege anfangs entscheiden. Für mich gar keine Frage: mit der *„großen Lösung“* würde ich endlich diese elenden, mir so verhassten und verräterischen Brüste loswerden? *„Dann nichts wie her damit!“*, erklärte ich dem Psychologen sofort.

Doch so einfach war es dann doch nicht: es müssten dazu mehrere verschiedene Gutachten, mindestens drei, eingeholt werden, erläuterte er und diese müssten im Ergebnis auch zweifelsfrei ergeben, dass bei mir „ein Zwang“ *(7)* dahinter stünde: der Zwang, als Mann zu leben! Zudem müsse ich dann noch den sogenannten *„Alltags-Test“* durchführen: ein Jahr durchgehend in den Klamotten des „anderen“ Geschlechts auftreten – alles echt lächerlich, wie ich fand: ich lief doch bereits mein ganzes Leben so durch die Gegend! Aber nein, es gäbe anschließend noch eine Gerichtsverhandlung und wenn dieses eine Jahr nicht von allen Gutachtern abgesegnet worden sei, dann sei alles nicht gültig!

Zudem gab er mir noch mit auf den Weg, mich auch offiziell jetzt zu „outen“: einfach mich ganz bewusst männlich zu kleiden und überall auch zu erzählen, dass ich halt ein Mann sei …

Es klang alles durchaus nicht sehr transparent, aber es machte Hoffnung, dass sich nun endlich, endlich

---

(7) ***„Zwang“ ist hier gut: Man kann einfach nicht als Frau leben, wenn man ein Mann ist und umgekehrt auch nicht! Gilt ja für alle Menschen, nur Trans-Personen müssen erst noch nachweisen, dass dies unzumutbar ist!***

etwas Entscheidendes in meinem Leben ändern könnte! Schließlich war ich ja bereits fast 30 Jahre alt und sehr viel länger hätte ich das tägliche Theater und die ganzen Ablehnungen, Missachtungen und Demütigungen überall immer jetzt auch wirklich nicht mehr durchgestanden.

Ich erzählte Manu davon und sie riet mir auch, diesen Weg jetzt zu gehen, erklärte sogar, mich dabei zu unterstützen.

Zwei Tage später erschien ich auf meiner Arbeitsstelle mit Krawatte, Anzug und allem. Zunächst waren alle Mitarbeiter dort ziemlich irritiert, aber ich erklärte einfach, dass ich nun immer so erscheinen würde, da ich ja eigentlich ein Mann sei. Lediglich der eine Kollege, der eh nie mit mir redete, tippte sich nur mehrmals wieder an die Stirn, die Anderen blieben erst einmal ganz ruhig und nahmen dies einfach nur zur Kenntnis, wenn auch mit einem Stirnrunzeln: erlebt hatte so etwas wohl noch keiner von ihnen. Sehr alltäglich war das ja auch wirklich nicht.

Mir gefiel diese nochmalige Betonung mit Anzug und Krawatte erst einmal sehr gut! Allerdings schloss ich so etwa vier Wochen später wie jeden Samstag gerade die Tür zur Sprechstunde auf, als ich unvermittelt und ohne Vorwarnung durch den ersten Besucher dort erneut einen kräftigen Faustschlag aufs Kinn erhielt: ich kippte sofort nach hinten hinüber und knallte rückwärts auf den Boden. Anschließend trat mir dann jemand mit seinen Stiefeln, die an der Spitze auch noch mit Metall versehen waren, mehrmals, ohne einen Ton zu sagen, komplett mit Kraft gegen den Oberkörper und den Kopf –

das tat mir ziemlich weh, aber weil ich bereits am Boden lag, konnte ich mich dagegen kaum mehr wehren.

Als der Angreifer dann endlich weg war, rappelte ich mich langsam wieder hoch. Meine Brille fand ich total demoliert wieder – eigentlich war sie als solche gar nicht mehr zu identifizieren. Ich hatte keine Ahnung, warum und wieso ich diesmal wieder etwas abbekommen hatte, ließ den Angriff aber dann einfach nur unter „*das Übliche, wie immer halt*“ innerlich laufen.

Ich hatte aber am Wochenende dann wirklich solche Schmerzen im Brustbereich, dass Manu meinte, wir sollten doch einmal einen Bereitschaftsarzt aufsuchen. Dort fuhren wir auch hin und ich sollte dort, nach kurzer Schilderung des Vorgefallenen, auch einmal mein T-Shirt noch hochziehen. Zum Vorschein kam ein dunkelblauer Oberkörper, selbst die verhassten Brüste hingen da nur komplett dunkelblau herum. Der Arzt sah es, zuckte mit den Schultern und meinte nur: „Mords-Hämatome halt!“ – und ging wieder. Niemand fühlte sich dazu genötigt, vielleicht auch einmal zu untersuchen, ob bei den Tritten mit den Stiefeln mit Metall-Spitzen auch die eine oder andere Rippe möglicherweise angeknackst worden war.

Manu fuhr mit mir wieder nach Hause. Von diesen „Mords-Hämatomen“ hatte ich dann noch wochenlang etwas: Ich konnte kaum einen Arm bewegen, ohne dass alles nur verdammt weh tat.

Von meinem Arbeitgeber gab es auch zwei Wochen später einen Brief mit einem Einzeiler: *„Wir haben gehört, was Ihnen zugestoßen ist, wünschen gute Besserung und hoffen, dass Sie bald wieder voll ein-*

satzfähig sind!“ … Ja, danke: das war ja genau das, was man sich in einer solchen Situation wünscht!

Die Gutachten

Der Psychologe Herr Behrend erklärte mir, dass er gerne eines der drei vom Gesetz geforderten Gutachten für mich erstellen würde, jedoch sei er noch nicht als Gutachter vor Gericht anerkannt und wenn ich ihm helfen würde, dort durch mein Gutachten anerkannt zu werden, würde er mir kostenfrei meine erste Beurteilung erstellen.

Leider habe er aber keinen Computer, um alles schriftlich zu notieren, er wusste aber schon, dass ich bereits über einen Computer und Drucker verfügte. So bat er mich darum, dass ich seine handschriftliche Beurteilung dann in meinen Computer eingeben und drucken sollte. Ich willigte ein: warum auch nicht?

Zunächst musste allerdings so ein Gutachten erst einmal erstellt werden: deshalb machte er wochenlang dann etliche Tests mit mir. Erst unzählige dieser sogenannten Rorschach-Tests (Farb-Kleckse und „*Was sehen Sie in diesem Bild?*“) und noch vieles, vieles Anderes. Ich ärgerte mich aber wochenlang darüber, dass er nichts vorher ankündigte, denn sein IQ-Test z.B. erfolgte an einem Tag, als ich vom letzten Rausch am Abend zuvor so früh morgens dann doch noch mächtig in den Seilen hing. Sein Ergebnis: (nur) ein IQ von 135, wobei ich mich dann ernsthaft fragte, was denn wohl der IQ mit dem falschen Körper zu tun hätte …?

Weitere Tests ergaben, dass ich wohl eher maskuline Verhaltensweisen an den Tag legen würde (auch das hätte ich ihm einfach so, ganz ohne irgendwelche Tests, erzählen können) und mein jetziges Hauptinteresse seien halt Computer.

Während er anschließend sein Gutachten schrieb, schickte er mich zu zwei weiteren Gutachtern (erneut ein Psychologe und ein Psychiater) in Gesundheits-Ämtern in unterschiedlichen Stadtteilen. Dort wurden trotz mehrerer Termine jeweils gar keine Tests oder so etwas gemacht, es wurde nur einfach über mein bisheriges Leben geredet. Ich beantwortete auch ehrlich alle Fragen und natürlich erschien ich dort ebenfalls immer mit Anzug und Krawatte. Ich hatte bereits Befürchtungen, dass einer von ihnen das Gegenteil schreiben würde von dem, was ich erhoffte, denn sie verrieten mir ihr Gesamturteil zunächst nicht: das ginge nur das Gericht etwas an!

Diese erforderlichen Gutachten zahlte übrigens keine Krankenkasse: das musste ich alles selbst mit über 1.000 DM pro Gutachten dann bezahlen! Für jemanden, der lediglich im Rahmen von ABM vorübergehend eine Stelle erhält, doch immense Summen!

Der dritte Gutachter jedoch meinte noch am Ende zu mir, dass ich mir mit der Wahl von Alkohol die einzig „*richtige*" Droge ausgewählt hätte, denn permanenter Alkoholkonsum würde zu einer gewissen Virilisierung (Vermännlichung) führen, obwohl ich aber davon bei mir gar nichts feststellen konnte: Meine Stimme war z.B. immer noch zu hoch für einen Mann!

Inzwischen hatte auch Herr Behrend, der Psychologe, sein Gutachten handschriftlich fertig erstellt und ich tippte nun tatsächlich mühsam meine eigene Beurteilung in meinen Computer ein. Mitunter hatte ich Probleme dabei, manche Fachbegriffe, die z.T. auch noch abgekürzt dort standen, überhaupt erst einmal zu entziffern, doch irgendwann war alles dann endlich fertig getippt und gedruckt und ich gab es ihm.

Mit diesen drei Gutachten waren Monate nun ins Land gegangen und damit auch ein Wechsel der Arbeitsstelle: ich bekam eine neue Stelle im Rahmen von ABM zugewiesen, diesmal eine Arbeit mit psychisch Kranken. Meine ständigen Kreuzschmerzen machten mir aber immer noch zu schaffen: ich konnte kaum etwas länger sitzen oder z.B. nur an einer Kasse anstehen. Die Ärzte der Schmerztherapie gaben mir noch stärkere Schmerzmittel.

Eine neue Arbeitsstelle mit neuem Namen

Auf der neuen Arbeitsstelle stellte ich mich vor und gab auch sofort an, dass ich gerade dabei war, den Namen und das offizielle Geschlecht zu ändern. „*Gar kein Problem*", hieß es dort, „dann *stellen wir Sie eben gleich mit dem neuen Namen ein und überall vor*". Klang erst einmal recht gut, allerdings wurde ich dort dann allen 30 Kollegen zwar als „Herr Schmidt" vorgestellt, aber nicht, ohne gleich hinter der Hand etwas leiser hinzuzufügen, dass ich aber doch in Wirklichkeit eine Frau sei und/oder offenbar ja gar nicht wüsste, was ich sei. Gab es dann irgendwo einmal unterschiedliche Meinungen zu einem beruflichen Thema, hieß es nur *„Ja, der hat wohl gerade wieder seine Tage!“* oder ähnliche Unverschämtheiten. Ich ließ sie einfach reden und klammerte mich nur weiter jetzt an die Hoffnung, dass sich für mich (hoffentlich) nun endlich bald etwas ändern würde …

Die beiden Kollegen, mit denen ich enger zusammenarbeiten sollte, stellten sich leider sofort als zwei Typen heraus, die den ganzen Tag nur über Pornos etc. und ihre Schwanz-Länge redeten – diese beiden widerten mich dort noch mehr an als alle Anderen.

Aber es lief nun seit den Terminen bei den Gutachtern auch der sog. „Einjährige Alltagstest“, aus meiner Sicht mehr als nur überflüssig! Nach dem Jahr musste ich erneut bei jedem Gutachter auftauchen und hoffen, dass sie nun endlich ihre Schreiben auch an das Amtsgericht schicken würden.

Es zog sich irgendwie doch alles wie Kaugummi hin, wie ich fand. Herrn Behrend nervte ich langsam, wann ich denn nun endlich ‘mal zu einem Arzt käme, der mir auch männliche Hormone verschreiben würde etc., aber es hieß: erst, wenn die Namensänderung durch ist! Daher wartete ich sehr ungeduldig darauf, aber erst einmal tat sich über ein Jahr gar nichts.

Eines Tags kamen Manu und ich vom Einkaufen am sog. „langen Donnerstag“ aus der Stadt und fuhren im Auto nach Hause. Direkt vor uns passierte ein Unfall: ein PKW rammte einen anderen PKW, der Vorfahrt hatte. Sofort meinte Manu: *„Oh, wir sollten anhalten und uns als Zeugen zur Verfügung stellen – ist ja direkt vor uns passiert!“* – Ähm: Zeugen, Polizei - Ausweis?? Oh nein, bitte nicht schon wieder! Ich bettelte sie regelrecht an, das nicht zu tun – sie würden mir doch meinen Ausweis wieder nicht glauben und erneut dann in einer Gefangenen-Sammelstelle deshalb zu landen hatte ich nun wirklich keine Lust! Manu gab schließlich meinem Drängen nach und fuhr zu meiner großen Erleichterung dann doch weiter.

Die Gerichtsverhandlung

Es war bereits über ein Jahr vergangen, als ich plötzlich ein Schreiben vom Amtsgericht erhielt: ich solle bitte zu meiner Verhandlung in vier Wochen erscheinen. Was wohl in dieser „Verhandlung" passieren würde? Ich war gespannt und erschien dort natürlich auch mit Sakko und Krawatte, aber ansonsten völlig unvorbereitet, weil ich auch nicht wusste, was mich dort erwarten würde.

Am Richterpult dort saßen dann drei Männer in Robe, riefen mich auf und während ich da im Raum herumstand, fragten sie mich (nach der Aufnahme meiner Personalien) so dämliche Sachen, wie: ob ich eine Namensänderung denn auch mit Sexualität verbinden würde – natürlich nicht, was für eine bescheuerte Frage! Dann folgten noch Fragen, ob ich Kinder hätte oder etwa schwanger sei und auch andere doch ziemlich persönliche Sachen.

Die beiden anderen Gutachten habe ich nie gesehen, es wurden nur Bruchstücke daraus zitiert. Es ging auch hier ausschließlich um das oben bereits Genannte und natürlich auch darum, ob ein „Zwang" dazu bei mir bestehen würde, als Mann zu leben. Schließlich wurde gesagt, dass insgesamt drei Gutachten dies bestätigen würden und nach noch mehrmaligen sehr persönlichen Fragen diesbezüglich konnte ich ein dann ein Schreiben entgegennehmen, in dem solche Dinge standen wie „Frau Beate Schmidt, geboren am *blahblah,* in Düsseldorf, *blahblah.* Die Antragstellerin gab an, *blahblahblah*... Demzufolge kann der Vorname gemäß Paragraph soundso des TSG ab dem heutigen Datum offiziell in einen männlichen Vornamen geändert werden.

Hochachtungsvoll

Name, Unterschrift

Richter am Amtsgericht Berlin-Schöneberg."

Mhm, alles in sich ja auch nicht sehr aussagekräftig, vor allem: wie komme ich denn jetzt an einen anderen Personalausweis?

Diesen musste ich ganz woanders erst einmal mit dem Wisch von hier sowie einem neuen Lichtbild etc. beantragen. Die Leute dort waren gar nicht mal unfreundlich, machten aber den Fehler, mich mit „Frau Beate Schmidt" aufzurufen.

Es stand dann allerdings nur ein junger Mann auf und ging zu der genannten Tür, was nun wiederum erst einmal zum Unmut der anderen Wartenden führte, weil einige wohl dachten, ich wolle mich dort nur vordrängeln.

Änderung des Vornamens

Im Jahr 1989 (inzwischen genau 30 Jahre alt) stellte ich nun mit dem Wisch hier vom Gericht offiziell einen Antrag auf Namens- und Personenstands-Änderung, gemäß diesem TSG, wobei es gar nicht so einfach war, erst einmal herauszufinden, wo ich dafür überhaupt hin musste: wiederum zum Amtsgericht Schöneberg, aber in eine andere Abteilung dort. Später stellte sich heraus, dass ich in Berlin mit einer der Ersten wohl war, der dort nach dem „*TSG*" einen solchen Antrag stellte. Leider saßen dort in der Antragsstelle zwei Frauen, die mich nur wie einen Unmündigen oder offenbar Zurückgebliebenen und zudem sehr unfreundlich dort behandelten, statt mich einfach einmal richtig aufzuklären.

Erst sprach ich denen angeblich zu leise, dann aber wiederum zu laut, erst zu schnell, dann zu langsam etc. – eigentlich hatten sie nur dauernd irgendetwas an mir auszusetzen.

Dann kam die Frage, wie ich denn nun heißen wollte. Sie erinnerte mich an den doofen Witz mit dem Indianer, der wegen einer Namensänderung auf dem Standesamt war:

„Sie heißen?" - *„Großer Donner, der über die Prärie rollt!"* - *„Und wie möchten Sie nun heißen?"* - *„Bumm!"*.

Herr Behrend hatte mir gesagt, den neuen Vornamen könne ich mir dann selber aussuchen. So hatte ich mir schon wochenlang überlegt, wie denn mein neuer Vorname nun lauten sollte: meinen bisherigen hatte ich ja immer nur mit „B." abgekürzt – was wäre da naheliegender, als wenn der neue Name nun auch mit einem „B" anfangen würde? Anderseits hatte ich (aus welchem

Grund auch immer) schon seit meiner Kindheit den Namen „Martin“ einfach immer angegeben, wenn ich meinen tatsächlichen Namen nicht sagen wollte: wäre dieser jetzt nicht passender gewesen? Niemand klärte mich darüber auf, dass durchaus BEIDE Vornamen möglich gewesen wären, aber da ich nur *einen* Vornamen bei der Geburt bekommen hatte, wusste ich das natürlich auch nicht.

Ich konnte mich auf dem Amt nicht definitiv sofort für einen der beiden Namen entscheiden und wurde dort nur gedrängt, mich jetzt doch endlich auf (nur) einen der beiden Vornamen festzulegen. Also sagte ich einfach spontan „Martin“ und fertig. Nun ging (hoffentlich!) alles seinen Gang …

In der Zwischenzeit übte ich zu Hause nun meine neue Unterschrift: *„Martin Schmidt“* – und diesen Namen wollte ich dann keineswegs zukünftig auch immer abkürzen!

Gut vier Wochen später war es dann soweit: ich konnte meinen neuen Personalausweis abholen! Alle Berliner Einwohner hatten eh immer einen „behelfsmäßigen“ Personalausweis, ich hingegen bekam nun einen *„vorläufigen* behelfsmäßigen“ Ausweis. Aber: es stand dort nun tatsächlich „Martin“ als Vorname drin! Leider, wie ich kurz darauf sehr enttäuscht feststellen musste, war dort als Geschlecht aber weiterhin „weiblich“ notiert!

Doch Herr Behrend versuchte, mich zu beruhigen: da ich die sog *„große Lösung*“ anstrebte, war eine Änderung des *Personenstands* (männlich oder weiblich) erst möglich, wenn einige OPs durchgeführt waren inkl. des Nachweises, dass man nun unfruchtbar war!

Ich fand es unverschämt, so etwas überhaupt erst 'mal zu verlangen, obwohl ich ja gar nicht vor hatte, irgendwelche Kinder in diese Welt zu setzen. Trotzdem fand ich diese Forderung unmöglich!

Herr Behrend meinte dann noch, dass er noch jemanden hätte, der aber ein Mann war und sich als Frau fühle und erklärte mir dann wörtlich: *„Im Grunde braucht ihr doch nur eure Ausweise zu tauschen“*! - Haha: Netter Witz…!

Beim Arzt

Aber nun ging es endlich ab zu einem Arzt! Es hieß, es gäbe hier nur einen Arzt, der OPs an Transsexuellen durchführte, ein gewisser Dr. Michels, dessen Praxis gar nicht mal so weit entfernt von meinem Wohnort war. Also ließ ich mir einen Termin dort geben – es war jedoch ausgerechnet ein Frauenarzt! Außerdem war bislang nur mein Personalausweis geändert worden, aber keineswegs alles andere: Gesundheitskarte etc.

Egal, dann eben mit meinem Aussehen und den Ausweisen auch dort hin. Der Aufstand dort bei Aufruf einer „Frau Schmidt“, den ich verursachte, als ich daraufhin aufstand, kam mir doch sehr bekannt vor: Offenbar gab es dort ausschließlich weibliche Patienten. Als ich dann endlich mit dem Arzt reden konnte, meinte er nur, er würde nur die Gebärmutter entfernen und die Brüste – in welcher Reihenfolge?

Da brauchte ich nun wirklich nicht lange zu überlegen: die Brüste, diese mir so verhassten und verräterischen Brüste zuerst - bitte!! Auch wenn die Entfernung der Gebärmutter zum Nachweis von Unfruchtbarkeit grundsätzlich jetzt dringender gewesen wäre – MIR war die Entfernung dieser verräterischen Brüste am wichtigsten! Die Gebärmutter brauchte ich nicht zu verstecken – die konnte ja eh niemand sehen!

Er hatte nur einen Platz in einer sogenannten Beleg-Klinik, dort bekam ich einen Termin für die erste OP – drei Monate später.

Und was war mit den Hormonen – wann gab es nun endlich männliche Hormone? Oh, hieß es, diese könnten jetzt sofort schon verabreicht werden, das ginge aber nur intravenös und das müsse 14tägig wiederholt werden dann. Ich bekam meine erste Spritze mit Testosteron.

Testosteron

Testosteron - was würde nun passieren? Jeden Morgen rannte ich als Erstes zum Spiegel und prüfte sehr genau, ob nicht vielleicht bereits ein klitzekleines Barthaar irgendwo sprießen würde, aber es passierte diesbezüglich leider lange Zeit gar nichts: Kein einziges Barthaar, nichts! Dabei hatte ich mir am ersten Tag, als die Hormone verabreicht wurden, schon einmal ein paar Einweg-Rasierer und so gekauft ...

Das Erste, was durch die Gabe der Hormone passierte, war Wochen später der Stimmbruch. Ohne Vorwarnung rutschte meine Stimme einfach in den

Keller und eigentlich grunzte ich dann erst einmal mehr vor mich hin als dass ich richtig sprechen konnte. Den Stimmbruch schon erwartend hatte ich vorher meine Stimme auf einem Kassetten-Band aufgenommen: Ich wollte hinterher denselben Text erneut sprechen und dann beides vergleichen.

Aber erst nach einigen Wochen pendelte sich dann meine Stimme endgültig ein. Vergleich mit der „Vorher-Stimm-Aufnahme“: doch, ja: die Stimme war nun doch wesentlich tiefer als vorher!

Aber auch nur ein einziges Barthärchen war immer noch nicht zu sehen! Ganz enttäuscht wandte ich mich an Herrn Behrend, aber er meinte nur: *„Na, ein Schwanz wächst dir durch die Hormone sicherlich nicht!“*. Frechheit - das hatte ich ja auch gar nicht gefragt!

Von der Krankenkasse (Ersatz-Kasse) eine Kostenübernahme für die geplante OP zu bekommen, gestaltete sich dann aber schon sehr schwierig: Dies könne ein Sachbearbeiter nicht entscheiden, das müsse erst zu einem „gesonderten Fachbereich“, da ja *„keine Krankheit im eigentlichen Sinne“* vorläge. Und dieser *„Fachbereich“* ließ sich endlos Zeit. Die Kostenübernahme erforderte mein unentwegtes Eingreifen dort, dauerte unendlich lange und benötigte unzählige Anrufe: doch endlich erhielt ich dann die Kostenübernahme!

Weg mit den Ekel-Dingern!

Kurz bevor es damit zur ersten OP ging, meinte der Arzt erst einmal, der festgesetzte OP-Termin wird nun um vier weitere Wochen verschoben, weil er jetzt erst einmal in Urlaub fahren wollte. Schön, dass es ihm jetzt schon einfällt, nachdem ich auf der Arbeit bereits für Vertretungen etc. gesorgt hatte …

Besonders den beiden Kollegen, mit denen ich enger zusammenarbeitete, passte es offenbar gar nicht, dass ich nun operiert werden sollte und wann immer sie nun die Gelegenheit dazu hatten, zogen sie alles bei mir regelrecht ins Lächerliche. Es waren richtige Machos, die sich sonst etwas drauf einbildeten, als Mann auf die Welt gekommen zu sein, richtig widerlich, wie ich fand. Und das war keineswegs ein *Verdienst* von denen, sondern nur einfach unverschämtes Glück!

Trotzdem fand die erste OP Wochen später endlich statt: diese vermaledeiten Brüste endlich loszuwerden war mein Ein und Alles und ich sehnte diesen Termin regelrecht herbei!

Leider vergaßen sie dann, von mir vorher eine Unterschrift einzuholen, dass ich über mögliche Risiken aufgeklärt worden sei etc. Niemand hatte mich auch irgendwann aufgeklärt. Ich hörte noch, wie der Arzt laut herumbrüllte, dass die Unterschrift von mir fehlen würde und da ich wegen der bereits eingeleiteten Narkose nun gar nicht mehr in der Lage war, irgendetwas selbständig noch zu unterschreiben, führte einfach jemand meine Hand und setzte damit eine Pseudo-Unterschrift auf irgendeinen Wisch.

Nach dem Aufwachen war alles erst einmal dick verbunden: Das sah schon mal durch die Verbände jetzt ziemlich flach aus! Abends kam der Arzt in die Belegklinik und riss mir die Verbände runter. Aber, was ich dann erblickte, erschreckte mich dann doch: Zwei nach innen gehende Löcher, die so groß wie diese Ekel-Brüste waren und genauso tief – so sah doch kein Mann aus! Verwirrt fragte ich den Arzt, was *das* denn jetzt werden solle, doch er winkte nur ab und meinte *„Ein bisschen Krafttraining mit Hanteln und das wird schon wieder!"* - und weg war er.

Vorweg: trotz jahrelangem Training mit Hanteln wurden diese Riesen-Löcher nie kleiner und es wurde später in einer anderen Klinik mehrmals versucht, wenigstens die Loch-Größe etwas zu mindern mit weiteren Transplantationen dorthin ... Noch heute, gut 30 Jahre später, kann ich mich nicht mit freiem Oberkörper irgendwo zeigen, ohne dass jeder sofort sehen würde, was hier passiert ist!

Aber nach einer guten Woche nach dieser OP und zumindest mit Kleidung konnte nun niemand mehr sehen, dass mein Körper einmal über so etwas wie Brüste verfügt hatte! Jetzt musste ich nur noch diese vermaledeite Gebärmutter loswerden, um endlich auch die Personenstands-Änderung beantragen zu können!

Ende 1989 fiel die Berliner Mauer. Wie alle Einwohner Berlins waren auch Manu und ich sehr überrascht darüber und beschlossen dann, ein paar Wochen später doch mal einen Abstecher nach Ost-Berlin zu machen. Mir graute ja eher davor: Es fuhr zwar jetzt ein Bus dorthin, aber eine Grenz- und Ausweis-Kontrolle gab es weiterhin dort und meine Erfahrungen mit den Grenz-Übertritten, wenn man vorher aus West-Berlin einmal raus wollte, waren bislang auch nicht so überragend. Und auf meinem neuen Personal-Ausweis stand ja immer noch „*weiblich*“ als Geschlecht!

Dennoch, alle Achtung: die „Vopos“ genannten Grenzer im Bus machten am allerwenigsten Aufstand wegen meines Personalausweises – vermutlich hatten sie auch nur auf den Namen dort geblickt. Es gab immerhin diesmal keinerlei Probleme an der Grenze!

Die zweite OP

Fast genau zwei Jahre nach der Brust-Entfernung war es dann erneut soweit: wieder ab in diese Belegklinik, diesmal zur Entfernung der Gebärmutter. Vorher wurde ich noch zum Röntgen selbiger geschickt, jedoch nun mit neuem Namen und Ausweis war ich dort nicht gewillt, die Frage „*Was soll denn genau geröntgt werden*“? auch mit „*Die Gebärmutter*“ zu beantworten: Männer haben ja keine! Stattdessen zeigte ich nur auf meinen Bauch und meinte lapidar: „Da irgendwo...“. Damit waren die Radiologen allerdings gar nicht einverstanden und es gab daraufhin dort einen mittleren Aufstand, bis dies irgendwann dann geklärt war ... Leider auch hier nur laut über den Flur für alle brüllend, statt so etwas einfach einmal kurz und leise in einem persönlichen Gespräch zu klären!

Diesmal blieb ich etwas länger in der Klinik und diese OP war auch wesentlich schmerzhafter als die erste. Vorher sagten sie zwar, sie gingen von unten dran, aber dann hatten sie mir doch den ganzen Bauch aufgeschnitten und anschließend dann dick geklammert. Zu Essen oder zu Trinken gab es leider dann auch nichts außer lauwarmem Haferschleim, den ich aber zum Verrecken einfach nicht herunter bekam. Also hungern und dürsten …

Zwei Wochen später kam ich dann wieder nach Hause, noch etwas angeschlagen. Immerhin: durch diese OP blieb die Regel nun endgültig aus – was für eine Erleichterung!

Ich war mir ziemlich sicher, auf dem richtigen Weg jetzt zu sein! Natürlich war ich durch diese beiden OPs noch lange kein Mann – aber vielleicht nun auf dem Weg dorthin? Außerdem begann bei mir inzwischen doch bereits ein kleiner Bartwuchs im Gesicht. Leider hatte ich schon immer sehr blonde Haare und deshalb sah man auch kaum etwas davon zu meinem Bedauern. Da mussten wahrscheinlich noch viele, viele Barthaare her, damit man auch einmal etwas sehen konnte!

Nun beantragte ich diese Personenstands-Änderung endlich, jedoch ich wurde in die Klinik zurückgeschickt beim Antrag: Ich solle erst einmal nachweisen (!), dass keine weiteren OPs in dieser Richtung mehr möglich seien! Ich jammerte daraufhin so lange in der Verwaltung dieser Klinik herum, bis mir irgendwer irgendeinen Wisch, der wenigstens halbwegs so klang, unterschrieb. Zumindest *DORT* waren keine weiterführenden OPs mehr möglich und das bescheinigten sie mir schlussendlich dann auch.

Es dauerte dann noch ein weiteres knappes Jahr, bis ich endlich, endlich den richtigen Personalausweis in meinen Händen hielt! Ich war „stolz wie Oscar“: endlich stand dort auch „männlich“ als Geschlecht!. Über 30 Jahre musste ich gezwungenermaßen als Frau durchs Leben gehen, die ich niemals war – endlich hatte dies nun ein Ende! Natürlich war ich immer noch kein „richtiger“ Mann, aber weder mein Aussehen noch mein Ausweis sagten nun etwas darüber aus oder widersprachen sich!

In meiner Naivität stellte ich mir vor, dass es jetzt auch nur noch eine Kleinigkeit sein könnte, auch alle anderen Ausweise etc. noch ändern zu lassen, aber weit gefehlt: Einige Verwaltungen verstanden überhaupt nicht, um was es hierbei ging:

Die Verwaltung meines Arbeitgebers änderte z.B. nicht meinen Vornamen, sondern einfach den Nachnamen: ich bekam auf einmal einen Gehalts-Nachweis auf den Namen *„Frau Beate Martin“*! Unglaublich, wie inkompetent manche Verwaltungen waren, etwas korrekt zu lesen, stand doch deutlich in dem Gerichtsurteil, dass der VORname geändert wurde!

Große Probleme gab es auch bei der Führerschein-Behörde, die sich erst einmal hartnäckig weigerte, zu verstehen, um was es hier eigentlich ging. Ich benötigte dort etliche Anrufe, um endlich einen neuen Führerschein zu erhalten. Flott hingegen ging es dafür dann bei der Ausstellung einer neuen Gesundheits-Karte: immerhin etwas!

Bei anderen Ausweisen, die eh nur eher selten benötigt wurden, machte ich, der Antragstellung bei Ämtern, die sich als komplett unwissend outeten, inzwischen überdrüssig, einfach 1994 „kurzen Prozess“: ich ging eines späten Abends bei uns in den Hinterhof, entzündete dort ein kleines Feuerchen und warf alle anderen Ausweise mit dem alten Namen einfach hinein – dann hatte ich eben alle Ausweise verloren oder so! Und weil es mir einfach gut tat, dem Feuer zuzusehen, wie es meine bisherige (falsche) Identität verbrannte, um die neue nun annehmen zu können, nahm ich gleich noch alte Zeugnisse und so und warf diese ebenfalls ins Feuer. Keine besonders gute Idee, wie ich heute weiß, aber es tat mir in diesem Moment unendlich gut in der Seele, alles dort nun verbrennen zu sehen!

Offiziell hieß ich also nun „Martin“ und konnte dies auch per Ausweis nachweisen! Ab diesem Moment ließ ich einfach den Alkohol weg: ich nun brauchte meine „Traumwelt“, die bislang mein einziger Halt in diesem Leben war, einfach nicht mehr! Von einem Tag auf den anderen rührte ich keinen Schluck mehr an: aus, Ende! Hier sollte nun endlich ein neues Leben beginnen.

Leider musste ich meiner Umwelt nun auch offenbaren, dass ich einen anderen Namen bekommen hatte (und damit auch ein anderes Geschlecht) und nun bitte auch als „Herr Schmidt“ angesprochen werden wollte. Dieses Ansinnen wurde jedoch nicht von allen freundlich angenommen, z.B. auch nicht von meiner Vermieterin, die (z.T. etliche Male lauthals ziemliche Beleidigungen im Treppenhaus brüllend) mit allen Mitteln versuchte, mich nun aus meiner Wohnung ‘rauszuekeln.

Unangenehm fiel mir auch auf, dass z.B. in der U-Bahn, wenn mir junge Frauen gegenüber saßen, ich den Eindruck hatte, dass mir andauernd nur in den Schritt geglotzt wurde. Sah man hier eventuell, dass da

„etwas fehlte“? Es war mir stets sehr unangenehm, deshalb versuchte ich dann wiederum, mit Hilfsmitteln dort etwas vorzutäuschen: ich steckte mir einfach Socken in die Unterhose an dieser Stelle.

Für eine U-Bahn-Fahrt war es wohl ausreichend, das größere Problem ergab sich aber wiederum auf den Toiletten: Offiziell ging ich nun nur noch auf die Männer-Toilette, aber ich fand dort i.d.R. nur Urinale (oder auch nur eine Urin-Rinne) vor, die ich aber alle ja nicht benutzen konnte. Manchmal gab es sogar dort eine einzige Kabine vor – in der Regel war diese aber leider immer verschlossen und daher auch nicht benutzbar. Ich hatte erneut ein Toiletten-Problem: ich kam zwar nun ungeschoren hinein, konnte dort aber oftmals meine Blase dennoch nicht leeren …

Was tun? Ich hätte gerne wie jeder andere Mann auch im Stehen am Urinal pinkeln können, aber das ging ja nun einmal nicht.

Fast drei Jahre versuchte ich bereits, so in meiner „neuen Welt“ als Mann zu bestehen. Niemand spuckte mich in dieser Zeit noch an, aber dennoch gab es erste kleinere Probleme:

Erste Erkenntnisse mit neuer Identität

Auf der Arbeitsstelle begann eine 2jährige Fortbildung zum Projekt-Manager, zu der ich vom Arbeitsamt zur Teilnahme verpflichtet war. Einmal die Woche traf man sich in Kreuzberg mit anderen Teilnehmern aus ähnlich gelagerten ABM-Projekten und wir mussten dort alle u.a. auch die doppelte Buchführung etc. lernen.

Hier machte ich die ersten seltsamen Erfahrungen: es redeten mich alle dort natürlich mit „*Martin*“ an, ich hatte mich ja so vorgestellt, aber so angesprochen, reagierte ich manchmal gar nicht darauf, schaute auch nicht auf und antwortete erst einmal nicht. Der Name klang für mich noch irgendwie „fremd“, ich fühlte mich dann teilweise erst nicht angesprochen und dachte manchmal gar nicht, dass ich gerade gemeint sei.

Auf der anderen Seite gab es durchaus auch andere Erwachsene (oder auch Kinder), die auch auf den Namen „Beate“ hörten: in dem gleichen Moment, wo jemand im Kaufhaus oder auf der Straße eine andere Person mit diesem Namen rief, zuckte ich weiterhin stets zusammen – dieser Name war mir dermaßen verhasst, dass ich allein das Aussprechen desselben gar nicht ertragen konnte - obwohl ich in dem Fall ja gar nicht gemeint war!

Dann musste ich auch feststellen, dass man sehr, sehr vorsichtig sein musste, wenn man völlig belanglose Dinge aus der Vergangenheit erzählte, um sich nicht selbst zu verraten: z.B. unterhielt ich mich einmal mit jemandem über den Sportunterricht früher in der Schule, der ja noch nie mein „Lieblingsfach“ gewesen war. Auf die Frage, was ich dort am meisten gehasst hätte, antwortete ich ehrlich und seufzend: „Das Seil raufklettern und natürlich den Stufenbarren!“ – Ich wusste bis dahin gar nicht, dass Jungen z.B. niemals Sport an einem Stufenbarren machten, dort gab es nur den normalen Barren – den Stufenbarren hingegen gab es nur an Mädchen-Schulen! Ich stotterte sonst was Ausgedachtes schnell zusammen, als man mich darauf aufmerksam machte („*Wir wären halt eine gemischte Schule gewesen*"), aber alle anderen behaupteten dies auch und bestätigten, dass der Sport-Unterricht beim Barren *immer* getrennt war!

Es war mir peinlich, in solche „Fallen" zu tappen, auch wusste ich manchmal auf andere Fragen erst einmal gar keine Antwort: „*Wo kommst du her?*" – „*Aus NRW!*" – „*Aha: also vor dem Barras ausgebüxt!*". Alles Sachen, die ich mir vorher nie überlegt hatte. Selbstverständlich war mir bekannt, dass die männlichen Einwohner Berlins alle nicht zum Bund erst einberufen wurden, aber auf die dann folgende Frage, wo denn (da ja aus NRW) meine Musterung stattgefunden hätte, hatte ich natürlich keine Antwort parat außer einem Schulterzucken. Es gab durchaus Szenen, bei denen man Gefahr lief, sich versehentlich zu verraten und das war etwas, das ich unter keinen Umständen gewollt hätte: Nie, nie mehr zurück in die Vergangenheit! Alleine die Vorstellung, dass jemand meine Vergangenheit einfach hätte erraten können, trieb mir bereits die Schamesröte ins Gesicht.

Auch Jahre später ergaben sich manchmal noch unverhofft kleinere Probleme: So musste ich auf einer Familienfeier bei einer goldenen Hochzeit, bei der ich zum Tanzen aufgefordert wurde, feststellen, dass mir seinerzeit in der Tanzschule natürlich die falschen Schritte und die falsche Haltung beigebracht wurden … Dann heißt es, in Sekundenschnelle umdisponieren und versuchen, alles spiegelverkehrt dann ganz fix hin zu bekommen!

Dennoch versuchte ich nun, so „normal“ und unauffällig wie möglich durchs Leben zu huschen, trotz nun völlig anderer Toiletten-Probleme und sogar versuchter Erpressungen: es kam ein Mann in den Klinik-Bereich, in dem ich arbeitete und den ich von früher aus meinem Arbeitsleben bereits kannte.

Leider erkannte er mich auch wieder trotz neuem Namen und fing sofort an: *„Ich sag auch keinen Ton, wenn ich dies und das jetzt von dir bekomme!“.* Ich unterband diese Versuche sofort, soweit es mir möglich war, musste aber leider die Erfahrung machen, dass ich mit meiner Vergangenheit tatsächlich nun erpressbar war. Es sollte nun niemand mehr von früher etwas erfahren! Hoffentlich traf ich nicht noch mehr „alte Bekannte“ von damals wieder!

Berufliche Veränderungen

In der Weltgeschichte brach inzwischen der x-te Golfkrieg aus. Auf meiner Arbeitsstelle feixte man nun dauernd, dass ich wohl jetzt Pech hätte und nun zum Militär eingezogen würde. Obwohl ich mir das gar nicht vorstellen konnte, verunsicherte mich das doch erst einmal schon.

Computer und deren Programmierung waren noch immer mein Haupt-Interesse, eigentlich wollte ich später schon auch in diesem Bereich arbeiten – aber ich hatte ja keinen Abschluss dazu in irgendeiner Ausbildung bekommen: Kaum jemand hatte damals bereits Computer, auch an der Hochschule wurde der erste Rechner dort erst eingeführt, als ich bereits das Abschlusszeugnis in der Hand hielt. Irgendwie war ich der Technik immer ein wenig voraus. So hatte ich ‘mal überlegt, per Fernstudium so eine Ausbildung nachzuholen, damit ich einen Nachweis darüber hatte und hatte mich dafür bereits fast zwei Jahre zuvor für solch ein Fernstudium angemeldet. Der Vorteil: Man konnte dann entspannt zu Hause alle Aufgaben lösen und programmieren, der Nachteil: es musste alles am Wochenende oder nach dem Arbeitstag noch erledigt und dann aufwendig alles per Post dorthin immer geschickt werden. Trotzdem zog ich das alles zwei Jahre kontinuierlich durch und erhielt dann ein gutes Zeugnis als Pascal-Programmierer – leider aber wiederum auf den Namen „Beate Schmidt“, weil seinerzeit dieser alte Name ja noch angegeben wurde und somit war auch dieses Zeugnis für mich jetzt absolut nicht verwendbar! Auch alles vergeblich …

Beruflich ergaben sich jedoch Veränderungen: Ich arbeitete nun in der Geschäftsstelle dort und zwar ausschließlich nur noch in der Verwaltung (Buchführung etc.) und war dort auch für alle Computer und die Schulungen aller Mitarbeiter daran zuständig. Auch der neue Kollege, mit dem ich nun zusammen arbeitete jeden Tag, war wesentlich freundlicher und umgänglicher als die bisherigen dort.

Ein neuer Arzt in Bayern

Zu dem Frauenarzt in Berlin musste ich weiterhin alle 14 Tage antreten, um dort meine Spritze mit Testosteron abzuholen. Leider machten sich die Angestellten dort einen „Witz“ daraus, mich jedesmal mit „Frau Schmidt“

aufzurufen, obwohl ich offiziell ja nun „Herr Schmidt" war – mit gültigen Ausweisen!

Das Raunen im Wartezimmer, von dort meist giftige Bemerkungen sowie das dann anschließende große Schweigen, sobald ich daraufhin aufstand, das war alles nicht zu überhören.

Eines Tages erhielt ich jedoch unerwartet einen Anruf von dort: *„Wir haben Ihnen für morgen, 9 Uhr einen Termin bei einem Arzt namens Dr. Scholl in München zum Penoid-Aufbau besorgt!"* – Äh: Bitte was? Wer? Wo??

Ich verstand zuerst kein Wort – zu einem Arzt morgen früh und auch noch in München, über 600 KM entfernt?? Ohne Absprache mit mir? Ich hatte gerade die Urlaubsvertretung meines Kollegen übernommen und konnte unmöglich jetzt einfach nicht zur Arbeit gehen und stattdessen irgendwo zu einem Arzt 600 km weit entfernt fahren! Ich ließ mir die Rufnummer geben und rief dort an.

Es stellte sich heraus, dass dieser Dr. Scholl es sich angeblich zur „Lebensaufgabe" gemacht hatte, Transsexuellen zu helfen und ihnen z.B. auch zu einem sogenannten Penoid zu verhelfen: also einen Penis operativ zu verpassen, mit dem man dann auch richtig urinieren könnte! Es klang spannend und es hieß, er solle der einzige Arzt in Deutschland sein, der solche Operationen überhaupt durchführte – es lohnte sich, Näheres darüber zu erfahren, fand ich! Ich ließ mir einen Termin vier Wochen später geben, als mein Kollege aus dem Urlaub wieder zurück war, nahm selber dann drei Tage Urlaub und fuhr hin.

Mit dem Nachtzug in einem Schlaf-Abteil, denn lange sitzen konnte ich damals immer noch nicht, im Schlafwagen konnte man zwar nicht schlafen, aber wenigstens die ganze Zeit liegen.

Um sieben Uhr morgens zog ich mir in der Klinik einen Wartezettel mit der Nummer „1“ für diesen Tag, aber niemand sagte mir, dass die Sprechstunde des Arztes immer nur von 14 bis 15 Uhr war. Sieben Stunden saß ich dort mit heftigen Kreuzschmerzen im immer voller werdenden Warteraum, der riesig und für unzählige Abteilungen zuständig war, wie sich herausstellte, aber mein Arzt kam erst um 14:20 Uhr.

Es gab dann auch nur ein kurzes Gespräch hinter einem Vorhang, nicht einmal in einem Sprechzimmer, so dass alle „Nachbarn“ auch gut zuhören konnten. Der Arzt sah mich an und fragte nur: *„Bei Ihnen ist noch gar nichts gemacht worden?“* – *„Doch, doch!“*, beeilte ich mich, ihm zu versichern: *„Hysterektomie und Mastektomie wurden bereits vor ein paar Jahren gemacht!“*. Daraufhin erhellte sich sein Gesicht: *„Ja, prima, dann machen wir hier den Penoid-Aufbau!“*. Ich erfuhr, dass dafür in einer ersten OP meine Harnröhre verlängert werden musste, in einer zweiten (sehr großen) OP dann aus dem Bein (oder notfalls auch Arm) Material dafür entnommen wurde und das Penoid aufgebaut werden würde. In einer dritten und letzten OP würde dann eine neue Harnröhre gebaut und diese mit dem Penoid verbunden werden. Lediglich meine Rückenschmerzen wären nicht so gut, weil ich längere Zeit nach dem Penoid-Aufbau dann liegen müsste.

Nur drei OPs? Das klang wirklich gut! Er erklärte mir noch, dass die Aussichten gut stünden, es so gut wie keine Komplikationen geben würde und ich bekam einen Termin zur ersten OP in sechs Monaten. Gleichzeitig wurde mir gesagt, dass er nun die Klinik wechsle, in einer anderen Klinik (noch mal knapp 50 km weiter) dann operieren würde und ich mich dann dort melden sollte.

Datenschutz und transfeindliche Gewalt

Zu diesem Frauenarzt in Berlin ging ich weiterhin alle 14 Tage nur für meine Testo-Spritze. Dann bekam auch diese Praxis ihren ersten Computer. Etwa 15-20 Personen, die sich dort anmelden wollten, standen meist am Anmelde-Tresen in einer langen Reihe und warteten und eine Angestellte saß so, dass alles, was im Computer über die jeweiligen Patienten angezeigt wurde, für alle anderen in der Warteschlange deutlich sichtbar war, denn er strahlte in Richtung der Wartenden und ganz riesig oben drüber in leuchtenden Neon-Farben (!) auf dem Monitor stand jeweils der Name des Patienten und die Diagnose – lesbar für *JEDEN* dort! Also z.B. „*Kathrin Müller: Syphilis*" oder so ...

Schon Übles ahnend, tauchte, als ich in der Schlange endlich dran war, deutlich mein Name und dazu in Neon-grün groß auf: „*Transsexualität – Geschlechtsumwandlung*" ! Für alle Personen dort deutlich sichtbar! Und außerdem auch noch falsch! Das ging jetzt aber eindeutig zu weit, fand ich! Ich machte noch die Arzthelferin darauf aufmerksam, dass dies dem Datenschutz widerspricht und es so keinesfalls ginge, bekam aber nur schnippische Antworten wie „*Wir haben hier halt keinen anderen Platz für das Ding*“ und „*Stellen Sie sich doch nicht so an!*“ und ähnliches zu hören.

Dies ließ ich aber nicht einfach so durchgehen – wenn da neben mir auch noch andere Betroffene zu diesem Arzt geschickt wurden, dann hätte das durchaus für den Ein oder Anderen sehr, sehr üble Folgen haben können! Als ich 14 Tage später den Computer weiterhin an derselben Stelle und immer noch alle Diagnosen an die Wartenden ausstrahlend stehen sah (die natürlich auch alle munter ihre Hälse immer reckten), machte ich sofort auf dem Absatz kehrt und ging wieder. Zu Hause sendete ich dann eine kurze e-Mail an den Datenschutz-Beauftragten mit einer Beschwerde über das Verhalten in dieser Praxis – daraufhin bekam ich kurz danach in der Praxis ein Hausverbot: Offenbar hatte sich jemand vom Datenschutz tatsächlich darum gekümmert!

Da ich aber auf mein Testosteron nicht verzichten wollte, überredete ich meine Hausärztin, mir diese Spritzen nun intravenös zu verabreichen, was sie zwar anfangs eher etwas widerwillig, aber dann doch regelmäßig tat.

Alle 14 Tage zum Arzt wegen der Spritze nervte zwar etwas, zumal diese Praxis nur während meiner Arbeitszeit geöffnet hatte, aber ich sah mit Spannung der nun angekündigten OP in Bayern entgegen. Würde ich danach wirklich auch wie ein „richtiger“ Mann urinieren können? Ich hoffte es so sehr!

Doch erst einmal kam plötzlich ein Anruf aus der Klinik in Bayern: die geplante OP wird auf unbekannte Zeit verschoben! Es hieß, es wären alle OP-Schwestern plötzlich krank geworden und man könne deshalb nicht operieren. War besonders „klasse“, da ich Vertretungen für mich auf der Arbeit organisiert und Leute dafür auch kurzfristig eingestellt hatte, denen ich nun auch wieder absagen musste – daraufhin hörte ich von der Anruferin den Satz: *„Oh, wir wussten ja nicht, dass Sie so sozial eingebunden sind!“*. Klar, andere Betroffene waren ja auch in der Regel mindestens arbeitslos, denn dass man nach seinem „Outing“ erst einmal mindestens seine Wohnung und seine Arbeit verlor, war ja völlig normal für uns – aber ich hatte gerade (noch bzw. wieder) beides!

Erst viel später erfuhr ich durch Insider, dass keineswegs alle Schwestern auf einmal krank geworden waren: sie weigerten sich alle einfach nur, Trans-Personen zu versorgen, weil diese ihrer Meinung nach ja nicht „krank“ seien. Woraufhin Dr. Scholl erst einmal Aufklärungs-Seminare durchführte für alle Schwestern und Pfleger, um ihnen das Thema an sich bekannter und verständlicher zu machen. Transsexualität (Trans-Identität) ist KEINE anerkannte Krankheit, nur ein äußerst belastender Lebensumstand für alle Betroffenen.

Ich kann aber durchaus nachvollziehen, das sich doch nicht gerade wenige Trans-Menschen noch vor Erreichen des 30. Lebensjahres umgebracht haben, weil sie die ganze Lebens-Situation (nicht erfüllen zu können, was von ihnen erwartet wurde) und die damit verbundenen meist täglichen Angriffe, Beleidigungen und Kränkungen einfach nicht mehr länger ertragen konnten. Einige Trans-Personen wurden auch einfach umgebracht.

Ich denke heute, wenn Frau Kohn mich nicht zu ihrem Psychologen damals geschleppt und dieser Herr Behrend seinerzeit nicht auf mich so eingeredet hätte, wie ich mit Hilfe des „*TSG"s* etwas an meiner Situation jetzt doch noch ändern könnte: ich hätte dann vermutlich auch irgendwann einfach aufgegeben.

Zum Thema „*Transfeindliche Gewalt*": Dieser Artikel aus der „*Berliner Zeltung*" ist zwar schon ein paar Jahre alt (2020), zeigt aber deutlich, dass das Problem viel größer und immer noch aktuell ist:

Hier klicken! (geht nur beim e-Book!) Link: ***https://www.berliner-zeitung.de/news/trans-und-homophobe-gewalt-erreicht-in-berlin-neuen-hoechststand-li.294218***

Ein Auszug aus dem Artikel:

Selbst wenn man transfeindliche Gewalt enger fasst und (nur) auf verbale und körperliche Gewalt fokussiert, passiere sie häufig und überall. Sie sei keine Ausnahmeerscheinung, sondern Teil des Alltages von Transmenschen

Das stimmt, leider: ich kann dies aus meiner Erfahrung nur bestätigen: es ist alltäglich!

Allgemein zu der Gewalt an Trans-Personen ist auch dieser Artikel aus „Tagesschau.de" aus dem Jahre 2022:

Transfeindlichkeit: Viele Fälle bleiben wohl im Dunkeln | tagesschau.de (klicken geht auch nur beim e-book!) Link: ***https://www.tagesschau.de/inland/transfeindlichkeit-statistiken-gewalt-101.html***

Traurig, aber wahr: es hat sich auch hier so gut wie nichts geändert inzwischen! Von wegen: „*Transfeindliche Angriffe werden oftmals nicht erkannt!*“: sie werden oft einfach nur ***ignoriert***! Noch immer werden etwa 90% (!) aller Hass-Angriffe gar nicht erst bei den Behörden gemeldet, weil die Betroffenen Angst vor transphoben Beleidigungen auch durch die Polizei haben!

Auch ich traute mich vor meiner „*Wende*“ schon jahrelang kaum mehr aus dem Haus, alleine schon gar nicht und vor allem auch nicht in den Abendstunden oder gar in bestimmte Bezirke zu gehen. Zu groß war die Gefahr, dass man erneut wieder niedergeschlagen und/oder angespuckt wurde.

Einmal (noch lange vor meiner Namens-Änderung!) lief ich nach so einem Angriff zu den beiden Polizisten, die dort an der Ecke standen und die offenbar trotzdem gar nichts mitbekommen hatten (oder auch nicht mitbekommen wollten) und erbat von ihnen Hilfe.

Sie hörten zwar zu, als ich sie ansprach, taten aber nichts, zuckten nur mit den Schultern und gaben mir die ganze Schuld dafür: „*Na ja, wenn man auch so 'rumläuft – selber schuld!*“ Ich konnte es gar nicht glauben, zumal die Angreifer ja durchaus noch sichtbar waren, ein paar Meter weiter standen und teilweise noch frech grinsten:

es interessierte diese Polizisten überhaupt nicht! Trans-Menschen waren und sind immer noch offenbar weniger wert als „normale“ Menschen, deshalb braucht(e) man wohl bei denen dann auch nicht zu reagieren: sehr traurig!

Hilfe von dieser Seite erwartete ich danach natürlich nie wieder. Es ist daher auch verständlich und nachvollziehbar, dass die meisten dieser Angriffe deshalb erst gar nicht zur Anzeige gebracht wurden bzw. auch heute immer noch nicht werden! Auch das finde ich sehr schade.

Die Hoffnung auf Änderung

Inzwischen aber war ich immer noch voll der Hoffnung, irgendwann wirklich auch wie ein normaler Mann leben und auch urinieren zu können und ein dreiviertel Jahr später war es dann auch soweit: ich fuhr zu meiner ersten OP in diese mir noch unbekannte Stadt nahe München.

Blöd war nur, dass es so weit weg war und auch nicht mehr in München, sondern in einer anderen, kleineren Stadt, die noch weiter weg davon war: Kam man nach einer Nachtfahrt im Zug morgens um 5:45 Uhr in München-HBF an, gab es um diese Zeit weder S-Bahn-Verbindungen dorthin, noch standen Taxen zu einer anderen S-Bahn dort. Dennoch schlug ich mich durch und kam dann in der Klinik, die übrigens eine Unfallklinik war, an. Ich musste hier in den fünften Stock in die „Hand-Chirurgie“, wo dieser Dr. Scholl nun der Chefarzt war. Hand-Chirurgie? Na, von mir aus. Es stellte sich sogar heraus, dass Dr. Scholl ursprünglich auch aus Berlin kam.

Ich bekam ein Bett zugewiesen und am nächsten Morgen war bereits die OP für die Harnröhren-Verlängerung. Diese OP empfand ich als ausgesprochen schmerzhaft anschließend: offenbar tut das Operieren an den Weichteilen im Inneren wesentlich mehr weh als woanders, wie ich feststellte. Um die Blutungen im Innern aufzufangen, hatten sie mir noch eine riesige Tamponade dort rein gesteckt, mit der das Laufen dann auch noch bei jedem Schritt weh tat.

Interessant fand ich hingegen, dass ich in dieser Klinik auch andere Betroffene traf, die dort zur OP anreisten. Wir fanden uns sofort und hockten dann auf dem Flur in einer Kleingruppe zusammen. Die Betroffenen wurden jedoch nicht in dasselbe Zimmer gelegt, sondern jeder in ein anderes 3- oder 4-Bett-Zimmer, was erneut zu Problemen führte: die anderen Patienten sollten nicht mitbekommen, dass im Nachbar-Bett ein *„noch nicht fertiger Mann“* lag und deshalb mussten die Schwestern jeweils zum Verbandswechsel mit Stellwänden zur Abschirmung immer anrücken. Was das Interesse anderer Patienten im Zimmer jedoch nur umso mehr weckte und außerdem verplapperten sich die Schwestern dauernd, indem sie (wenn sie mit den Stellwänden anrückten) oft jammerten *„Mein Gott: in jedem Zimmer liegt einer von denen!“*...

Manchmal gab es in den Kleingruppen auf dem Flur (stets strikt getrennt nach Frau-zu-Mann und Mann-zu-Frau-Betroffenen) auch lustige Begebenheiten zu hören: so berichtete jemand, dass er sich nicht wie ich Socken in die Unterhose gestopft hatte, sondern Kartoffeln und dass dies besonders peinlich gewesen sei, als er von einem Arzt einmal seine Unterhose plötzlich runter gezogen bekam und dadurch dann diese Kartoffeln dort alle auf den Boden kullerten …

Aber diese im Nachhinein eher lustigen Geschichten waren doch die Ausnahme: in der Regel waren die Lebens-Berichte Anderer ebenso traurig wie meine eigene. Aber es tat einfach gut, hin und wieder einfach einmal zusammen auch über Kleinigkeiten jetzt auch lachen zu können und so stellten wir uns auf dem Flur immer wieder zusammen.

Hier erfuhr ich auch, dass die Meisten einfach einen ähnlichen Vornamen behielten wie vorher, auch wenn es mitunter schon etwas seltsam dann klang: Aus einer „Maria" war ein „Mario" geworden, aus einer „Sandra" ein „Sandro" etc.

Die Schwestern meinten noch zu uns: „*Warum stellt ihr euch denn nicht alle zusammen – die anderen Transsexuellen haben doch die gleichen Probleme wie ihr!*" Mitnichten, wir hatten *NICHT* die gleichen Probleme: während die Anderen schon jammerten, wenn sie (nach Epilationen) immer noch ein Barthaar bei sich entdeckten, konnten wir es gar nicht erwarten, bis endlich ein sichtbarer Bartwuchs da war! Auch war deren größtes Ziel, endlich Brüste zu bekommen, was bei uns als Thema aber mehr als nur verhasst war – nein, wir hatten wirklich nicht die *gleichen* Probleme!

Wir bemühten uns auch, die Schwestern und Pfleger weiterhin darüber aufzuklären, warum wir uns auf diese Operationen einließen und dass dies keineswegs eine einmalige 5-Minuten-Idee von uns war, sondern die Folge von jahrzehntelangen unhaltbaren Lebensumständen und diese OPs daher für uns doch lebensnotwendig waren. Einige Schwestern waren durchaus sehr bemüht, uns auch zuzuhören und stellten sogar hin und wieder die eine oder andere Frage dazu.

Zu großem allgemeinem „Jammern" führte auch die Regel, dass es in der Klinik einfach nicht erlaubt war, die Hormon-Spritzen vor oder direkt nach OPs zu verabreichen und bereits 14 Tage vor der Ankunft waren diese nicht mehr erlaubt. Dies führte bei vielen zu Frust, sie jammerten deshalb wochenlang herum, weil sie ihre Hormon-Spritzen nicht erhielten.

Ich bekam aber auch viele Leidensgenossen zu sehen, deren Brustentfernung ganz anders als bei mir abgelaufen war: da hatten sich offenbar Operateure richtig Mühe gegeben - deren Oberkörper sah nun einwandfrei und gut aus! Nur Einer hatte auch Probleme, weil man bei der Brust-OP bei ihm auch die Brustwarzen mit abgeschnitten hatte und es nun ganz ohne diese auch nicht so toll aussah – aber niemand hatte dermaßen große Löcher dort wie ich! Ich war schon schwer enttäuscht, wie das bei mir abgelaufen war.

Auch erfuhr ich von Betroffenen, die direkt aus München kamen, dass es dort sogar eine Selbsthilfegruppe gab, an die man sich wenden konnte, um notwendige Informationen zu bekommen: z.B. welcher Arzt macht/kann dies oder das und aus welcher Praxis fliegt man **nicht** sofort raus, wenn man auch die Hose mal runter lassen muss? Letzteres passierte mir später übrigens jahrzehntelang immer noch, wenn ich z.B. einmal zu einem Urologen musste und bei uns in Berlin gab es damals zumindest keine solche Anlaufstelle zum Info-Austausch, leider.

Als diese Riesen-Tamponade voller Blut bei mir dann nach 10 Tagen gezogen wurde, war dies noch einmal ziemlich schmerzhaft, aber nach 14 Tagen in der Klinik dufte ich dann endlich nach Hause fahren. Kurz bevor ich ankam zu Hause wurde mir dann doch recht mulmig zumute: ich hatte inzwischen erfahren, dass die nächste OP, die sog. „große OP“, von etwa 12 Stunden Dauer war, dass es große Komplikationen geben könnte, dass es doch alles sehr schwierig und langwierig war und so weiter. Und dass ich mehrere Blutkonserven von meinem eigenen Blut vorher dort abliefern musste. Beinahe hätte ich geweint, als ich dann die Haustür aufschloss.

Eltern-Informationen

Ich musste aus meiner Wohnung nun auch raus: die Vermieterin war nicht gewillt, solche „asozialen Objekte“ wie mich (wie sie täglich durchs Treppenhaus immer laut brüllte), die einfach ihren Vornamen änderten, dort noch wohnen zu lassen. Manu und ich überlegten, ob wir nicht besser zusammenziehen wollten – wir kannten und besuchten uns doch schon so lange!

Jedoch mussten wir vorerst ihre Eltern davon überzeugen, dass ich ein geeigneter „Mann“ für sie sei – es stand ein Besuch in Süd-Deutschland bei ihren Eltern an. Eines war Manu dabei jedoch sehr, sehr wichtig: Auch ihre Eltern dürften NIEMALS von meiner Vergangenheit etwas erfahren – sie würden kein Wort mehr mit ihr reden und sie sofort enterben, meinte sie. Also wagten wir einen „Antrittsbesuch" dort. Immerhin war ja bereits meine Stimme nicht mehr so hoch und mein Ausweis jetzt in Ordnung! Was hatte ich schon zu verlieren?

Wir fuhren mit dem Auto dorthin und auf der letzten Raststätte erst zog ich mich um: neuer Anzug plus Krawatte, weil ich nicht den ganzen Tag schon so im Auto sitzen und alles verknittern wollte. Abends kamen wir dort an und gefühlt lief das wirklich dort so ab wie in der „*Feuerzangenbowle*" oder so: Ihr Vater nahm mich nach dem Abendessen sofort in sein Arbeitszimmer mit und fragte im Zwiegespräch alles für ihn Wichtige ab: Meine Arbeitsstelle, mein Gehalt, meine Ausbildung und Aufstiegs-Chancen etc. Wer ich eigentlich war, interessierte ihn weniger, es ging hier nur um alles, was irgendwie mit Geld zu tun hatte, leider.

Obwohl ihr Haus groß genug war, durften Manu und ich nicht dort im selben Zimmer übernachten. „*Das gehört sich nicht, wenn man nicht verheiratet ist!*", meinte ihre Mutter wiederholend. Ich fand das alles doch noch recht „spießig" für diese Zeit, aber bitte. Zudem stellte ich fest, dass deren größte Besorgnis immer war, was denn irgendwelche Nachbarn denken könnten – schon weil ein Auto jetzt mit Berliner Kennzeichen vor der Tür stand, das aber eben *kein* Mercedes, sondern nur ein Kleinwagen war … Wenn deren „Probleme" meine Einzigen gewesen wären, dann wäre ich wirklich sorgenfrei gewesen!

Jedenfalls bemühte ich mich dort, mich von meiner besten „Schokoladenseite“ zu zeigen, fing aber bereits bei Fragen nach eventuellen Freundinnen von früher, bevor ich Manu kennenlernte, an zu stottern. Ich hoffte nur, dass ich irgendwie akzeptiert werden würde von ihnen, auch wenn ich nicht viel Geld besaß, eben nur mein Gehalt.

Irgendwie schienen mich ihre Eltern jedoch erst einmal zu akzeptieren und ein paar Tage später fuhren wir doch erleichtert wieder nach Berlin zurück.

Meinen Eltern hingegen schrieb ich nur einen relativ ehrlichen Brief, in dem ich versuchte, alles zu erklären und dass ich nun einen anderen Vornamen und ein anderes Geschlecht hätte. Erst hatte ich Befürchtungen, dass sie sich sofort ins Auto setzen und nach Berlin kommen könnten, aber sie kamen nicht. Sie riefen auch nicht an. Dafür beschwerte sich meine Mutter später, ich hätte es ihr allein überlassen, sämtliche Verwandten und Nachbarn darüber zu informieren und dass das ja niemand akzeptiert hätte – ich hatte sie nie darum gebeten, im Gegenteil: ich hatte noch geschrieben, dass es wohl besser wäre, wenn das jetzt nicht so publik gemacht werden würde! Aber sie konnte ja ihren Mund nicht halten und hatte das natürlich sofort überall herumerzählt. Nicht ein einziges Mal kam von ihrer Seite die Überlegung, dass eventuell auch alles mit den früheren Vorkommnissen, als ich Kind/Jugendliche war und noch dort wohnte, zusammenhängen könnte – nein, sie stellte es so dar, als wenn ich mir das jetzt eben alles ausgedacht und dann ausschließlich getan hätte, nur um sie zu ärgern: totaler Schwachsinn! Mehr traf mich jedoch die Reaktion meines Vaters, der nur einen einzigen Satz dazu sagte: „*Was haben wir eigentlich getan, dass wir dermaßen bestraft werden!?*“. Verdammt: es war keine „Strafe“ von irgendwem für meine Eltern, sondern es betraf doch in erster Linie mich und MEIN Leben!

Urkunden-Chaos

Manu und ich waren in der Zwischenzeit um- und zusammengezogen. Ihre Eltern konnten sich leisten, was meine nicht konnten und kauften uns ein Reihenhaus in einer Siedlung am Stadtrand, das wir nett einrichteten und dann jeweils den Umzug in die Wege leiteten.

Eigentlich hatte ich zu diesem Zeitpunkt bereits unheimlich viel erreicht: ich hatte nun eine schöne Wohnung, aus der mich kein Vermieter mehr rausekeln konnte, einen Job und alles – fast schon wie eine kleine Familie. Auch waren sowohl Manus als auch meine Arbeitszeiten nahezu identisch, so dass wir morgens gleichzeitig aus dem Haus gingen und abends ungefähr auch gleichzeitig beide wieder zurückkamen. Nur diese dämlichen, permanenten Rückenschmerzen nervten mich stets kolossal!

Auch begann weiterhin immer wieder das Aufwachen morgens für mich erst einmal mit der Frage: „*Wird heute wieder jemand zuschlagen?*“ oder „*Wer spuckt mich diesmal an?*“. Erstaunlich, da ja bereits nun schon über zwei Jahre gar nichts mehr diesbezüglich passiert war! Nur im Arbeitsbereich wurde ich mehr oder weniger noch gemobbt, aber wenigstens nicht körperlich dort angegriffen. Offenbar dauert manches eben doch länger, bis man es irgendwie dann verarbeitet hat. Diese wiederholte Angst davor verfolgte mich dann aber noch länger.

Inzwischen nervten Manus Eltern dauernd mit der Frage, wann wir nun endlich heiraten würden – damit sie ein Enkelkind bekämen. Wahrscheinlich zum Vorzeigen bei den Nachbarn, wie ich vermutete. Aber genau das war ja das Problem: ich konnte nun mal kein Kind zeugen, auch dann nicht, wenn es mit dem Aufbau des Penoids alles klappen würde – ich musste unfruchtbar und zeugungsunfähig sein und auch bleiben!

Dass sich aber Manu sehr wohl ebenfalls ein Kind wünschte, war mir zu diesem Zeitpunkt jedoch noch gar nicht richtig bewusst. Aber wir überlegten schon, ob vielleicht auch für uns beide – nach der Namen- und Personenstands-Änderung – eine Heirat in Betracht käme? Ihre Eltern jedenfalls wären selig und auch ich fand die Idee gar nicht so abwegig: Was lag denn näher, als mit so einem Schritt noch etwas mehr „Normalität“ in mein neues Leben zu bekommen?

Wir informierten uns, welche Unterlagen/Ausweise man dafür bräuchte: unter anderem wurde auch das Diplom vom Abschluss des Studiums dafür verlangt – und das hatte ich bislang nicht beantragt, zu ändern! Also holte ich das als Erstes nach, schickte das Gerichtsurteil, meine Namensänderung und alles samt der alten Diplom-Urkunde dorthin. Ich wusste bereits, dass es mein gesetzliches Recht war, eine neue Urkunde mit dem nun richtigen Namen ausgestellt zu bekommen. Aber die Hochschule machte mir einen fetten Strich durch die Rechnung: erst rührte sie sich gar nicht, als ich dann nachharkte, kam plötzlich eine Urkunde *ohne* Diplom, sondern mit einem viel niedrigeren Abschluss an. Mir wurde das Diplom einfach aberkannt! Zudem war das Datum geändert: statt 1984, in dem das Diplom erworben wurde, stand das Datum von heute, nämlich 1994 drauf: in riesigen, fetten Buchstaben, halb so groß wie die ganze Seite – da hatte sich jemand wirklich große Mühe gegeben, mich zu denunzieren! Ich hätte das noch beanstanden können, aber uns lief die Zeit davon: wir wollten das Aufgebot bestellen und es gab noch mehr Urkunden zu ändern!

Z.B. die Geburtsurkunde, die bei einer Hochzeit auch vorgelegt werden musste! Und das konnte erstens ausschließlich am Geburtsort erledigt werden und zweitens gab es dann keine Urkunde mit dem neuen Eintrag, sondern hier wurde alles im Original belassen und in einem Vermerk an der Seite wurde nur handschriftlich eingetragen, wann und warum der Vorname geändert wurde: lauter Hürden, die es noch zu bewältigen gab! Mit so einem Wisch hätte ich ihren Eltern nie und nimmer noch einmal unter die Augen treten können!

Manu war bereits kurz vor dem Verzweifeln und jammerte unentwegt herum, dass das niemals gut gehen könnte, ihre Eltern das erfahren würden und was dann alles Schlimmes passieren würde – ich hatte schon ein richtiges schlechtes Gewissen wegen meiner Namensänderung …

Ich fuhr nach Düsseldorf, um dort zum Standesamt zu gehen, jedoch bekam meine Mutter den Grund mit und rief erst einmal umgehend sämtliche Sachbearbeiter dort an, die sie telefonisch erreichen konnte, nur um in ihrer gewohnten Art dort alle anzublaffen, warum eine „normale“ Geburtsurkunde für mich nicht ausgestellt würde. Sie machte einfach Terror dort, ohne genau zu verstehen, um was es eigentlich ging, was die ganze Sache nun auch nicht gerade erleichterte.

Als ich dort den für mich zuständigen Sachbearbeiter dann ausfindig gemacht und bei ihm einen Termin vereinbart hatte, stellte ich fest, dass ich a) nicht der einzige Antragsteller dort war und b) alle, die zu ihm wollten, laut auf dem Flur erst mal angebrüllt wurden: z.B. „Müller, Erwin – der Grund *Ihres* Anliegens?“ und alle antworteten auch artig in der gleichen Lautstärke. Als ich so aufgerufen wurde, war jedoch meine Antwort nur ein *„Aber sicher nicht hier draußen auf dem Flur!“*. Tatsächlich wurde dann eine Zimmertür aufgestoßen, dort konnte ich mein Anliegen dann vortragen – aber das war’s auch schon. Zum eigentlichen Antrag wurde ich in ein Zimmer mit vier Sachbearbeitern aufgerufen, bei jedem saß auch ein anderer Antragsteller und alles ging bei jedem in ziemlicher Lautstärke zu, so dass auch jeder im Raum wirklich alles mitbekam. Wer welchen Antrag stellte und warum. Bei fast allen ging es um Namensänderungen wegen Hochzeit oder Scheidung, nur bei mir lag ein völlig anderer Grund vor.

Vor kurzem gab es im Fernsehen tatsächlich einen Dokumentar-Film über das Thema „Transsexualität“, aber dort hieß es, dass die Betroffenen beim Standesamt diskret und in Einzelgesprächen den Antrag stellen würden und dann die Urkunden genauso diskret später ausgehändigt würden – nichts davon traf zu: als die anderen drei Sachbearbeiter im Raum mitbekamen, warum ich dort war, kamen sie sofort alle angerannt, glotzten mich an und ließen nur dumme, zum Teil ziemlich beleidigende Bemerkungen los – schade!

Dennoch bekam ich nach langer Diskussion dort eine Möglichkeit heraus, wie es durchführbar war, eine beglaubigte Abschrift der Geburtsurkunde für das Standesamt in Berlin zu erhalten, in dem einfach *NUR* der heutige, geänderte Name stand und keine vorherigen Namen genannt wurden! 14 Tage später wurde mir das Dokument dann zugeschickt.

Wir gingen in Berlin zum Standesamt und bestellten mit den Papieren das Aufgebot. Manu redete minutenlang auf den Standesbeamten ein, dass er sich bei der Trauung ja nicht versprechen dürfe, dass alles „geheim" bleiben müsse, dass es sonst „eine echte Familien-Tragödie" geben würde etc. Wir mussten uns auf sein Versprechen, er würde sich schon nicht „verplappern", verlassen. Im Oktober 1994 sollte die Trauung stattfinden. Zu unserer Hochzeit lud ich auch Frau Ebert aus Düsseldorf ein, die zu meiner Freude dann auch tatsächlich nach Berlin kam!

Die Hochzeit

Das nächste Problem war für uns, dass wir natürlich auch unsere Familien zur Trauung einladen mussten – und meine Mutter konnte doch ihren Mund immer nicht halten: für Manu eine schwierige Situation. Sie hatte ununterbrochen Angst, dass jemand aus meiner Familie sich verplappern oder mich mit dem alten Namen anreden könnte, das setzte ihr und dadurch auch mir ziemlich zu. Wir hätten vielleicht doch besser so etwas hochgradig Riskantes nicht planen sollen …

Stundenlang redete ich auf meine Eltern ein, doch bitte aufzupassen, dass da nichts passieren würde, nahm ihnen unzählige Versprechen ab etc., aber Manu konnte ich einfach diesbezüglich nicht beruhigen.

Wir hatten hintereinander die standesamtliche und die kirchliche Trauung am selben Tag geplant. Der Standesbeamte hielt sich an sein Versprechen und versprach sich wirklich nicht, aber als unsere persönlichen Daten laut bekannt gegeben wurden, tat es mir schon weh, dass mein Diplom einfach durch einen niedrigeren Abschluss ersetzt worden war. Da Manu und ich zur selben Zeit denselben Abschluss gemacht hatten 10 Jahre zuvor, klang es jetzt aber so, als wenn ich diesen gar nicht erreicht hätte, sondern leider nur etwas Niedrigeres, etwas „Graduiertes“. Es blieb dem Standesbeamten aber auch nichts anderes übrig: er hatte ja auch keine anderen Unterlagen.

Ein Bus holte uns dann am Standesamt ab und karrte uns alle in den Grunewald, wo wir in einer Gaststätte auf einer kleinen Insel das Essen bestellt hatten. Es war kalt, es war windig und Manu tat mir in ihrem weißen Brautkleid richtig leid: sicher fror sie darin ziemlich, besonders bei der Überfahrt mit der Fähre. Ich hingegen hatte mir einen Smoking ausgeliehen für den Tag und hoffte weiterhin nur, dass alles problemlos über die Bühne ging.

Tatsächlich verplapperte sich wirklich niemand versehentlich an diesem Tag und als wir gegen 22 Uhr mit dem Taxi dann nach Hause fuhren, waren wir doch mehr als nur erleichtert – nun waren wir offiziell tatsächlich verheiratet!

Die „große OP“

Zwischenzeitlich wurde bei mir auch mehrmals Blut abgenommen über den Verein „die Samariter“, die einen Dienst anboten, die eigenen Blutkonserven per Flugzeug an den OP-Ort zu befördern.

Bei meinem Termin zur „großen OP“ dann schlug die Nachricht, ich sei nun verheiratet, jedoch ein wie eine „Bombe“: das gab es eigentlich überhaupt nicht bei uns Trans-Menschen! Die anderen Betroffenen dort bewunderten mich regelrecht dafür: das hatte tatsächlich bislang noch niemand dort geschafft!

Wochenlang hatten Manu und ich bereits überlegt, wie wir z.B. ihren Eltern „verkaufen“ könnten, dass ich plötzlich wochenlang in einer Klinik in Bayern war – ohne eine Krankheit zu haben. Die Ärzte in der Klinik hatten uns allen gesagt, dass wir, um später die gut sichtbaren Narben alle zu erklären, am besten sagen sollten, es wäre ein Unfall mit einem Motorrad gewesen: die Verbrennungen, hieß es, die man dabei an Arm oder Bein durch Berühren des heißen Auspuffs desselben erhalten würde, sähen sehr ähnlich den Narben aus, die durch die große OP entstehen würden.

Die Sache mit dem Motorrad erschien mir jedoch zu heikel, liebte ich doch Motorräder über alles! So entschieden Manu und ich uns, einfach einen allgemeinen Autounfall dafür zu erfinden, durch den eben diese Narben dann entstanden seien.

Kaum in der Klinik angekommen, teilte man mir als Erstes mit, dass meine aus Berlin per Flugzeug geschickten Blutkonserven natürlich alle *nicht* verwendbar waren: Beim Umladen vom Flugzeug in den LKW seien diese runtergefallen und der Lastwagen wäre dann darüber gefahren: alle zerstört!

Ferner erklärte mir Dr. Scholl, dass mein Bein ungeeignet als Entnahme-Stelle für das Penoid sei und sie es mir deshalb aus dem linken Arm nehmen würden. Leider sei dieser aber zu dünn dafür und würde nur die Hälfte des benötigten Materials zur Verfügung stellen, weshalb sie die andere Hälfte aus der Leiste/Seite nehmen würden. Es war mir völlig egal, wo sie es nun her nahmen. Er sagte zudem, dass ein längeres Liegen erforderlich wäre nach der OP und meine immer noch ständigen Rückenschmerzen auch nicht dafür förderlich wären.

Ich erfuhr weiterhin, dass auch Arterien verpflanzt werden müssten und die Gefahr nicht gering sei, dass die Durchblutung dann nicht klappen könnte, weshalb stündlich nach der OP dies kontrolliert würde und er deshalb auch in der Klinik nach meiner OP übernachten würde, um notfalls sofort eingreifen zu können. Ich dürfte danach auch wochenlang die Beine nicht abwinkeln oder so, weil die Gefahr, dass dabei die verpflanzte Arterie reißen könnte, zu groß war.

Als mir mein Bett in dem Zimmer dann zugewiesen wurde, sah ich beim Eintreten erst mal einen großen Blutfleck an der Decke. Kurz darauf erfuhr ich, dass jemandem eben diese Arterie zwei Tage zuvor gerissen war, weil er sich im Schlaf auf die Seite oder den Bauch gedreht hatte und das Blut daraus dann bis an die Decke gespritzt war: es war genau diese OP, die mir jetzt bevorstand, gewesen und der Betreffende war immer noch nicht wieder zurück auf die Station gebracht worden.

Rosige Aussichten: ich war doch auch Bauchschläfer! Solche Nachrichten, wie welche OP bei wem verlaufen war, machten in unserer Kleingruppe auf dem Flur immer sofort die Runde: Alle hatten einen unterschiedlichen Stand bei den OPs und sogen Nachrichten diesbezüglich auf wie die Luft zum Atmen.

Das mit der Arterie waren ja wirklich „tolle" Aussichten: ich schlief doch nachts auch immer auf dem Bauch! Ich hatte Angst, dass mir dies auch passieren könnte, dass ich mich im Schlaf auf den Bauch drehen könnte, aber die Schwestern versicherten mir, dass sie in dem Fall eben meine Beine immer ans Bett ketten würden, damit ich mich im Schlaf nicht drehen kann und eben das dann nicht passiert.

Meine „große OP" dauerte gut 14 Stunden. Ich war danach noch immer ziemlich benebelt und brauchte einige Zeit, um in die Wirklichkeit zurückzufinden. Tatsächlich kam die ganze Nacht stündlich eine Schwester zu mir und schaute nach, ob noch alles durchblutet war. Ich stellte fest, dass ich ziemlich viele Verbände hatte überall, aber Schmerzen erst einmal nicht so: ich bekam kräftige Schmerzmittel verabreicht.

Morgens um zehn Uhr war Visite. Kurz davor kamen die Schwestern und entfernten bei den Patienten alle Verbände, damit die Ärzte alles besser sehen konnten.

Als die Ärzte eintraten, rannte die eine Schwester auf einmal einfach raus. Ich erfuhr später von ihr, dass es ihr erster Tag dort war und als sie meine Wunden sah, sich so erschrocken hatte, wie das alles aussah, dass ihr schlecht wurde und sie erst einmal raus musste.

Auch ich war heftig erschrocken, als ich die Wunde am Arm sah: der halbe Unterarm fehlte und man konnte bis auf den Knochen schauen in diesem Chaos aus Fleisch, Blut, Sehnen und allem. Ich war alles andere als „begeistert“, zumal das nur eine von vielen Wunden war, zudem hatte ich nun Probleme, die Finger der linken Hand zu bewegen: ich hatte so gut wie gar kein Gefühl mehr in den Fingern. Ach je: würde ich denn jemals dann wieder meine geliebte Gitarre spielen können damit?

Die folgenden Wochen waren schrecklich: ich durfte nicht aufstehen, die Beine nicht bewegen oder auch nur einmal anwinkeln, musste nur still liegen bleiben und abwarten. Leider war das Bett, in dem ich permanent liegen musste, eher eine bessere Hängematte als ein Bett, mit einer tiefen Kuhle und außerdem zu kurz für meine 1,84m Körperlänge: Meine Kreuzschmerzen verdoppelten sich während der langen Liegezeit dadurch permanent.

Lieb fand ich ja, dass nach einigen Wochen Manu sich auf den Weg in die Klinik machte, um mich zu besuchen. Normalerweise bekam niemand von uns Trans-Leuten Besuch, da wir aus ganz Deutschland angereist und die Wege dazu einfach zu weit waren. Rein zufällig fiel ihr Besuch auf den Tag, an dem es hieß, ich solle nun wieder aufstehen: nach knapp 8 Wochen Dauerliegen das erste Mal!

Ich stellte mir sofort vor, dass ich dann mit Manu gleich mal in die dortige Cafeteria gehen und richtigen Kaffee trinken könnte, doch weit gefehlt: Zwei Krankenpfleger kamen, hoben mich aus dem Bett und stellten mich hin – aber ich kam dann keine drei Schritte weit! Ich konnte einfach die Füße nicht anheben, um nur ein paar Schritte zu gehen – ich hätte wirklich nicht gedacht, dass man nach nur wochenlanger Liegezeit (zwei Monate) eigentlich das Laufen erst mal wieder trainieren muss! Dafür waren inzwischen die Fersen hinten vom langen Liegen regelrecht wund gelegen.

Nach etwa drei Tagen konnte ich dann wieder etwas laufen, auch wenn es eher mehr ein „Schlurfen“ war: ein Arzt meinte dann mal im Vorbeigehen, ich solle doch mehr die Füße anheben. Aber das sagte sich halt so leicht: es war wirklich alles nicht so einfach!

Nach dem 60. Tag in der Klinik feierte ich dort „Bergfest“: nicht jeder blieb so lange und an Entlassung war auch noch nicht zu denken: es gab bereits die 3. Folge-OP nach der „großen OP“, weil irgendetwas wohl immer nicht so stimmte, wie es eigentlich sollte. Die Bettdecke war immer zu schwer für die OP-Stellen am Unterleib, deshalb bekamen wir bereits seit der „großen OP“ immer einen sogenannten „Bettenbahnhof“ übergestülpt: Ein Metall-Gestell, das von der Brust bis zu den Beinen reichte, um die Bettdecke davon abzuhalten, auf den Wunden direkt zu liegen zu kommen.

Schon wenn eine Schwester nachmittags einfach das große Schild „Nüchtern!“ ans Bett heftete, wusste man, was die Uhr geschlagen hatte: eine erneute OP stand bevor.

Irgendwann, so etwa nach drei Monaten und etlichen weiteren Eingriffen, wurde ich jedoch nach Hause entlassen. Inzwischen kehrte auch langsam zumindest etwas Gefühl in die Finger der linken Hand zurück, glücklicherweise!

Da die Ärzte meinten, es müsse alles immer sechs Monate erst ausheilen, bekam man den nächsten OP-Termin, der nach sechs Monaten dann war, immer gleich wieder mit.

Die Ärzte, die ich in der Klinik bislang kennengelernt hatte, waren eigentlich alle freundlich zu uns, aber dann kam eine neue Stationsärztin, mit der ich überhaupt nicht zufrieden war: obwohl wir i.d.R. ja im Bett lagen und sie eh schon deshalb bildlich auf uns immer herabschaute, ließ sie es sich nicht nehmen, uns täglich ihre Abneigung gegen Trans-Menschen spüren zu lassen. Für sie waren wir alle offenbar *„der letzte Dreck*“ auf Erden und das ließ sie uns ständig auch spüren, persönliche Beleidigungen eingeschlossen. In der Gruppe auf dem Flur hagelte es auch von den Anderen nur Beschwerden über diese Ärztin – ich wünschte ihr in Gedanken dann auch nur noch das Schlechteste auf Erden ... Es war auch einfach nicht möglich, mit ihr normal zu reden. Meiner Meinung nach haben solche Menschen als Arzt einfach den Beruf verfehlt.

So hatte sie einmal Stationsdienst und folglich auch Visite. Sie trat an mein Bett nach einer weiteren OP, riss die Decke weg, schaute kurz drauf und warf ihre Pinzette mit Schwung auf mein Bett mit den Worten *„ist ja schon wieder alles nicht angewachsen – wundert mich ja nicht, bei solchen Leuten wie Ihnen!“* – und lief dann einfach raus. Ich fand das einfach nur unverschämt und frech, so behandelt zu werden.

Für die linke Hand, die nun weiter trainiert werden musste, damit die Finger auch wieder zuverlässig greifen konnten, bekam ich dann 6x Physiotherapie für zu Hause noch aufgeschrieben. Jedoch wollte man dort dann wissen, ob neben der Muskelmasse und der Arterie auch ganz bestimmte Sehnen und Nerven aus dem Arm entfernt wurden – ich wusste es nicht genau und rief deshalb in der Klinik einmal kurz an, um das abzuklären. Leider erwischte ich dort nur diese komische Ärztin am Telefon und auf meine gestellte Frage erhielt ich lediglich ein hingerotztes *„Was brauchen Sie denn eine Physiotherapie – was für eine Frechheit!“*. Und sie knallte mir dann einfach den Hörer auf die Gabel! Ich verzichtete dann auf weitere Anrufe in der Klinik.

Ein paar Monate später hatte ich den nächsten Termin dort: wieder hin mit dem Nachtzug. Erst einmal wurde dann festgestellt, dass ich absolut kein Gefühl in dem Penoid hatte – das war ganz schlecht! Ich hoffte jedoch, dass es sich in der nächsten Zeit noch geben würde.

Diesmal sollte zuerst Spalthaut von meinem Oberschenkel genommen werden: eine äußerst schmerzhafte Angelegenheit! Großflächig wurde in einer OP dafür die Haut dort entfernt und daraus dann die Harnröhre für das Penoid geformt, aber obwohl diese

Wunde am Oberschenkel keineswegs tief, im Gegenteil: sogar sehr flach war, war sie hinterher wesentlich schmerzhafter als der halbe Arm, der seinerzeit fehlte: sogar, wenn durch den Wind am Fenster nur das OP-Hemd dort drauf flatterte, tat dies schon unglaublich weh – an das Anziehen einer Jogging-Hose oder so etwas war wirklich nicht zu denken! Die Ärzte schmierten großflächig laufend Vaseline auf den Oberschenkel, aber es half alles nichts: es tat nur fürchterlich ständig alles dort weh.

Die neue Harnröhre aus Spalthaut wurde dann ins Penoid verpflanzt und musste nun durchgängig gemacht und gehalten werden: dies war meine Aufgabe in den Zeiten, in denen ich mal zu Hause war. Mit speziellen, winzigen Teilen sollte diese neue Harnröhre mehrmals täglich gespült und vor allem durchgängig gehalten werden. Dann folgte bei der nächsten OP die Verbindung dieser neuen Harnröhre mit der eigenen. Hierbei bekamen die meisten nach der Verbindung an dieser Stelle eine Fistel, so dass sich die beiden Harnröhren dann eben *nicht* verbanden und der Urin an dieser Stelle einfach nur unten raus lief: in dem Fall waren dann wieder neue OPs fällig.

Als meine Harnröhre mit der neuen dann verbunden wurde, hieß es zunächst: *„und jetzt trinken, trinken, trinken und dann auf's Klo!"* Ich trank fast 3 Liter Wasser, ging dann aber nicht auf die Toilette, sondern unten im Dunkeln in den Park in eine stille Ecke. Der Wunsch, endlich einmal auch im Stehen pieseln zu können, war einfach zu groß. Aber erstens kam nicht EIN Strahl vorne raus, sondern etwa 8 Stück und das auch in 8 verschiedene Richtungen und zweitens hatte ich nicht bedacht, dass ich gerade gegen den Wind pinkelte und bepinkelte mich dadurch an diesem Abend selber von oben bis unten. Fast traute ich mich dann nicht auf die Station zurück, so, wie ich aussah und schlich mich dann heimlich ins Zimmer. Aber immerhin: die Hose *innen* blieb trocken: keine Fistel?

Ich suchte den Arzt auf und fragte nach, ob das nun ein gutes Zeichen sei? *„Sehr gut sogar – weitertrinken!"* kam als Antwort. Artig bedankte ich mich und trank weiter Wasser. Sollte ich wirklich das unverschämte Glück haben, KEINE Fistel an der Verbindungsstelle zu bekommen?

Doch ca. 2 Stunden später riss auch bei mir diese Verbindungsstelle und alles lief nur noch unten raus …

Implantate

Das Penoid wuchs zwar an, aber nach wie vor hatte ich kein bisschen Gefühl da drin: Offenbar waren die Nerven nicht mit angewachsen bei mir: wie schade! Dennoch wollte Dr. Scholl nun bei mir ein Implantat einsetzen. Dieses hatte den Zweck, dass man später, wenn es eingewachsen war, einen Knopf dort hätte drücken können, um eine Steifheit des Penis' zu erreichen, denn über Schwellkörper verfügten wir ja nicht. Nach dem Einsetzten des Implantates wurde das Penoid direkt am Bettenbahnhof auch befestigt: es sollte aufrecht stehen, damit es besser abheilen kann.

Mein eingesetztes Implantat stieß mein Körper leider nach nur drei Wochen bereits wieder ab: offenbar wollte er kein Metall dort haben. In einer weiteren OP wurde es wieder entfernt.

Dr. Scholl kam nun auf die Idee, einfach ein anderes Metall-Stück ohne diese Funktion mit dem Knopf bei mir zu implantieren. Er meinte: besser als gar nichts und irgendetwas müsse ja nun rein.

Nach diesem zweiten Implantat lag ich wieder in meinem Bett unter dem Betten-Bahnhof und harrte der Dinge, die da jetzt kommen mögen. Hoffentlich wurde dieses Implantat nicht wieder vom Körper abgestoßen!

Eine Schwester kam zwei Tage später reingestürmt, rief kurz laut: *„Wir brauchen hier mal eben einen Betten-Bahnhof"* – und riss mir diesen einfach vom Bett runter. Leider war dort ja auch das neue Implantat daran nun befestigt und mit diesem Handgriff riss sie mir augenblicklich dieses Implantat auch aus dem Penoid wieder raus: Ich landete zum 12. Mal im OP.

Es war wie verhext: Nichts, aber auch gar nichts wollte bei mir so recht klappen!

Hin und wieder kam es auch zu richtigen Problemen in der Klinik: Dr. Scholl wollte keine „Ghetto-Bildung", wie er meinte und legte deshalb die Trans-Leute nicht zusammen in ein Zimmer, sondern stets nur zu anderen Patienten. Das setzte allerdings auch voraus, dass dann auch nicht groß herumposaunt wurde, wer eine Trans-Person war und wer nicht – was allerdings nicht immer gut klappte: So kam ein Anästhesist einmal bei jemandem ins Zimmer und trötete schon von der Tür aus: *„Herr Weinreich, bei Ihnen steht morgen früh eine OP an, aber als Transsexueller hatten Sie ja bereits etliche, da dürfte es ja auch diesmal kein Problem* *geben …*". Dadurch wussten natürlich alle im Zimmer gleich Bescheid und als Dr. Scholl das mitbekam, hörte man ihn regelrecht auf der ganzen Station deshalb toben.

Abgesehen davon, dass sich die Schwestern auch mit ihren Stellwänden ständig verplapperten, hatte ich einmal einen Bettnachbarn, der gerade irgendein Problem mit seinem Bein hatte, im Bett lag und dort ständig mit einem feststehenden Messer hantierte.

Er meinte dann zu mir gewandt: „*Ich habe vorhin gehört, dass hier in der Klinik auch Transen operiert werden!*", schwang bedeutungsvoll sein Messer und fuhr dann fort: „*Wenn die es wagen sollten, mir so jemanden ins Zimmer zu legen, dann steche ich den ab!*".

Ich schluckte: er hatte bislang noch nicht einmal bemerkt, dass bereits einer „von denen" neben ihm lag (auch, wenn wir keine „Transen" waren!) und er mit ihm sprach – aber ich wollte dann auch nicht unbedingt in Erfahrung bringen, ob er das tatsächlich auch tun würde, wenn er das mitbekäme! Er warf das Messer nach dieser Ankündigung mit Schwung an die Wand, in der es dann zitternd stecken blieb.

Jedenfalls funktionierte die Sache mit der Verschwiegenheit keineswegs in der Klinik – auch diese komische Ärztin kam eines Tages bei der Visite wieder auch an mein Bett, riss mir das OP-Hemd so weit hoch, dass auch mein Oberkörper zum Vorschein kam und als sie die Riesen-Löcher bei mir sah, brüllte sie laut lachend los: „*Wer war das denn – Ihr Gynäkologe?*" Danke: wirklich sehr informativ für alle Anderen hier im Raum!

Man konnte halt nur hoffen, Bettnachbarn zu haben, die nicht extrem aggressiv auf uns reagierten …

Der Datenschutz dort

Auch der Datenschutz wurde dort nicht richtig ernst genommen. Ein Bettnachbar bekam mit, dass ich zu Hause auch Computer-Unterricht gab, hatte aber noch nie an einem Computer gesessen, er würde aber gerne auch etwas darüber lernen. Also erklärte ich ihm geduldig mit Zetteln und allem, wie sich das Betriebssystem (damals „DOS") bedienen ließ und man damit ein Programm startete etc. – aber so ganz ohne einen Computer, der auf Eingaben auch reagiert, war das dann doch etwas schwierig. Da meinte eine Schwester es gut: Wir könnten uns doch auch mal eine Stunde pro Tag an den Stations-Computer setzen, wenn dieser gerade nicht gebraucht würde: Das wäre dann doch einfacher!

Gesagt, getan: Ich startete den Stations-Computer, eigentlich nur, um ihm zu zeigen wie das mit dem Betriebssystem in der Realität aussieht, bemerkte aber dann, dass die Passworte für sämtliche Programme auf dem Ding alle munter um den Computer auf Zetteln herum verteilt lagen und dass außerdem das Passwort für sämtliche Computer in dem Haus immer dasselbe war – ich war dann doch schockiert! Jeder, aber wirklich jeder, brauchte nur eines der dort herumliegenden Passworte einzugeben und hatte fortan Zugriff - auf überall und auf alles!

In Erinnerung an den bereits erfolgten Erpressungs-Versuch an meiner Arbeitsstelle gefiel mir das gar nicht, dass man hier so einfach an sämtliche Daten von allen kam: Ich testete aus, ob ich mich ins System einloggen konnte und gab danach dann einfach nur meinen Namen ein: Ganz detailliert konnte ich alle Infos über meine OPs und alles sofort sehen – nein, so ging das wirklich nicht, das hatte doch mit Datenschutz nichts mehr zu tun! Genauso gut hätten sie sämtliche Patienten-Akten gleich unten auf der Wiese auslegen können!

Über den mangelhaften Datenschutz beschwerte ich mich daraufhin beim Chefarzt Dr. Scholl persönlich: es war mehr als heikel, solche brisanten Daten von Patienten weder sicher zu verwahren noch zu verschlüsseln oder Ähnliches! Auch schon im Jahre 1996 war Datenschutz bereits ein Thema und Herrn Dr. Scholl klappte daraufhin erst einmal die Kinnlade herunter.

Den Knall, den ich durch diese Beschwerde dort auslöste, konnte man noch wochenlang bis nach Berlin hören: bei mir meldeten sich per Telefon sämtliche Fachkräfte aus deren Computer-Abteilung dort, denen ich auch jedesmal mühsam erklärte, dass es so wirklich nicht ginge! Die Folge war, dass ich bei meinem nächsten Aufenthalt dort einen Vertrag für einen Tag bekam, von mehreren Rechtsanwälten ausgehandelt, in dem festgelegt war, dass ich das ganze System dort auf Schwachstellen noch einmal untersuchen sollte: sie hätten inzwischen das System aber so weit stabilisiert, dass nun keiner mehr auf Patienten-Daten zugreifen könnte, versicherten sie mir.

Ich unterschrieb diesen Vertrag, der die gesamte Klinik natürlich von irgendwelchen Schadensersatz-Ansprüchen befreite und machte mich dann ans Werk. Tatsächlich hatten sie inzwischen das Haupt-Passwort geändert, aber es kostete mich nur einen kurzen Besuch beim Pförtner unten, um einen Blick dort auf das jetzt gültige Passwort für alle Rechner zu werfen: auch bei ihm lagen etliche Zettel damit direkt neben der Tastatur und noch immer gab es nur ein Haupt-Passwort für sämtliche Computer in dem Haus ...

Ich fand dann noch zwei weitere Stellen im Computer, wo andere noch weiterhin gültige Passworte abgespeichert waren und zeigte ihnen damit deutlich, dass ihr System alles andere als sicher war: wer immer sich etwas mit Computern auskannte, kam weiterhin ohne großen Aufwand an sämtliche Daten!

Sie gelobten dann riesengroß Besserung und ich hoffte, dass dies nun wirklich mal langsam Früchte tragen würde! Zum Schluss meinten sie noch, sie wären ja schon froh, dass ich nicht gleich zur Presse damit gerannt war – und ich wäre schon froh gewesen, wenn ich endlich MEINE Daten dort auch *sicher* gewusst hätte!

In der Klinik

Derweil liefen die OPs weiter: Ich zählte fleißig mit und inzwischen war ich bereits bei Nr. 17 dort angelangt: Die Verbindungsstelle hielt jetzt nach mehreren Anläufen auch, jedoch hatte ich weiterhin vorne nicht *einen* Harnstrahl, sondern gleich etliche und das in sämtliche

Himmelsrichtungen. So konnte man einfach nicht urinieren!

Sie korrigierten den Meatus (die Spitze des Penoids) etliche Male und jedesmal schnitten sie deshalb auch vorne gleich ein Stück mit ab: mein Penoid wurde immer kürzer! Dennoch gelang es ihnen einfach nicht, die Spitze so hinzubekommen, dass man damit auch urinieren konnte.

Da Implantate bei mir immer abgestoßen wurden, entschied sich Dr. Scholl, einfach irgendwo von mir einen Knochen von einer Rippe zu nehmen und diesen stattdessen dort zu implantieren. Bei dieser Gelegenheit wurde dann auch festgestellt, dass 2 Rippen auf der rechten Seite bei mir einmal angebrochen wurden und ich wusste auch sofort, wann das passiert war …

Eine dieser Rippen wurde mir nun entnommen und ein Teil davon ins Penoid eingesetzt. Leider wurden die Enden des Knochens erst nicht abgerundet, so dass dieser sich kurze Zeit später dann von innen spitz durchs Penoid durchbohrte.

Insgesamt war ich (zusammengezählt) fast drei Jahre in dieser Klinik und inzwischen bei OP-Nr. 26 angelangt. Langsam aber sicher ging mir die Puste dort aus und auch Manu beschwerte sich: Sie hätte schließlich geheiratet, um vielleicht irgendwann nicht mehr arbeiten gehen zu müssen und nun wäre sie die Alleinverdienerin, weil ich ununterbrochen in der Klinik wäre …

Das tat mir auch leid, aber ich wusste vorher ja auch nicht, was mich dort erwartete: versprochen waren anfangs drei OPs und keine jahrelangen Klinik-Aufenthalte mit unzähligen OPs!

Mir wurden inzwischen auch künstliche Hoden eingesetzt, was allerdings mehr als lächerlich war: sie waren nur eine zusätzliche Belastung beim Sitzen (manchen Patienten kullerten diese nach kurzer Zeit bereits wieder heraus) und stellten nicht einmal optisch eine Verbesserung dar. Eigentlich völlig überflüssig!

Als mein Penoid durch unzählige Verkürzungen inzwischen so klein war, dass es kaum noch zu gebrauchen war, kam Dr. Scholl an mein Bett und meinte, das sei wohl alles bei mir nicht so gut gelaufen und sie würden jetzt noch einmal ganz von vorne anfangen: eine neue Entnahme-Stelle und alles noch einmal von Anfang an neu beginnen. Das war dann doch etwas zu viel für mich: Ich packte meine Sachen und ließ mich noch am selben Tag entlassen. Ich floh dort regelrecht aus der Klinik, obwohl die abschließenden OPs noch gar nicht stattgefunden hatten. Es war mir egal: inzwischen bei OP-Nr. 28 angelangt, hatte ich einfach keinen Bock mehr auf das alles. Irgendwie würde es (hoffentlich) auch so weiter gehen!

Jahrelang hatte ich danach noch nachts Alpträume: immer wieder rannten irgendwelche Weißkittel mit Messern bewaffnet hinter mir her, denen ich im Traum versuchte, zu entkommen. Oftmals wachte ich davon mitten in der Nacht mit lauten Schreien auf, die sogar bei den Nachbarn noch zu hören waren.

Jahre später stellte sich dann heraus, dass jetzt auch in der Nähe von Berlin solche OPs durchgeführt wurden. Einmal stellte ich mich dort vor. Sie schlugen dort nur die Hände über dem Kopf zusammen, als sie das Ergebnis sahen, fragten entgeistert, wer das denn gewesen sei, fotografierten alles und schlugen mir ebenfalls vor, dort nun alles noch einmal von vorne zu machen. Ich verneinte und später stellte sich heraus, dass dort inzwischen auch dieser Dr. Scholl nur operieren würde – nein danke: nun wirklich nicht mehr!

Unabhängig von den Trans-OPs musste ich später noch wegen ganz anderer Sachen in Kliniken zu weiteren Operationen (zwei davon waren sogar sogenannte Not-OPs) anrücken: inzwischen habe ich insgesamt 36 Eingriffe hinter mir und wünsche mir nur, dass ich jetzt nie wieder auf einen OP-Tisch muss! Ich habe nun über 50 sichtbare große Narben am ganzen Körper und wenn jemand fragt, woher diese alle stammen, erzähle ich einfach die damals ausgedachte Geschichte von dem angeblichen Autounfall weiterhin.

Ein Kind

Manu wünschte sich so sehr ein Kind – und ich konnte ja nichts dazu beitragen. Was also tun? Wir überlegten eine Adoption eines Waisenkindes und registrierten uns dafür. Es kam zu ellenlangen Gesprächen mit den Ämtern, jedoch kam zum Schluss nur dabei heraus, dass wir mit 38 Jahren bereits zu alt für eine Adoption waren: Zwei ausgebildete Sozialpädagogen im Alter von 38 Jahren seien *nicht geeignet* für eine Adoption, hieß es! Dann eben nicht ... Ich vermute ja eher, dass meine Vergangenheit der Grund der Ablehnung in Wirklichkeit war, aber nachweisen konnte ich das denen natürlich nicht.

Deshalb entschieden wir uns dann für eine Insemination (künstliche Befruchtung). Schon der Gang zu einem Facharzt dafür war ziemlich schwierig, doch dann sollte es versucht werden.

Man gibt dazu nur seine Blutgruppe, seine Größe und seine Haarfarbe an, mehr ist nicht möglich. Aus irgendwelchen Datenbanken wird dann eine vergleichbare Samenspende ausgesucht und der Frau implantiert.

5-mal versuchte es Manu und 5-mal war das Ergebnis negativ. Sehr schade, denn so eine Insemination bezahlt keine Krankenkasse und es war sehr teuer für jeden Eingriff.

Doch beim sechsten Versuch wurde dann Manu tatsächlich schwanger! 1999 wurde unser Kind dann geboren – wir waren nun eine richtige kleine Familie mit Kind und Hund!

Leider wussten die Behörden ja bereits, dass ich kein gebürtiger Mann war: Obwohl ich bei der Geburt sofort die Vaterschaft anerkannte, schickte mich das Familiengericht unmittelbar danach zu einem Notar, wo ich einen Vertrag unterschreiben musste, in dem stand, dass ich sämtliche *Pflichten* einer Vaterschaft zu übernehmen hatte und weder jetzt noch zukünftig je irgendetwas daran anfechten dürfe. Von meinen *Rechten* als Vater war in diesem Vertrag jedoch gar keine Rede – auch nicht gerade fair!

Leider zog Manu dann zwei Jahre später samt Kind wieder nach Süddeutschland, wir trennten uns und ich blieb alleine hier in Berlin zurück.

Heute

Wie sieht es heute, 35 Jahre nach meiner „Wende“, bei mir aus? Nun, ich bin jetzt 65 Jahre alt, ich lebe heute (weiterhin von meiner Frau getrennt) ganz unscheinbar als Mann, habe einen Vollbart und (dank des Testosterons) auch fast eine Glatze jetzt. Von meiner Vergangenheit weiß niemand etwas hier in meinem Umfeld und das ist auch gut so! Immerhin gibt es inzwischen sogenannte Depot-Spritzen für das Testosteron: nur noch alle 3 Monate muss mir jetzt eine solche Spritze verabreicht werden! Ich bin heute heilfroh und ausgesprochen dankbar dafür, dass man mir (zumindest, solange ich Kleidung anhabe) heute meine Vergangenheit nicht mehr ansehen kann!

Aufgrund meiner bisherigen Erfahrungen, wie Trans-Personen damals und auch heute noch behandelt wurden/werden, hat hoffentlich jeder nun Verständnis dafür, dass ich meine Autobiographie hier nur unter einem Pseudonym schreibe und alle Namen und Orte in diesem Buch auch so verändert wurden, dass sie nicht wiedererkannt werden können!

Allerdings gab es in den letzten Jahren auch einige unschöne Erfahrungen:

Meine damalige Hausärztin posaunte meine Diagnose („Transsexualität“) sogar in meinem Dabeisein telefonisch in alle Welt hinaus, obwohl sie genau darüber informiert war, dass man so etwas natürlich nicht in die Öffentlichkeit trötet, schon gar nicht in meinem Wohn-Umfeld, da man sich sonst gleich wieder mindestens eine neue Wohnung suchen darf - von „Datenschutz" hatte sie offenbar noch nie etwas gehört!

Zudem sind überwiegend meine Erfahrungen mit *männlichen* Ärzten sehr schlecht: Bislang bin ich trotz akuter Probleme (bei Entzündungen etc. z.B.) aus mehreren Arzt-Praxen bereits rausgeflogen (Verweigerung ärztlicher Hilfe), zuletzt erneut mit den Worten „*Monster behandeln wir hier nicht – raus hier, aber schnell!*“ – es ist unglaublich, dass so etwas (dies war z.B. im Jahre 2022) heutzutage immer noch geschieht! Gerade Männer fühlen sich offenbar gleich persönlich angegriffen, wenn man sein Geschlecht dem männlichen angleichen lässt – seither suche ich eh lieber Frauen als Ärzte auf, da diese nach meiner Erfahrung oftmals (aber leider auch nicht immer!) wesentlich toleranter zu sein scheinen als ihre männlichen Kollegen.

Als ich einmal eine Stenose (Verengung) in der Harnröhre und als Folge davon über zwei Jahre ständig Blasenentzündungen hatte, bis dann absolut gar kein Urin mehr durchlief und deshalb die Blase auch gar nicht mehr geleert werden konnte (dies ist übrigens auch ziemlich schmerzhaft!), geriet ich in eine Klinik, in der mich der Chefarzt dort persönlich fragte: „*Wie lange sind Sie jetzt Mann?*“ – „*Gut 20 Jahre!*“ – Darauf er: „*Das reicht ja vollkommen, da mache ich jetzt gar nichts, da reißen wir Ihnen einfach gleich die ganze Blase raus!*“ So lasse ich mich nicht behandeln, eine Minute später sah man von mir dort nur noch eine Staubwolke: hier hatte ich dann auch die Flucht angetreten ... Meine *Blase* war und ist immer noch übrigens vollkommen in Ordnung und funktionstüchtig! Einem gebürtigen Mann hätte er auch nicht wegen einer

Stenose in der Harnröhre gleich die ganze Blase rausgerissen, wie er dann auch zugab!

Es ist wirklich auch heute noch unverschämt, wie man mancherorts als Trans-Mensch behandelt wird! Aufklärung täte hier wirklich Not, aber solche Leute sind offenbar unbelehrbar. Mehrmals ist mir ärztliche Hilfe deshalb grundlos verweigert worden, aber inzwischen habe ich glücklicherweise zumindest hier einen Urologen gefunden, der mich gut und wie einen Menschen behandelt! Nur wenn einmal etwas Akutes ist und er zufällig gerade im Urlaub weilt, gibt es dann stets ein Problem ...

Gerade bei Ärzten, bei denen man zwangsweise die Hose runterlassen muss, kann man sein „blaues Wunder“ auch erleben. Denn dann ist es nicht mehr zu übersehen, dass hier operativ etwas gemacht wurde und ein Trans-Mensch offenbar vor dem Arzt steht – wobei mich bei der Gelegenheit ein Mediziner fast 30 Jahre nach (!) meiner Anpassung dann fragte: „Ähm: war das bei Ihnen jetzt *„Mann-zu-Frau“ oder „Frau-zu-Mann“...?*“ Da fehlen mir dann manchmal wirklich einfach die Worte!

Übrigens lassen nun auch endlich meine ständigen Rückenschmerzen etwas nach. Ich habe lange gebraucht (mehrere Jahrzehnte!), um zu erkennen, dass der *Auslöser* für die chronischen Kreuzschmerzen nicht (nur) das Bein, das etwas kürzer ist, war, sondern vorwiegend meine Erfahrungen und Erlebnisse in den ersten 30-35 Lebensjahren. ***Diese*** führten nämlich hauptsächlich zu den chronischen Schmerzen!

Kurz gesagt: es geht mir heute gut, manchmal bin ich sogar richtig glücklich und dann ertappe ich mich durchaus bei dem Gedanken, dass ich dies alles doch gar nicht verdient hätte – als Trans-Mensch! Vermutlich auch nur eine Folge aus meinem bisherigen Leben. Trotzdem freue ich mich sehr, wenn ich heute morgens aufwache, dass ich nur kurz überlege, welcher Wochentag gerade ist und was heute nun ansteht! Keine Alpträume jetzt mehr, keine ständigen Ängste mehr – ich lebe heute einfach ein ganz normales, unscheinbares Leben! Und das, obwohl viele der erfolgten Operationen einfach schief gelaufen sind und es bei mir nicht einmal zum Abschluss der letzten OPs kam.

Ja, es hat verdammt lange gedauert, dorthin zu kommen – aber es hat sich gelohnt! Nicht zuletzt habe ich das auch einer Frau zu verdanken, die mich vor nun gut 30 Jahren einfach mal an die Hand genommen und mir gezeigt hatte, wie ein „normales" Leben aussehen kann! Mit dieser Frau bin ich heute noch befreundet und ich habe ihr wirklich sehr, sehr viel zu verdanken – Danke schön an dieser Stelle dafür!

So war ich z.B. anfangs auch mit dem neuen Namen erst gar nicht in der Lage, Berührungen zuzulassen: also nur mal jemandem zur Begrüßung die Hand zu reichen. Hatte ich doch bis dato die Erfahrung gemacht, dass jegliche Nähe für mich Gefahr bedeutet … Dieses *die Hand reichen* „übte" sie solange mit mir, bis es endlich klappte! Heute habe ich keinerlei Probleme mehr damit.

Ich freue mich wirklich, derzeit ein ganz „normales" Leben führen zu dürfen und natürlich werde ich heute auch nicht mehr angespuckt oder verprügelt – ich bin mir aber sicher, dass dies sofort wieder passieren würde, wenn meine Vergangenheit hier in meinem Umfeld bekannt würde! Deshalb lege ich großen Wert darauf, dass genau dieses **nicht** passiert!

Vor allem, wenn ich lese, was an Hasskommentaren offenbar in den sogenannten „sozialen Medien" so abläuft (ich bin z.B. in *keinem* dieser Medien - und das aus gutem Grund!), dann kann ich nur allen Betroffenen raten: Haltet bitte den Mund und erzählt es KEINEM groß! Die wenigsten haben Verständnis dafür, dass allein dieses Phänomen, im falschen Körper zu stecken, eine riesige Belastung darstellt und ein „normales" Leben nahezu unmöglich macht! Bitte geht dann nicht noch damit „hausieren" – Ihr erntet nur weiter Hass und Ablehnung! Versucht lieber, an eurer Situation bald etwas zu ändern und den Weg für euch in ein ganz normales Leben zu ebnen – es ist heute früher als erst mit mindestens 25 Jahren möglich!

PS: Natürlich war mein mir bei der Geburt zugewiesener Vorname in Wirklichkeit nicht „Beate", wie in der Autobiographie hier, sondern noch viel schlimmer – bis heute versuche ich noch, diesen (mir so verhassten) Namen ein für allemal aus meiner Erinnerung zu verbannen …

Resümee:

Die große Frage ist zunächst: Würde ich heute und hier noch einmal vor dieser Entscheidung stehen: würde ich diesen Weg der Geschlechts-Angleichung noch einmal gehen? Die Antwort ist zunächst von mir ein klares: „**Jein**“!

Wieso das – wieso kein eindeutiges „Ja“ oder „Nein“? Das ist nicht ganz einfach zu erklären: der Weg ist lang und hart und er kann (und wird vermutlich auch) sehr viele Enttäuschungen beinhalten! Dennoch war dieser Weg für mich die einzige Chance, überhaupt irgendwie überleben zu können – wenn man schon das Pech hatte, im falschen Körper auf diese Welt zu fallen!

Es muss wirklich nicht bei jedem so ablaufen wie bei mir und ich wage auch mal an dieser Stelle zu bedenken zu geben, dass dieses Thema in den 70er und 80er-Jahren noch wesentlich unbekannter und schwieriger war als heute! Damals wurde so etwas von gar keiner Seite auch nur akzeptiert oder toleriert – heute ist man diesbezüglich wohl etwas „aufgeklärter“. Dennoch treffen die Betroffenen auch heute noch auf viel Transfeindlichkeit, besonders auch und gerade bei Ärzten, was ich persönlich noch am schlimmsten dabei finde, da es dabei oft in unterlassene ärztliche Hilfe ausartet: ein Ding der Unmöglichkeit, wenn man nur mal an den Eid des Hippokrates‘ denkt, den diese Leute ja geleistet haben!

Heute, über 30 Jahre nach meiner persönlichen Wende, geht es mir ausgesprochen gut – und **JEDER** Mensch auf dieser Welt hat einen Anspruch darauf, glücklich sein (bzw. glücklich leben) zu dürfen! Ich lebe heute ganz unscheinbar als Mann und bin mehr als zufrieden (zumindest solange, bis ich nicht zu irgendeinem Arzt muss, bei dem ich dann die Hose runterlassen muss!). Mitunter, wie gesagt, bin ich heute manchmal sogar richtig glücklich. Schade nur, dass ich mehr als mein halbes Leben allein dafür habe kämpfen müssen! Auch habe ich heute kaum noch Alpträume (dies war vor etwa zehn Jahren noch nicht so) und wenn ich jetzt aufwache, überlege ich nur kurz, welcher Tag heute ist und was deshalb heute ansteht.

Hat sich denn bei mir noch etwas Entscheidendes geändert in den letzten 30 Jahren?

Doch, ja: meine Einstellung z.B. Frauen gegenüber: nach der nun jahrzehntelangen Gabe von Testosteron änderte sich irgendwann auch diese Sichtweise eindeutig ins Männliche – aber dies passierte noch nicht in den ersten Jahren!

Etliche Betroffene in der Klinik hatten am Anfang Angst, dass sie nun aufgrund der operativen Anpassung des Geschlechts auf einmal homosexuell oder so geworden sein könnten!

Außerdem musste ich feststellen, dass meine Schuhgröße plötzlich eine andere war: die Größe 43 in den ersten gut 30 Jahren war auf einmal zu klein – ich hatte dann die Größe 45 in Halbschuhen, in Stiefeln sogar 46… ;-) Keine Ahnung, woran das nun lag und eine Erklärung dafür habe ich auch nicht!

Sowie noch etliche „Kleinigkeiten“, die sich geändert haben und hier aber der Rede jetzt nicht wert sind!

Ich habe auch keine Ahnung, ob z.B. das „TSG“ von 1981 heute noch so gültig ist (oder nur Teile davon) oder ob ein anderes Gesetz dieses inzwischen komplett überholt hat. Ich habe mich nach meiner Anpassung nicht mehr darum gekümmert. Ich weiß nur, dass man heute bereits wesentlich früher als mit 25 Jahren eine Anpassung anstreben kann – und das ist gut so! Weiß der Betroffene meist doch bereits im Kindesalter, dass hier etwas ganz und gar nicht stimmt!

Auch hat sich offenbar der „offizielle" Name dafür inzwischen geändert: Man spricht jetzt allgemein nur von „Trans-Menschen" oder von „Trans-Identität" und auch das ist gut so! Vor allem muss man wissen, sich dass es bei diesem Thema **NICHT** um eine „Geschlechts-***Umwandlung***" handelt, wie leider immer noch fälschlich von vielen (auch und gerade von Ärzten!) gerne so gesehen wird, sondern es ist eine Geschlechts-***Anpassung***, weil es für den Betroffenen kaum auszuhalten ist, dauerhaft im „falschen" Körper leben zu müssen mit allen seinen Folgen.

Aber wer immer die Entscheidung trifft, diesen Weg zu gehen, der sollte sich ganz, wirklich ganz sicher sein, dass dieser Weg für ihn auch der Richtige ist – ein eventuelles „Zurück" gibt es dann i.d.R. nicht mehr!

Noch einmal hier kurz die **Pro-** und **Contra-Argumente** zusammengefasst:

Pro:

Es gibt heute auch in Deutschland bereits mehrere Ärzte, die sich an Operationen in diesem Bereich herantrauen und teilweise auch recht gute Ergebnisse erzielen: Information ist hier alles!

Wenn irgendwann einmal alles (oder eventuell auch nur teilweise alles) dann geklappt hat und man endlich in die „richtige“ Identität schlüpfen kann, ist es mehr als nur eine „Befreiung“!

Contra:

Es sollte sich jeder bewusst sein, wenn er diesen Weg geht, dass dies vermutlich wiederum zum Verlust der Wohnung, Arbeitsstelle, der Freunde und ggf. sogar der Familie führen kann! Ich habe Betroffene kennengelernt, deren Familie kein Wort seither mehr mit ihnen redet. Stellt euch rechtzeitig auf unangenehme Reaktionen Anderer ein, die das nicht verstehen oder akzeptieren können!

Nein, auch in Deutschland ist es NICHT möglich, einfach entgegen seinem biologischen Geschlecht in Frieden leben zu können! Einen Frieden gibt es für diese Menschen nicht, zu groß sind der Hass und die Ablehnung von Anderen, die meiner Meinung nach oft nur irgendeinen (vorgeschobenen) Grund suchen, ihren persönlichen allgemeinen Frust irgendwo loszuwerden.

Der Weg ist in der Regel lang: stellt euch auf VIELE Operationen ein! Es ist wohl meistens nicht mit „bis zu 3 OPs“ oder so getan!

Tipps für Betroffene:

Wenn du meinst, ein Trans-Mensch zu sein, gebe ich dir aufgrund meiner Erfahrungen hiermit folgende Tipps:

Informiere dich! Heute ist es mithilfe des Internets etc. wesentlich leichter, an Informationen zu kommen als noch in den 70er-/80er-Jahren, als diese Informations-Quellen alle noch nicht zur Verfügung standen!

Suche dir Gleichgesinnte zum Austausch, denen es ähnlich geht: in fast allen größeren Städten gibt es heute Anlaufstellen dafür! Es tut wirklich gut, zu wissen, dass man mit diesem Problem nicht ganz alleine auf der Welt ist!

Rede mit deiner Familie/deinen Freunden über das Thema: Nur so hast du eine Chance, deine Situation zu erklären und verständlich zu machen! Aber renne mit dem Thema besser nicht in die sogenannten „sozialen Medien" oder so! In meinen Augen sind diese alles andere als „sozial" ...

Versuche, so schnell wie möglich an Änderungen für dich zu gelangen! Früher oder später kommt sonst irgendwann der Zeitpunkt, an dem du wirklich nicht mehr mit allen den täglichen Demütigungen umgehen kannst! Lasse es, wenn möglich, gar nicht erst so weit kommen!

Wenn dein Name/Geschlecht geändert wird: Ein „Outing" ist natürlich dann notwendig, aber gehe damit dann nicht „hausieren" oder gar in die Öffentlichkeit: Die Wenigsten können das Nachvollziehen und die negativen Erfahrungen sind dann wesentlich größer als eventuell positive!

Rechne auch damit, dass bei Anpassungen per OP sehr viel mehr davon anfallen, als dir ursprünglich gesagt wurde, auch Komplikationen, sogar Jahre später, sind möglich und wahrscheinlich!

Wenn du aber diesen Weg auch gehen möchtest, dann wünsche ich dir an dieser Stelle sehr viel Erfolg dabei und dass du es auch schaffst, durch diesen Weg endlich glücklich zu werden!

Denke bitte stets dran: auch Trans-Menschen sind Menschen und haben ein Recht darauf, glücklich leben zu dürfen!

Epilog

Ich wurde mehr als 30 Jahre gezwungen, als Frau durchs Leben zu gehen, die ich jedoch niemals war! Dies allein empfand ich bereits als hart und gemein mir gegenüber. Im Nachhinein tut mir auch sehr weh, dass ich all das, was alle anderen Jungen auf der Welt als Kind/Jugendlicher lernen durften für ihren Weg durchs Leben, mir komplett versagt wurde! Stattdessen sollte ich solchen Unfug wie stricken oder so lernen – finde ich noch viel gemeiner für einen Jungen!

Viel schlimmer ist es jedoch, dass einem ab der Pubertät jeder ansehen kann, dass man eine Trans-Person ist und heute wie damals zeigt sich, dass den Betroffenen extrem viel Hass und Gewalt entgegengebracht wird – wenn diese Autobiographie auch nur ein einziges Mal bewirken sollte, dass eine Trans-Person davon verschont bleibt und stattdessen einfach als Mensch akzeptiert wird, dann hat es sich bereits gelohnt, alles einmal aus Sicht eines Betroffenen aufzuschreiben!

Ebenfalls unfair und gemein finde ich auch, dass mir sämtliche Ausbildungen quasi einfach aberkannt wurden, als ich nach der Anpassung den Vornamen in meinen Urkunden ändern wollte - weil dort in den

Verwaltungen Leute saßen, die mich nur denunzieren wollten: Sie schrieben einfach andere, niedrigere Urkunden, ohne die erworbenen Titel, aus! Auch dieses muss sich dringend ändern!

Kein Mensch sucht es sich bei der Geburt aus, trans* zu sein – bitte macht es den Betroffenen nicht noch schwerer, als sie es dann ohnehin bereits haben!

Ich wünsche allen, die diesen Weg der Anpassung noch gehen möchten (oder müssen), ganz viel Erfolg dabei und dass sich für sie bald auch etwas ändert, so dass sie ein zufriedenes und glückliches Leben führen können!

Martin Schmidt

Eine Bitte noch zum Schluss: ich würde mich wirklich freuen, wenn du nach dem Lesen meines Buches auch eine Bewertung irgendwo darüber online abgeben würdest! Solche Bewertungen sind wichtig für mich, leider kann ich in sozialen Medien diese aber nicht lesen, da ich dort ja nirgendwo bin. Man kann sie mir (oder auch Teile davon) aber auch einfach zumailen: ich würde mich darüber freuen!

E-Mail: **Martin.Schmidt-Buch@web.de** – *herzlichen Dank!!* (Hierbei den kleinen Punkt zwischen Vor- und Nachname bitte nicht übersehen!)

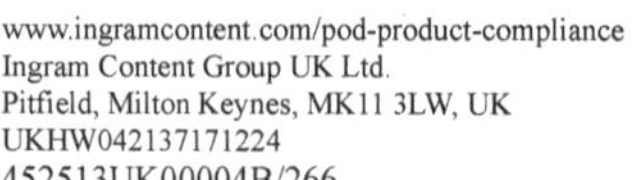

www.ingramcontent.com/pod-product-compliance
Ingram Content Group UK Ltd.
Pitfield, Milton Keynes, MK11 3LW, UK
UKHW042137171224
452513UK00004B/266

9 783759 775948